新能源汽车关键技术丛书
总顾问　原诚寅

MWORKS 系统建模与仿真
汽车系统设计与验证

杨世春　王泽兴　孙忠潇　主　编
李强伟　季　双　吴炜荣　副主编

电子工业出版社
Publishing House of Electronics Industry
北京·BEIJING

内 容 简 介

本书以 MWORKS 软件为平台，围绕汽车系统设计与验证，首先介绍了多领域统一建模与仿真的背景，引出国产软件平台 MWORKS，接着介绍了平台三大系统级产品——系统建模仿真环境 MWORKS.Sysplorer、控制策略建模环境 MWORKS.Sysblock 以及科学计算环境 MWORKS.Syslab，然后介绍了汽车工具箱，最后基于 MWORKS 平台介绍了车载控制器的相关应用。通过书中的内容，读者将学习如何使用 MWORKS 软件进行汽车系统的建模与仿真，深入了解 MWORKS 软件在汽车系统建模与仿真领域的理论方法，掌握建模与仿真的基本方法和技巧，从而更好地理解汽车系统的工作原理和行为规律，提高系统设计与验证的效率和质量。

全书共 8 章，图文并茂、案例丰富、逻辑严谨、文字精练，内容通俗易懂，主要面向车辆工程专业和其他相关专业的高年级本科生和研究生，以及从事车辆工程研发工作的工程师和其他研发人员。

未经许可，不得以任何方式复制或抄袭本书之部分或全部内容。
版权所有，侵权必究。

图书在版编目（CIP）数据

MWORKS 系统建模与仿真：汽车系统设计与验证 / 杨世春，王泽兴，孙忠潇主编. -- 北京：电子工业出版社，2024. 8. --（新能源汽车关键技术丛书）. -- ISBN 978-7-121-48495-7

Ⅰ．U461.1

中国国家版本馆 CIP 数据核字第 20245FP047 号

责任编辑：秦 聪　　文字编辑：底 波　赵 娜
印　　刷：三河市良远印务有限公司
装　　订：三河市良远印务有限公司
出版发行：电子工业出版社
　　　　　北京市海淀区万寿路 173 信箱　　邮编：100036
开　　本：787×1 092　1/16　印张：13.75　字数：345.6 千字　彩插：4
版　　次：2024 年 8 月第 1 版
印　　次：2024 年 8 月第 1 次印刷
定　　价：59.00 元

凡所购买电子工业出版社图书有缺损问题，请向购买书店调换。若书店售缺，请与本社发行部联系，联系及邮购电话：(010) 88254888，88258888。

质量投诉请发邮件至 zlts@phei.com.cn，盗版侵权举报请发邮件至 dbqq@phei.com.cn。
本书咨询联系方式：(010) 88254568，qincong@phei.com.cn。

编委会

总 顾 问：原诚寅

主　　编：杨世春　王泽兴　孙忠潇

副 主 编：李强伟　季　双　吴炜荣

参编人员：（按姓氏笔画排序）

马志凯　王　明　朱孟江　朱　斌　任秉韬

任康宇　李　挺　杨恒杰　何金龙　张天骏

张映钦　张　媛　陈　路　周　威　孟祥亮

郝　维　蔺会光

序

近年来,汽车行业正经历着一场深刻而广泛的变革,智能化、电动化、网联化加速发展。这一变革不仅塑造了软件定义汽车的理念,也对汽车系统的设计、开发与验证提出了更高的要求。在这一背景下,系统建模与仿真技术作为连接理论设计与实际应用的桥梁,其重要性日益凸显。《MWORKS系统建模与仿真:汽车系统设计与验证》一书,正是在这一时代浪潮中应运而生的,为我们提供了深入了解和掌握汽车系统建模理论和仿真技术的宝贵契机。

本书依托于先进的国产MWORKS系列软件平台,严谨而系统地阐述了多物理统一建模与仿真的基础理论,并通过丰富的案例分析,生动地展示了这些理论在汽车系统设计与验证中的广泛应用。MWORKS凭借卓越的功能,在汽车控制策略建模、科学计算环境以及与系统建模仿真环境的无缝集成等方面展现出了强大的实力。

作为一本专为车辆工程领域量身打造的教材,本书不仅适合高年级本科生和研究生深入学习与研究,同时也为从事相关汽车系统设计和仿真工作的研发人员和工程师提供了不可或缺的参考书目。本书坚持理论与实践相结合的教学理念,精心挑选了车载控制器的设计和验证、锂离子电池SOC估计等具有代表性的实际应用案例,通过深入浅出的讲解和具体案例的分析,旨在培养读者解决复杂工程问题的能力,提升其创新思维和工程实践能力。

作为汽车工程领域的长期研究者,我深知国产软件在推动汽车工业自主创新和技术突破方面的重要作用。MWORKS平台通过与一汽、江淮、比亚迪等国内代表性汽车制造商的紧密合作,已经证明了其在系统建模与仿真解决方案中的卓越性能和广泛应用前景。本书的出版,不仅弥补了国内该领域相关教材的空白,更将激励更多青年科研人员积极采用具有自主知识产权的国产软件进行汽车系统的设计与验证工作,加速汽车软件产品的迭代升级与技术创新。

在此，我谨代表汽车工程领域的广大同仁，对本书的出版表示最诚挚的祝贺。相信本书的发行将在我国汽车工业的发展史上留下深刻的印记，为汽车智能化、电动化、网联化转型提供强有力的支持。同时，也期待更多的专业人士能够通过阅读本书，不断提升自身在汽车系统设计与仿真领域的专业素养，携手共创我国汽车工业更加辉煌的未来。

李骏

2024 年 6 月

前　言

当今汽车领域，随着汽车智能化和电动化的迅速发展，对系统建模与仿真技术的需求变得日益迫切。汽车系统的复杂性和多样性使得传统的试验验证方式面临诸多挑战，而系统建模与仿真技术能够有效地降低开发成本、缩短设计周期，并提高产品的可靠性和性能。目前，市面上已有的系统建模与仿真专著和教材主要以 MATLAB/Simulink、GT-SUITE、AVL Cruise、Prescan 等国外软件为主，基于国产软件的系统建模与仿真技术的教材和专著却相对匮乏。本书的出版旨在满足广大读者对系统建模与仿真技术的学习需求，填补国内教材市场的空白，推动国产软件 MWORKS 在国内汽车工程领域的应用与发展。

MWORKS 通过与一汽、江淮、比亚迪等汽车制造商，以及研究机构和高校院所等各方的紧密合作，提供了全面的系统建模与仿真解决方案。无论是整车系统还是特定部件，都能够帮助工程师进行准确的建模，并进行仿真分析。从动力总成到车辆控制系统，从车身结构到电气电子系统，MWORKS 的建模能力覆盖了汽车领域的各个方面，为工程师提供了一个全面的仿真平台。本书汇集了多家企业的实践经验，为读者提供丰富的案例和应用场景，有助于更好地掌握 MWORKS 的使用技巧和应用方法。

本书共 8 章，第 1 章为绪论，讲述汽车工业发展现状，介绍系统仿真软件尤其是多领域统一建模语言 Modelica 的发展史，为后续章节奠定基础；第 2 章详细介绍 MWORKS 平台，包括其设计理念、平台构成以及在航天航空和汽车领域的应用，读者将了解 MWORKS 如何提供强大的系统建模与仿真环境；第 3 章深入介绍系统建模仿真环境 MWORKS.Sysplorer，该环境提供了标准模型库、车辆模型库、模型仿真、后处理以及物理模型的代码生成等功能，用于进行汽车系统多领域模型仿真与验证；第 4 章介绍控制策略建模环境 MWORKS.Sysblock，包括控制算法建模、状态机建模、数据字典和嵌入式代码生成等功能，支持汽车系统的控制策略设计与验证；第 5 章介绍科学计算环境 MWORKS.Syslab，包括界面基础功能、函数库、图形可视化以及其与系统建模仿真环境的双向集成；第 6 章介绍基于 MWORKS 平台的汽车工具箱，包括信号与通信设计工具、设计检查工具以及半物理仿真工具；第 7 章介绍应用 MWORKS 平台对车载控制器的设计和验证；第 8 章展望新一代工业软件及其辅助技术的发展趋势。

本书配套提供电子课件及书中相关案例的素材文件，读者可注册登录华信教育资源网（www.hxedu.com.cn）搜索书名或 ISBN 号，进入本书主页免费下载。感谢您选择本书，希望我们的努力对您的工作和学习有所帮助。因编者水平有限，书中难免有不足和疏漏之处，恳请使用本书的广大教师、读者提出宝贵意见和建议，以便我们不断改进。

编 者

2024 年 6 月

目　录

第1篇　概述

第1章　绪论 ··· 001
1.1　汽车工业发展现状 ··· 001
　1.1.1　汽车市场需求 ··· 001
　1.1.2　技术推动汽车进步 ··· 001
1.2　系统仿真软件 ··· 002
　1.2.1　仿真发展历史 ··· 002
　1.2.2　多领域统一建模语言 Modelica ·· 004
　1.2.3　基于 Modelica 的系统仿真软件 ······································· 005

第2章　MWORKS 平台介绍 ··· 007
2.1　平台设计理念 ··· 007
2.2　平台构成 ··· 009
2.3　行业应用 ··· 010
　2.3.1　航天领域——航天器多领域模型开发及综合集成虚拟试验 ········ 010
　2.3.2　航空领域——飞机环控系统设计仿真与验证 ······················· 011
　2.3.3　汽车领域——车辆转向系统建模和集成验证 ······················· 012
2.4　平台软件安装与激活 ·· 013

第 2 篇　MWORKS 系统建模与仿真

第 3 章　系统建模仿真环境 MWORKS.Sysplorer　015

- 3.1　系统建模环境　016
- 3.2　模型库　017
  - 3.2.1　Modelica 标准模型库　017
  - 3.2.2　MWORKS 车辆模型库　018
- 3.3　模型仿真　036
  - 3.3.1　常规　036
  - 3.3.2　输出　038
  - 3.3.3　模型翻译　039
  - 3.3.4　编译　043
  - 3.3.5　调试　044
  - 3.3.6　模式　050
- 3.4　后处理　051
  - 3.4.1　仿真浏览器　051
  - 3.4.2　曲线窗口及变量添加与操作　054
  - 3.4.3　动画　060
  - 3.4.4　动画控制　062
  - 3.4.5　游标标签　070
  - 3.4.6　视图布局　071
  - 3.4.7　数字仪表工具　072
  - 3.4.8　三维动画工具　073
- 3.5　物理模型的代码生成　074
- 3.6　自动化脚本建模　076
  - 3.6.1　基本命令　076
  - 3.6.2　使用方法　078
  - 3.6.3　Python 脚本导入限制　080

第 4 章　控制策略建模环境 MWORKS.Sysblock　081

- 4.1　控制算法建模　081
  - 4.1.1　常用模块　081
  - 4.1.2　计算模块　084
  - 4.1.3　逻辑与关系比较模块　093
- 4.2　状态机建模　096
  - 4.2.1　使用流程　097
  - 4.2.2　状态机变量管理器　100

  4.2.3 State 状态模块 ··· 102
  4.2.4 转移线 ·· 104
 4.3 数据字典 ·· 107
  4.3.1 打开数据字典 ·· 107
  4.3.2 面板功能介绍 ·· 107
  4.3.3 使用流程 ·· 111
 4.4 信号源 ·· 115
  4.4.1 信号发生器模块库 ·· 115
  4.4.2 外部信号导入模块 ·· 117
 4.5 常用控制算法 ·· 119
  4.5.1 PID 闭环控制算法 ·· 119
  4.5.2 状态转移算法 ·· 122
 4.6 嵌入式代码生成 ·· 123
  4.6.1 控制器模型的代码生成 ·· 123
  4.6.2 数据字典对生成代码的影响 ·· 128

第 5 章 科学计算环境 MWORKS.Syslab ························· 129

 5.1 交互式编程环境 ·· 129
 5.2 解释与调试 ·· 130
 5.3 函数库 ·· 131
  5.3.1 基础数学 ·· 131
  5.3.2 符号数学 ·· 132
  5.3.3 曲线拟合 ·· 133
  5.3.4 优化与全局优化 ·· 133
 5.4 图形可视化 ·· 134
 5.5 Sysplorer 双向集成 ·· 135

第 6 章 汽车工具箱 ··· 138

 6.1 信号与通信设计工具 ·· 138
  6.1.1 车载 CAN/CANFD 总线通信工具 ······························ 138
  6.1.2 车载 LIN 总线通信工具 ··· 140
 6.2 设计检查工具 ·· 141
  6.2.1 控制策略建模规范检查工具箱 ···································· 141
  6.2.2 静态代码检查工具箱 ·· 145
 6.3 半物理仿真工具 ·· 149
  6.3.1 半物理仿真接口工具 HIL Export ································ 149
  6.3.2 实时仿真工具箱 RT ·· 150

第 7 章　车载控制器应用　　159

7.1　汽车行业车载控制器软件开发流程简介——以 MATLAB 为例　　160
7.1.1　模型驱动的复杂汽车电控单元的统一建模方法论　　161
7.1.2　软件开发 V 流程的实施　　163
7.1.3　软件开发中的术语　　166
7.1.4　软件开发中的追溯性和一致性　　167

7.2　基于 MWORKS Embedded 的开发流程　　168
7.2.1　Sysplorer Embedded Coder 概述　　168
7.2.2　针对车载控制器的开发流程　　168

7.3　整车控制器蠕行转矩控制　　172
7.3.1　算法概述　　172
7.3.2　控制模型架构　　173
7.3.3　模型搭建　　173
7.3.4　参数装载　　178
7.3.5　代码生成　　179
7.3.6　集成测试　　185

7.4　锂离子电池 SOC 估计　　186
7.4.1　MWORKS 车辆电池模型库　　186
7.4.2　SOC 的 DEKF（双拓展卡尔曼滤波）算法　　187

第 8 章　展望　　196

8.1　新一代工业软件展望　　196
8.1.1　信息物理融合建模　　196
8.1.2　一三维融合建模　　197
8.1.3　机理 - 数据融合建模　　198

8.2　工业软件辅助技术展望　　199
8.2.1　工业云平台技术　　199
8.2.2　软件云化技术　　200
8.2.3　硬件技术　　201
8.2.4　云端数据管理与分析　　201
8.2.5　辅助工具　　201

8.3　国创数字化仿真云平台　　202
8.3.1　云资源管理　　202
8.3.2　设计数据管理　　202
8.3.3　仿真数据管理　　204
8.3.4　仿真工具链　　204

第1篇　概述

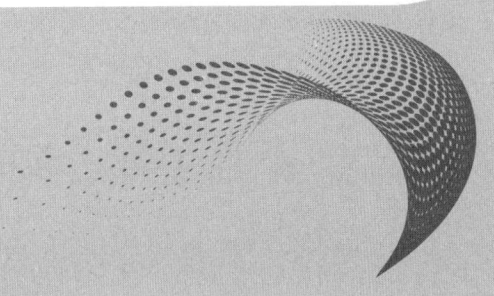

第1章　绪论

1.1　汽车工业发展现状

1.1.1　汽车市场需求

当前，汽车行业正在经历巨大的转型和变革，主要体现在以下几个方面。

（1）新能源汽车的崛起：新能源汽车是汽车行业的发展方向之一，包括纯电动车、混合动力车等，受到政府政策的支持和消费者需求的推动。

（2）智能化和互联网化：智能化和互联网化是汽车行业的另一个发展方向，包括车联网、自动驾驶、智能交通等。

（3）共享经济：共享经济的兴起也正在影响汽车行业的发展，如汽车共享、拼车等，符合年轻一代的消费观念。

（4）车辆安全和环保：车辆安全和环保问题也越来越受到关注，汽车制造商将不断提升车辆的安全性能和节能环保性能。

1.1.2　技术推动汽车进步

随着智能汽车技术的进步，汽车的复杂度持续提升，智能汽车的开发复杂度越来越高。影响或滞缓智能汽车产业升级发展的主要原因有以下四点。

（1）用户体验富集带来的复杂度提升。随着智能化的发展与普及，用户驾乘体验逐渐从传统的交通工具向第三空间扩展，汽车使用的场景、用户功能等均在大幅度扩展，成百上千的场景、功能组合形成了现在越发复杂的智能汽车体系。

（2）技术进步带来的复杂度提升。如对越来越大的电池能量密度的追求和对快充性能的追求带来了严峻的电池安全挑战；人工智能、5G 通信、云计算等多种数据驱动汽车向智能化不断进化的同时，也大幅度增加了软硬件开发复杂度。

（3）竞争带来的堆料、堆配置，以及各种选配等模式导致汽车配置多样性、复杂度快速增长。

（4）监管和法规带来的复杂度提升。智能化、网联化赋予汽车智能、便捷体验的同时，也带来了黑客攻击、数据滥用等严重的安全问题。

针对上述问题，系统建模与仿真技术通过虚拟测试与验证，可以降低开发成本，缩短开发时间，提高产品质量与可靠性；可以对设计方案与性能进行优化，并支持复杂系统集成，以应对多样化需求，从而促进智能汽车产业的发展。

1.2 系统仿真软件

1.2.1 仿真发展历史

"仿真"一词最早出现于 20 世纪 50 年代，并与计算机一词共同使用，当时被称为计算机仿真。20 世纪 90 年代初，美国国防部将"计算机仿真"更新为"建模与仿真"，来强调建模的重要性。经过几十年的发展，仿真技术已经日渐成熟，并经常用于解决各个学科中比较复杂的问题。"仿真"一词经常与"虚拟"同时出现，"仿"是模仿，"真"是真实，仿真的意思就是"模仿真实"。

1. 物理仿真阶段（很久以前—1940 年）

仿真是一直存在的，只不过以前没有这个名字。仿真技术在航天领域得到了很好的应用，一般以航天飞行器运行情况为研究对象，如 1930 年左右，美国陆、海军航空队采用了林克仪表飞行模拟训练器，当时其经济效益相当于每年节约 1.3 亿美元而且少牺牲了 524 名飞行员。之后，固定基座及三自由度飞行模拟座舱陆续投入使用。

2. 模拟仿真阶段（20 世纪 40—50 年代）

虚拟仿真技术采用模拟计算机仿真技术，到了 20 世纪 50 年代末期，开始采用模拟/数字混合仿真方法。模拟计算机仿真根据仿真对象的数字模型将一系列运算器（如放大器、加法器、乘法器、积分器和函数发生器等)以及无源器件(如电阻器、电容器、电位器等)相互连接而形成仿真电路。通过调节输入端的信号来观察输出端的响应结果,进行分析和把握仿真对象的性能。模拟计算机仿真对分析和研究飞行器制导系统及星上设备的性能起着重要的作用。1950—1953年,美国首先利用计算机来模拟战争,防空兵力或地空作战被认为是具有最大训练潜力的应用范畴。

3. 数字仿真阶段(20世纪60—70年代)

在这二十年间,虚拟仿真技术大踏步地前进了一步。进入20世纪60年代,数字计算机的迅速发展和广泛应用使仿真技术由模拟计算机仿真转向数字计算机仿真。数字计算机仿真首先在航天航空领域得到了应用。数字仿真工具接近于如今的计算机原型,只是当时做仿真的时候,屏幕上没有这么多花花绿绿的图形,而都是数字和一串串代码,不过对于当时来说,这已经很好了,毕竟有一个擅长计算的工具可以帮助解决物理问题。

4. 虚拟仿真阶段(20世纪70年代—今天)

自20世纪70年代以来,随着信息技术、计算机技术、计算机网络技术、图形图像处理技术等的飞速发展,人们开始在计算机中描述和建立客观世界的客观事物以及它们之间的关系。20世纪80年代初正式提出了"Virtual Reality"(虚拟现实)一词。虚拟现实是一种由计算机全部或部分生成的多维感觉环境,给参与者提供视觉、听觉、触觉等各种感官信息,使参与者有身临其境的感觉,同时参与者从定性和定量综合集成的虚拟环境中可以获得对客观世界中客观事物的感性和理性的认识。沉浸-交互-构思(Immersion, Interaction, Imagination)是虚拟现实具备的三个基本特征。虚拟技术的应用很广泛,典型的应用有虚拟样机、飞行模拟器、虚拟战场等。以虚拟样机为例,最有代表性的是美国波音777飞机,它的研制生产几乎到了"无图纸"的地步。SGI(Silicon Graphics Inc.)计算机不仅提供了一个集成制造系统,而且给出了虚拟样机,软件CATIA可以调出300万个零件中的任何一个进行修改,光纤链路把地理位置分布很远的协作厂连接在一起。波音777飞机的研制、整机设计、部件测试、整机装配以及各种试飞都是在计算机上完成的。产品不仅质量好,而且开发周期由原来的8年降为5年,节约经费数以亿美元计。

虚拟技术的出现并不意味着仿真技术趋向淘汰,而恰恰有力地说明了仿真和虚拟技术都随着计算机图形技术的发展而迅速发展,系统仿真、方法论和计算机仿真软件设计技术在交互性、生动性、直观性等方面取得了比较大的进步。先后出现了动画仿真、可视交互仿真、多媒体仿真和虚拟环境仿真、虚拟现实仿真等一系列新的仿真思想、仿真理论及仿真技术和虚拟技术。

从物理仿真,到模拟仿真,到数字仿真,再到虚拟仿真,仿真技术一步一步从现实走向虚拟,从简单走向复杂,从简单结构走向多领域复杂系统,承载着越来越重要的使命,也为科研、工程、教育等多个领域开辟了前所未有的探索空间和实践可能。

1.2.2 多领域统一建模语言 Modelica

1. Modelica 技术背景

自从人类第一次提出方程的概念，建模仿真的思想就正式诞生了，并贯穿于人类科技发展的各个阶段。在科学技术飞速发展的今天，人们对建模技术提出了更高的要求，其中多领域统一建模就是一个重要的发展趋势。统一建模语言具有领域无关的通用模型描述能力，采用该语言进行建模能够实现复杂系统不同领域模型间的无缝集成。

随着面向对象建模语言研究的不断深入，逐渐出现了多种建模语言并存导致模型定义与转换混乱的问题，为此，欧洲仿真协会 EUROSIM 于 1996 年组织瑞典等 6 个国家建模与仿真领域的 14 位专家，对多领域统一建模技术展开研究，提出通过国际合作，研究设计下一代多领域统一建模语言 Modelica，并于 2000 年成立非营利的国际仿真组织——Modelica 协会。该协会每隔一年半组织一次 Modelica 学术会议，交流和探讨 Modelica 相关理论和应用的研究进展，并基于 Modelica 开展领域知识模型库建设与维护。

2. Modelica 介绍

Modelica 是基于微分代数方程计算的动态性能仿真模型二次开发语言，支持连续和离散系统建模与仿真计算，可跨越不同领域，方便地实现大型、复杂、多种学科组成的物理系统的建模。Modelica 与其他面向对象的语言（如 C++、Java 等）不同，后者主要用于软件开发领域，不适用于工程数学建模，而 Modelica 则为工程领域建模工程师提供一种方便、简单、可用于仿真模型二次开发的语言和技术。

Modelica 由位于瑞典林雪平的非营利组织 Modelica 协会开发和维护，其适用于多领域建模，如航空产品中的机械、电子、液压、控制等领域建模。Modelica 模型用微分、代数和离散方程描述，无须人工求解特定的变量，支撑 Modelica 的工具可以自动求解（已有专门的算法可对超过 10 万个方程的大型模型进行处理）。Modelica 适合并已应用于半实物仿真和嵌入式控制系统。

3. Modelica 特点

1）基于方程的陈述式建模

Modelica 模型的数学描述是微分、代数和离散方程（组），相关的 Modelica 工具能够决定如何自动求解方程变量，无须手工处理。Modelica 能够使开发者集中精力于建立对象的数学模型，而不必过分关心模型求解和编程实现的过程，Modelica 能够提高建模的效率以及模型的可重用性。图 1-1 为采用 Modelica 进行建模的示例，Modelica 不必关心求解与编程细节，而是聚焦数学公式建模。

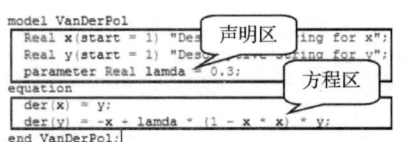

图 1-1 基于 Modelica 的建模示例

2）多领域统一建模和非因果建模

多数通用仿真软件（如 Simulink）采用的信号框图建模中，图形与实际设备的物理连接关系差异较大。图 1-2 为采用 Simulink 建立的简单电机驱动模型。Simulink 建模过程要求用户熟悉物理系统的数学模型细节及信号框图传递的前后因果关系。Simulink 模型的重用性差，物理结构中的一个小的变化，可能会导致系统模型发生大的更改。

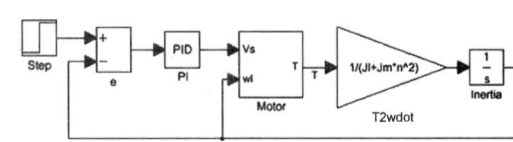

图 1-2 基于信号框图的电机驱动模型

Modelica 采用直观的连接图和方块图混合建模的方式，能够清晰地展现物理系统的实际拓扑结构。图 1-3 为采用 Modelica 建立的与图 1-2 相同的电机驱动模型。Modelica 模型特点：结构化、面向对象、直观反映物理系统、易于维护、易于模型重用。

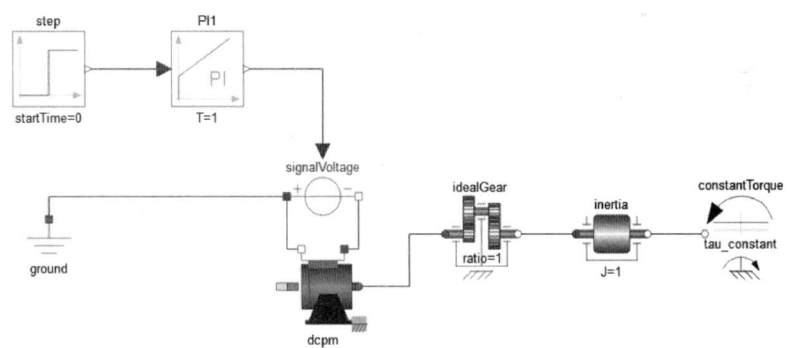

图 1-3 基于 Modelica 的电机驱动模型

3）统一标准

Modelica 既是一种建模语言，也是一种模型交换规则。基于 Modelica 可以统一物理建模标准，开展自主模型开发，形成具有自主知识产权的模型库。

1.2.3 基于 Modelica 的系统仿真软件

基于 Modelica 的多领域统一建模方法为复杂机电产品设计、分析与优化奠定了基础，目前在欧洲、美国、加拿大、中国、日本等国家和地区研究发展迅猛，市场上已有成熟的软件工具，国外软件的代表有Dymola和SimulationX。在中国，最成熟的基于Modelica的系统仿真软件是MWORKS.Sysplorer。这些软件已在航空航天、汽车、电力等领域的仿真中得到了广泛应用，德国航空航天中心、中国航天科技集团、中国商飞、中国核动力研究设计院、福特、丰田、宝马等均已开始采用Modelica进行多领域系统的工程化仿真应用。

第 2 章　MWORKS 平台介绍

2.1　平台设计理念

当前，新一轮科技革命快速发展，系统建模仿真、基于模型的系统工程（MBSE）、信息物理融合系统（CPS）、数字孪生、数字化工程等新型技术不断涌现，以美国和中国装备数字化工程的发布为标志，装备研制从信息化时代步入数字化时代，并呈现数字化与智能化相融合的新时代特点。一切装备都是信息物理融合系统，由信号、通信、控制、计算等信息域与机械、流体、电气、热等物理域组成，信息物理融合系统建模仿真是装备数字化的核心。MWORKS 正是面向数字化与智能化融合推出的新一代、自主可控的科学计算与系统建模仿真平台，全面支持信息物理融合系统的设计、仿真、验证及运维。

MWORKS 是行业装备数字化工程支撑平台。MWORKS 支持基于模型的需求分析、系统设计、仿真验证、虚拟试验、运行维护及全流程模型管理；通过多领域物理融合、信息与物理融合、系统与专业融合、体系与系统融合、机理与数据融合以及虚实融合，支持数字化交付、全系统仿真验证及全流程模型贯通；MWORKS 提供算法、模型、工具箱、App 等规范的扩展开发手段，支持专业工具箱以及行业数字化工程平台的扩展开发。

MWORKS 是开放、标准、先进的计算仿真云平台。MWORKS 基于规范的开放架构提供了包括科学计算环境、系统建模仿真环境以及工具箱的云平台，面向教育、工业和开发者提供了开放、标准、先进的在线计算仿真云环境，支持构建基于国际开放规范的工业知识模型互联平台及开放社区。

MWORKS 是全面提供 MATLAB/Simulink 同类功能并大力创新的新一代科学计算与系统建模仿真平台。通过采用新一代高性能计算语言 Julia，提供科学计算环境 Syslab，支持基于 Julia 的集成开发调试并兼容 Python、C/C++、M 等语言；MWORKS 通过采用多领域统一建模语言 Modelica，全面自主开发了系统建模仿真环境 Sysplorer，支持框图、状态机、物理建模等多种开发范式，并且提供了丰富的数学、AI、图形、信号、通信、控制等工具箱以及机械、电气、流体、热等物理模型库，实现 MATLAB/Simulink 从基础平台到工具箱的整体功能覆盖与创新发展。

MWORKS 平台采用基于模型的方法全面支撑系统研制，通过不同层次、不同类型的仿真实现系统设计的验证。围绕系统研制的方案论证、系统设计验证、测试运维阶段，MWORKS 分别提供小回路设计验证闭环、大回路设计验证闭环和数字孪生虚拟闭环等三个设计验证闭环。

基于 MBSE 三回环的 MWORKS 产品总图如图 2-1 所示。

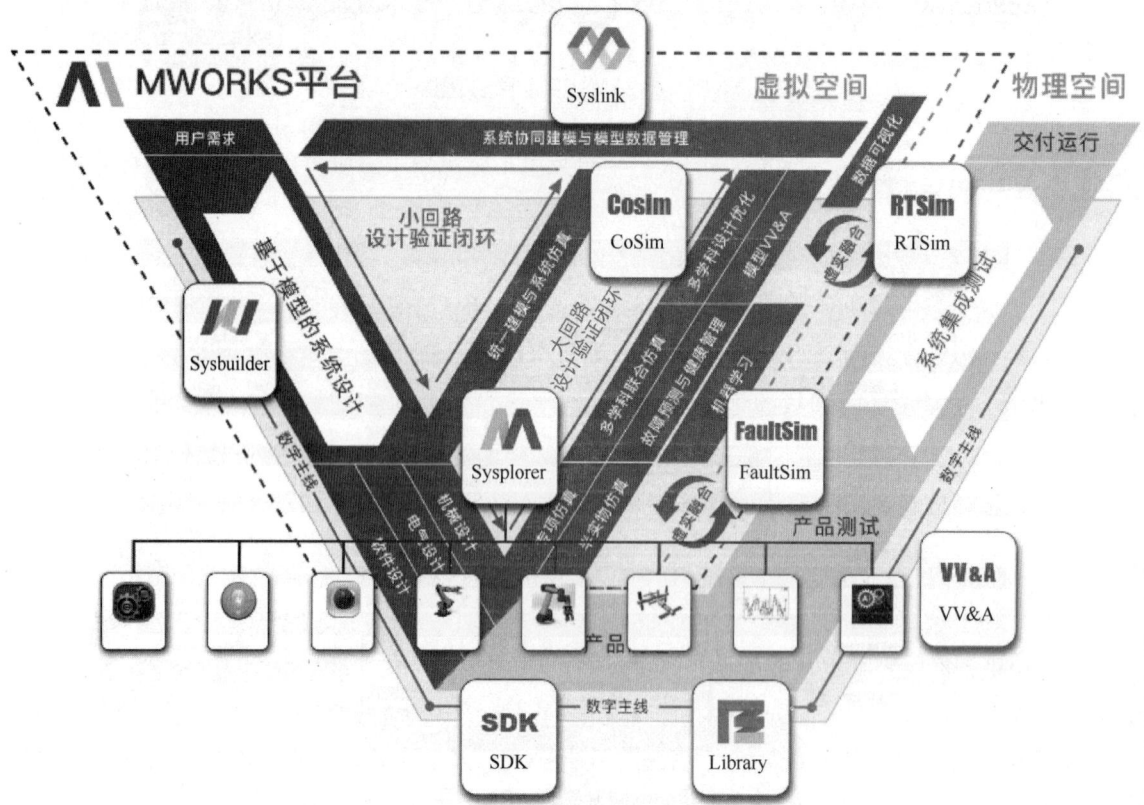

图 2-1　基于 MBSE 三回环的 MWORKS 产品总图

1. 小回路设计验证闭环

在传统研制流程中，70% 的设计错误在系统设计阶段被引入。在论证阶段引入小回路设计验证闭环，可以实现系统方案的早期验证，提前暴露系统设计缺陷与错误。

基于模型的系统设计以用户需求为输入，能够快速构建系统初步方案，然后进行计算和多方案比较，得到论证结果，在设计早期就实现多领域系统综合仿真验证，以确保系统架构设计和系统指标分解的合理性。

2. 大回路设计验证闭环

在传统研制流程中，80% 的问题在实物集成测试阶段被发现。引入大回路设计验证闭环，通过多学科统一建模仿真、联合仿真，可以实现设计方案的数字化验证，利用虚拟试验对实物试验进行补充和拓展。

在系统初步方案基础上开展细化设计，以系统架构为设计约束，各专业开展专业设计、仿真，最后回归到总体，开展多学科联合仿真，验证详细设计方案的有效性与合理性，并开展多学科设计优化，实现设计即正确。

3. 数字孪生虚拟闭环

在测试和运维阶段，构建基于 Modelica+ 的数字孪生模型，实现对系统的模拟、监控、评估、预测、优化、控制，对传统的基于实物试验的测试验证与基于测量数据的运行维护进行补充和拓展。

利用系统仿真工具建立产品数字功能样机，通过半物理工具实现与物理产品的同步映射与交互，形成数字孪生虚拟闭环，为产品测试、运维阶段提供虚实融合的研制分析支撑。

2.2 平台构成

MWORKS 平台由三大系统级产品及系列扩展工具箱和模型库组成。系统级产品包括：

（1）系统建模仿真环境 MWORKS.Sysplorer：提供物理系统建模、编译分析、仿真求解、后处理功能以及丰富的扩展接口，支持用户开展产品多领域物理模型开发、虚拟集成、多层级方案仿真验证、方案分析优化，并进一步为产品数字孪生模型的构建与应用提供关键支撑。

（2）控制策略建模环境 MWORKS.Sysblock：提供可视化的控制算法建模、状态机建模、二者图元构成模型的基于浮点的因果仿真功能和嵌入式代码生成功能，支持用户开展控制策略算法设计、电控产品的设计验证、Software Component（SWC）的开发和测试，为国产自主电子控制器产业（尤其以汽车电子行业为主）全面赋能。

（3）科学计算环境 MWORKS.Syslab：提供科学计算编程、编译、调试和绘图功能，内置矩阵等数学运算、符号数学、曲线拟合、优化及绘图函数库，支持用户开展科学计算、数据分析、算法设计，并进一步支持信息物理融合系统的计算与仿真。

除以上系统级平台外，MWORKS 平台还提供了函数库、模型库和应用工具三类工具箱。

（1）函数库 MWORKS.Function：提供基础数学和绘图等基础功能函数，内置曲线拟合、符号数学、优化与全局优化等高质优选函数库，支持用户自行扩展；支持教育、科研、通信、芯片、控制等行业用户开展教学科研、数据分析、算法设计和产品分析。

（2）模型库 MWORKS.Library：涵盖传动、液压、电机、热流等多个典型专业，覆盖航天、航空、汽车、能源、船舶等多个重点行业，支持用户自行扩展；提供的基础模型可大幅降低复杂产品模型开发门槛与模型开发人员的学习成本。

（3）应用工具 MWORKS App：提供 AI 与数据科学、信号处理与通信、控制系统、机械多体、代码生成、校核与验证及确认、模型集成与联合仿真、接口等多个类别的工具箱,满足多样化的数字化设计、分析、仿真及优化需求。

2.3 行业应用

MWORKS 平台支持复杂装备系统全生命周期研发活动（系统设计、仿真验证、虚拟试验、运行维护等），为大飞机、航空发动机、嫦娥工程、空间站、火星探测、核能系统、船舶动力等重大工程提供了完全自主的系统级数字化设计与仿真平台和技术支撑。

平台的发展根植于中国工业和中国创新，基于普适理论开发且经过了中国航天、航空、车辆等行业中的大批量、大规模、高标准的工业应用验证和考验。下面将根据 MWORKS 平台在不同行业的应用一一进行介绍。

2.3.1 航天领域——航天器多领域模型开发及综合集成虚拟试验

针对规模庞大的空间站系统，基于 Modelica 建模语言在 MWORKS 平台中建立了空间站核心舱、试验舱Ⅰ和试验舱Ⅱ的动力学与控制系统模型，以及能源、环热控、推进、信息、数管、测控和 GNC（制导、导航、控制）七个分系统模型，覆盖总体、分系统、关键单机设备，分别对分系统典型工况进行仿真分析，并集成了空间站单舱、两舱一字形、三舱 T 字形全系统综合模型，对交会对接、转位等场景进行分析验证，实现了空间站系统级、全边界、全工况的分析验证。

航天器多领域模型如图 2-2 所示。

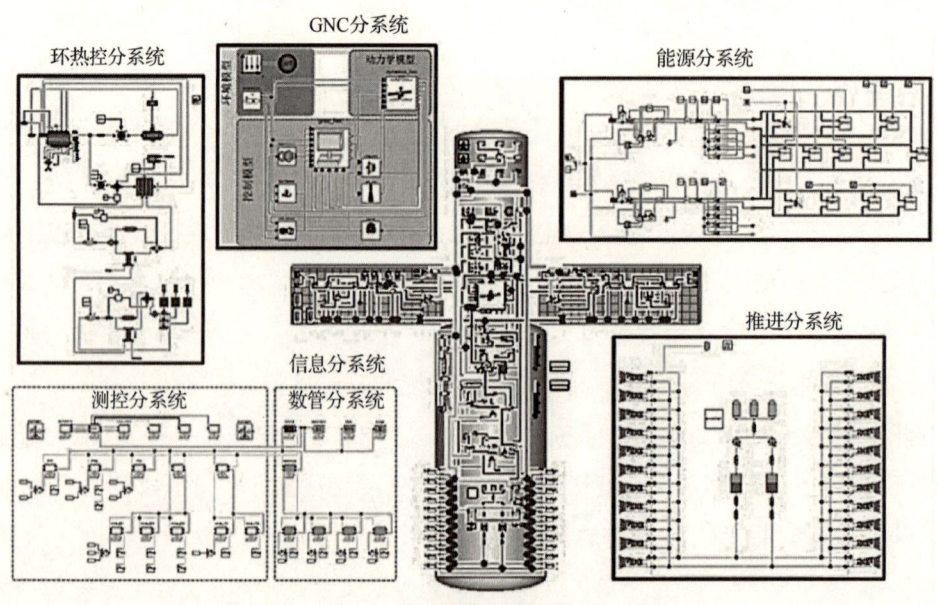

图 2-2　航天器多领域模型

2.3.2 航空领域——飞机环控系统设计仿真与验证

现代飞机均采用环控系统控制舱室的压力、温度、湿度等条件。环控系统的控制要求和动态特性,既要满足最优的系统性能,又要保证飞机全剖面下复杂、极端工况的安全稳定,实现环控系统故障快速定位和排除。

环控系统库组成复杂,包括气源系统、空调系统、防冰除雨系统、舱室加热系统、氧气系统等。以某机型舱室空调系统模型库为例,按实际机理拓扑结构,分为左右机舱两侧,包含压缩机、换热器、压气机、涡轮、风扇、舱室、阀类、管道等多种设备模型,并且分为温度控制回路和压力控制回路两类回路,共有 8 种温控增压模式,可快速实现飞机全剖面下设备冷却、货舱加热、座舱温度/压力调节等工况的动态模拟,能够满足全剖面下多种环境参数的仿真控制要求。

可利用 MWORKS.Sysplorer 软件,采用多领域统一建模语言 Modelica,以某机型舱室环控系统为对象,构建一套飞机环控系统的功能模型组件库,搭建相应的环控系统模板,并利用参数标定、设计参数插值等手段提高模型仿真精度,通过故障注入方式实现故障模拟,为后续飞机环控系统设计与验证提供有力支撑。

某机型舱室环控系统模型如图 2-3 所示。

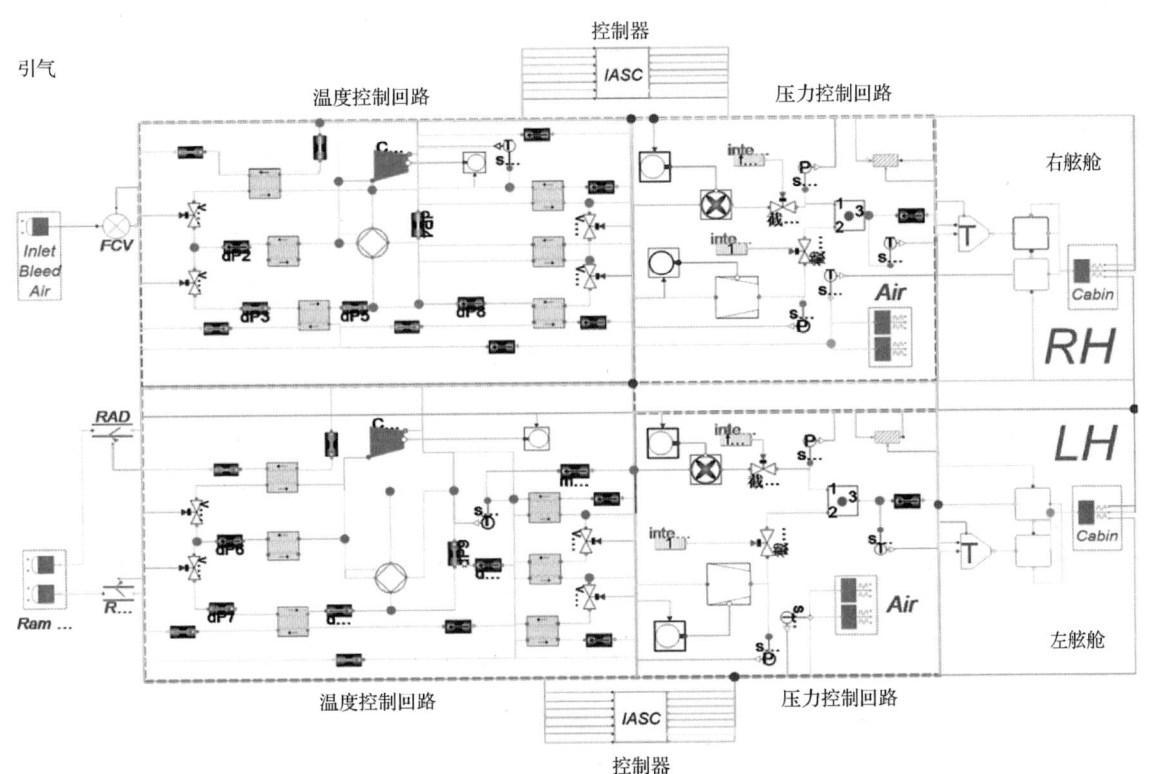

图 2-3 某机型舱室环控系统模型

2.3.3 汽车领域——车辆转向系统建模和集成验证

车辆转向系统是用来控制车辆行驶方向的机构,对车辆动力学性能影响较大。大多数商业软件中的转向系统以转角为输入进行控制,无法以扭矩进行控制,这一特点无法满足智能驾驶等研发需求。因此,需要可信的系统建模仿真工具,构建高置信度的转向系统模型,以满足智能驾驶需求。

根据车辆转向系统结构,建立车辆转向与底盘系统的物理仿真模型和控制策略模型,包含汽车转向盘模型、转向节模型、悬架等模型,满足车辆动力学性能分析需求。

转向与底盘集成系统模型如图 2-4 所示。

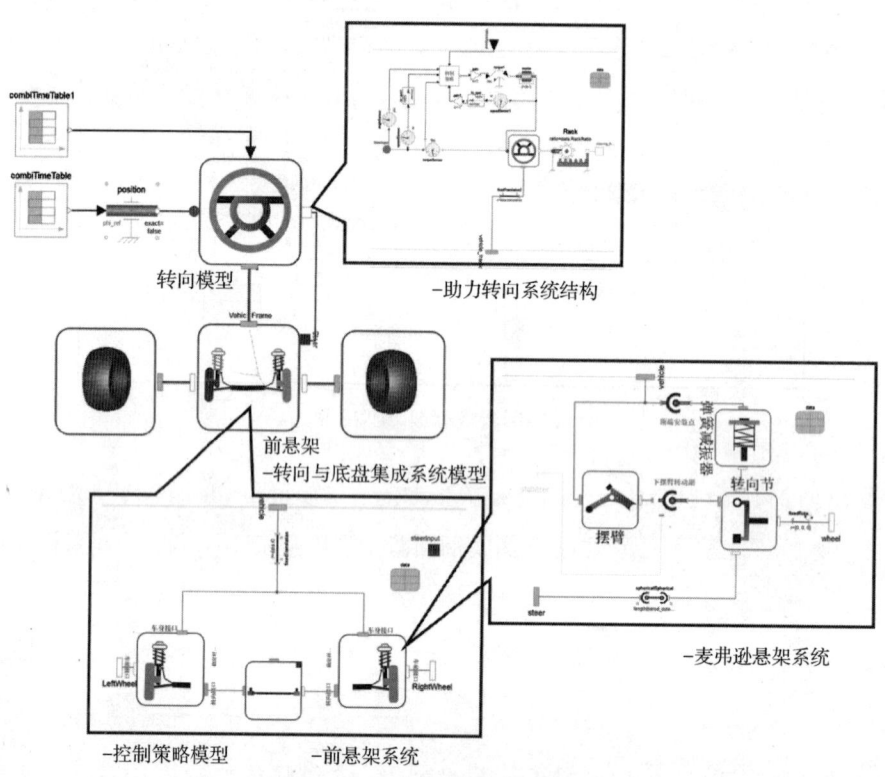

图 2-4 转向与底盘集成系统模型

基于汽车行业常用的 CAN 通信协议,结合 CAN 收发器、CAN 控制器等可实现基于 NI PXIe-8115 的转向系统 HIL 测试模型。转向系统半物理仿真如图 2-5 所示。

仿真平台支持将物理模型生成 C 代码,通过将代码下载至实时机,开展半物理仿真应用。实时机中被控对象实时模型可通过任意设定参数来模拟汽车质量、坡度、路面摩擦系数和驱动力及其时间随机组合的场景,并通过 CAN 通信将当前场景下的实时数据发送给控制器。

物理模型与控制策略模型实时闭环仿真如图 2-6 所示。

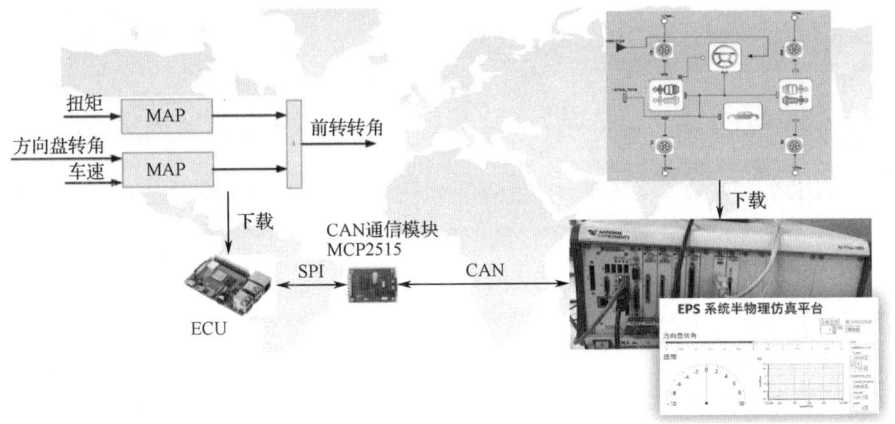

图 2-5　转向系统半物理仿真

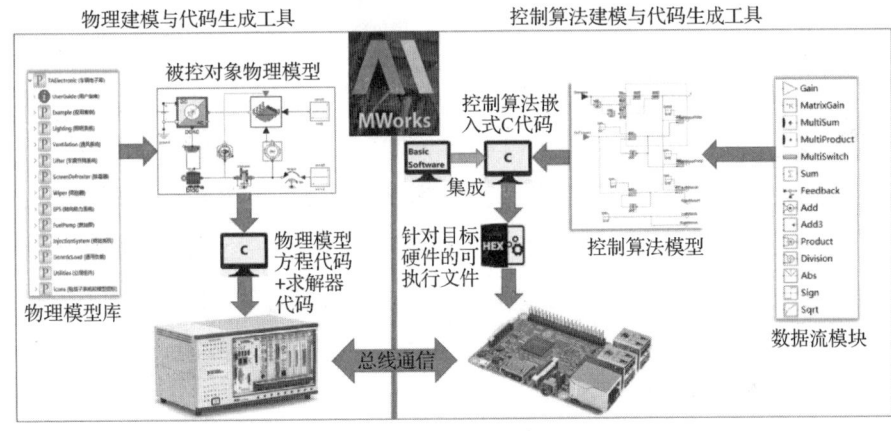

图 2-6　物理模型与控制策略模型实时闭环仿真

2.4　平台软件安装与激活

系统仿真软件 MWORKS.Sysplorer 安装与部署视频可以通过扫描下方二维码进行观看。

MWORKS.Sysplorer 安装与部署视频

第 2 篇　MWORKS 系统建模与仿真

第 3 章　系统建模仿真环境 MWORKS.Sysplorer

MWORKS.Sysplorer 是新一代复杂工程系统多专业统一建模、仿真及分析软件，基于国际多领域系统建模语言 Modelica，MWORKS.Sysplorer 系统建模仿真软件提供工业知识的模型化表达和模块化封装、系统的物理集成、系统状态方程的自动推导、计算代码的自动生成及参数分析与优化功能，是高效的复杂产品功能综合设计与仿真验证工具。MWORKS.Sysplorer 系统建模仿真软件以知识可重用、系统可重构的方式，为工业知识的体系化、技术化积累及产品创新提供了有效的技术支撑。MWORKS.Sysplorer 系统建模仿真平台如图 3-1 所示。

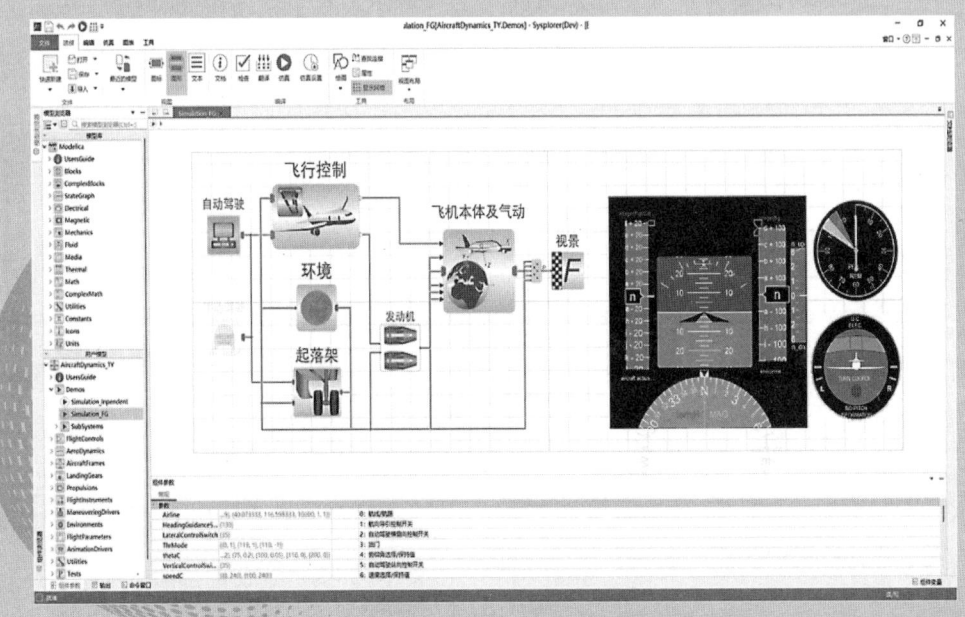

图 3-1　MWORKS.Sysplorer 系统建模仿真平台

3.1 系统建模环境

系统建模环境基于 Modelica 多领域统一建模标准，具备系统建模能力，适用于多专业耦合和连续离散混合的复杂工程系统建模，提供文本、图标、组件、说明、引用等视图，支持不同形式的 Modelica 建模手段，并提供本地模型（库）管理功能。

基于 Modelica 语言的系统建模环境，提供智能文本建模、拖放式建模、向导式建模等多种可视化建模方式，实现可视化模型与 Modelica 代码的自动互转与一致性自动维护。Modelica 模型图文交互原理如图 3-2 所示。

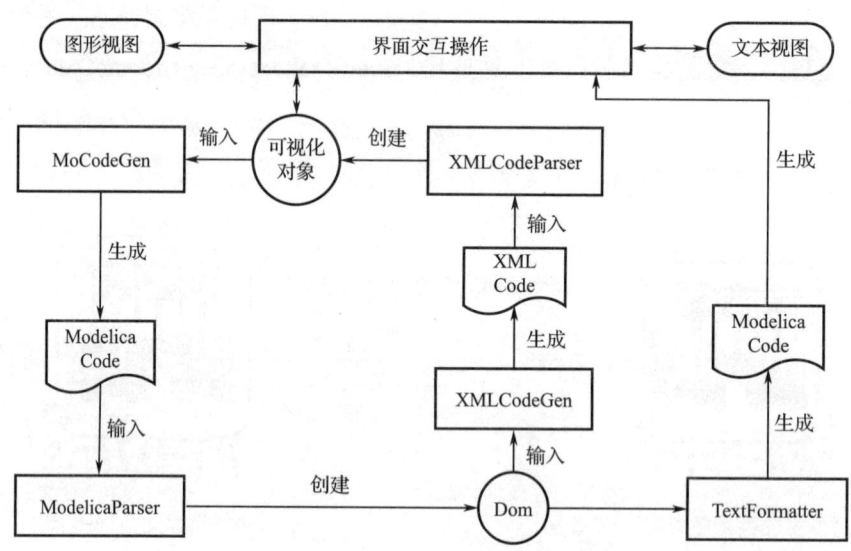

图 3-2　Modelica 模型图文交互原理

为增强复杂系统建模的友好性及可视化，可视化建模将主要表征为拖放式建模。可视化建模支持基于组件连接图的拖放式建模，包括无向连接的物理建模和有向连接的信号框图建模。而且模型与实际物理系统拓扑结构一致，更加直观，易于验证模型是否符合设计者意图。

在可视化拖放式建模的基础上，将进一步扩展系统功能，提供"虚拟件"对象构建机制及连接方法，扩展 Modelica 语言，有效支持复杂系统的层次结构化建模，能以自顶向下和自底向上两种方式构建系统级模型，大大提高建模效率。

可视化建模界面示意图如图 3-3 所示。

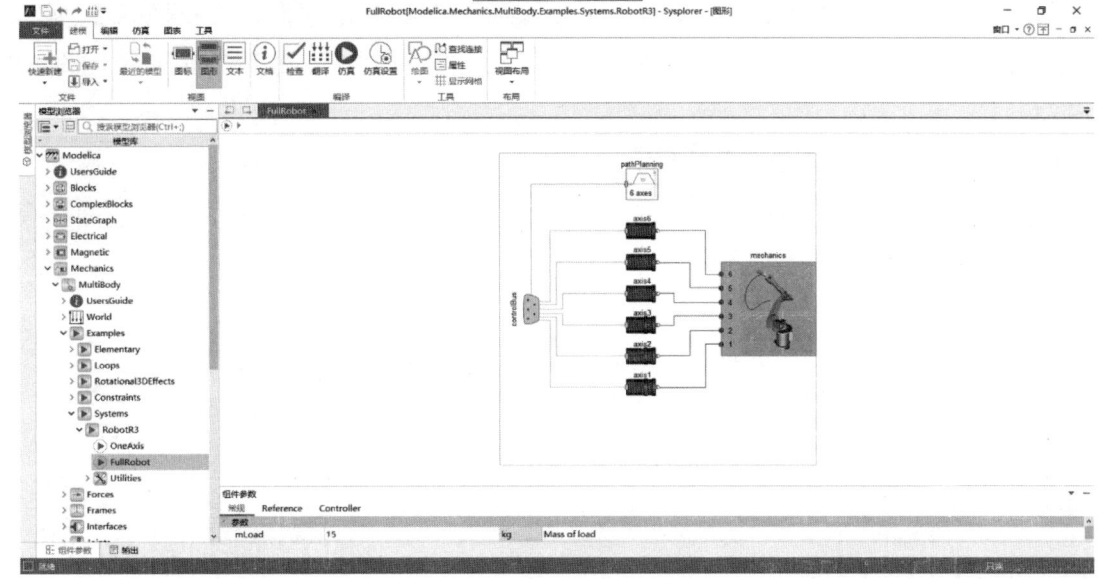

图 3-3　可视化建模界面示意图

3.2　模型库

Modelica 是一种开放、面向对象、基于方程的计算机语言，可以跨越不同领域，方便地实现复杂物理系统的建模，包括机械、电子、液压、热、控制及面向过程的子系统建模。

3.2.1　Modelica 标准模型库

Modelica 标准模型库是由 Modelica Association 开发和维护的一个开源库，为建模和仿真提供了丰富的工具和组件。该库涵盖了多个领域，包括机械、电气、热力学、流体力学、控制系统等，提供了各种模型和函数，使用户能够快速搭建复杂的系统模型。

在机械方面，该库包括一维和三维的机械组件，如弹簧、阻尼器、惯性体等，能够描述各种机械系统的动态行为。在电气方面，该库提供了模拟和数字电路元件、电机、发电机等模型，用于为各种电气系统建模。磁性组件用于为磁性系统的行为建模。热力学组件则可以描述热传导、传热等现象。在流体力学方面，该库包括各种管道、阀门、泵等组件，用于为液体和气体的流动建模。此外，控制系统模型和层次状态机也是标准库的一部分，用于描述系统的控制逻辑和状态转移。

除了物理组件，Modelica 标准库还包括许多数学函数和工具函数，用于进行数值计算、字符串处理、文件操作等。这些函数为模型提供了更大的灵活性和功能性。

目前，Modelica 标准模型库最新版本为 4.1.0-beta.1，MWORKS.Sysplorer 支持该库 4.0 及以下的所有版本。

3.2.2 MWORKS 车辆模型库

MWORKS 车辆模型库提供了一系列丰富的组件和工具，用于建模、仿真和分析车辆的各种行为。这些行为涉及车辆的基本动力学特性乃至复杂的控制系统，使得研究人员和工程师能够深入理解车辆在不同条件下的行驶和操控性能，从而推动车辆工程技术的发展和创新。MWORKS 车辆模型库包括车辆动力学模型库、车辆动力性经济性模型库、车辆热管理模型库、车辆电子模型库、车辆发动机模型库和车辆电池模型库，如图 3-4 所示。

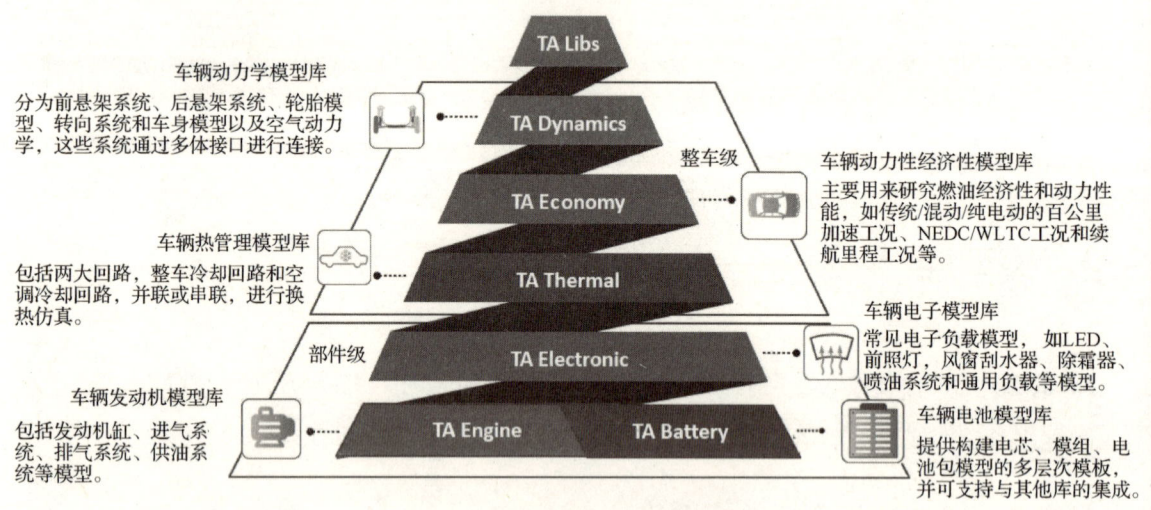

图 3-4　MWORKS 车辆模型库

1. 车辆动力学模型库

车辆动力学模型库主要用来研究整车或子系统的性能，如整车操稳性、悬架 KC 特性等。该模型库的结构按照实际车辆的系统划分为底盘、轮胎、驾驶员、道路和环境模型，同时提供了动力系统、制动系统和传动系统，用户可以简单地通过下拉菜单选择相应的子系统进行仿真分析，也可以通过详细设计子系统参数对子系统进行分析，同时模型库支持导出 FMU 与其他软件进行联合仿真。

基于车辆动力学模型库开发新的组件（悬架/轮胎/转向/制动/驱动等），开发完成的组件会自动集成至整车模型。

1）轮胎模型

可以在新建模型后，通过继承（extends）轮胎模板（TADynamic.Vehicle.Wheels.Template.Wheel），同时重申明模型的组件来生成新的轮胎模型（也可通过下拉菜单生成）。

轮胎模型需要定义半径（R0）、有效半径（Re）、额定负载（Fnorm）、轮毂半径（Rrim）、轮胎宽度（width）、轮胎弹簧刚度（k）、轮胎阻尼系数（d）、轮胎质量（m）、轮胎的转动惯量（Ixx/Iyy/Izz）。轮胎模型中，mass1 为轮胎质量 / 转动惯量模块，forceApplication1 为力 / 力矩应用模块，ground 为轮胎与地面接触模块，velocity1 为速度计算模块，cSYS 为坐标系转换模块，forceFormula 为力学计算模块，该部分可替换为各种不同的六分力计算方程，如图 3-5、图 3-6 所示。

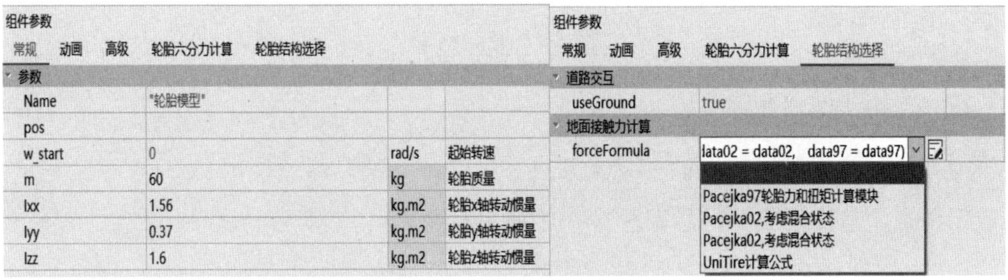


```
model Wheel_185_65_R15 "185/65-R15轮胎模型"
  annotation (...)
  extends Template.Wheel(
    redeclare Component.Mass mass1(w_start = w_start),
    redeclare Component.ForceApplication forceApplication1,
    redeclare Component.Ground ground,
    redeclare Component.Velocity velocity1,
    redeclare Component.CSYS cSYS,
    redeclare Component.ForceCal forceFormula,
    redeclare Component.PositionCal positionCal,
    R0 = data.R0,
    Re = data.Re,
    Fnorm = data.Fnorm,
    Rrim = data.Rrim,
    width = data.width,
    k = data.k,
    d = data.d,
    m = data.m,
    Ixx = data.Ixx,
    Iyy = data.Iyy,
    Izz = data.Izz);
  TADynamic.Utilities.RecordData.WheelData.Wheel_185_65_R15 data
    annotation (Placement(transformation(origin = {140.0, 74.0},
equation
end Wheel_185_65_R15;
```

图 3-5　通过继承轮胎模板生成新的轮胎模型

```
model UniTire "统一轮胎模型"
  annotation (...)
  extends Template.Wheel2(
    redeclare Component.Mass mass1(w_start = w_start),
    redeclare Component.ForceApplication forceApplication1,
    redeclare Component.Ground ground,
    redeclare Component.Velocity velocity1,
    redeclare Component.CSYS cSYS,
    redeclare Component.PositionCal positionCal,
    redeclare Component.ForceCal03 forceFormula);
equation
end UniTire;
```

图 3-6　重申明使用不同的六分力计算模块

完成的轮胎模型，会出现在整车模型子系统配置菜单中，如图 3-7 所示。

模型结构	模型参数	接口设置	其他	
车身				
	carBody	车身，无空气动力学		车身模型
前悬架				
	fSusp	麦弗逊悬架系统，无稳定杆		前悬架
后悬架				
	rSusp	多连杆悬架系统，无稳定杆		后悬架
传动系统				
	driveMode	FWD+制动		车轮驱动，FWD: 前驱，RWD: 后驱，AWD: 四驱
轮胎				
	FWheel	统一轮胎模型		前轮车轮类型
	RWheel	统一轮胎模型		后轮车轮类型

图 3-7　轮胎模型

2）悬架系统

该模型库提供了已开发完成的前悬架系统和后悬架系统，通过使用 extends 语法继承并重申明替换悬架硬点，从而生成新的悬架模型，如图 3-8 所示。

```
1  model McPherson4 "通过替换数据重申明生成悬架模型"
2    extends McPherson2(
3      redeclare Utilities.RecordData.SuspData.Mcpherson2 data)
4      annotation (Placement(transformation(origin = {0.0, -4.000000000000007},
5        extent = {{-64.0, -64.0}, {64.0, 64.0}})));
6    annotation (Icon(coordinateSystem(extent = {{-100.0, -100.0}, {100.0, 100.0}},
13   equation
14   end McPherson4;
```

图 3-8　新的悬架系统

在 TADynamics.Vehicle.Suspension.FrontSuspension.FSModel 和 TADynamics.Vehicle.Suspension.RearSuspension.RSModel 下有前悬架和后悬架系统，通过继承模型重申明替换数据生成新的悬架系统的模型，可以生成新的前麦弗逊悬架系统。

生成的悬架系统，将出现在车辆系统下拉菜单中，可以对该悬架系统进行单体测试或者集成测试，如图 3-9 所示。

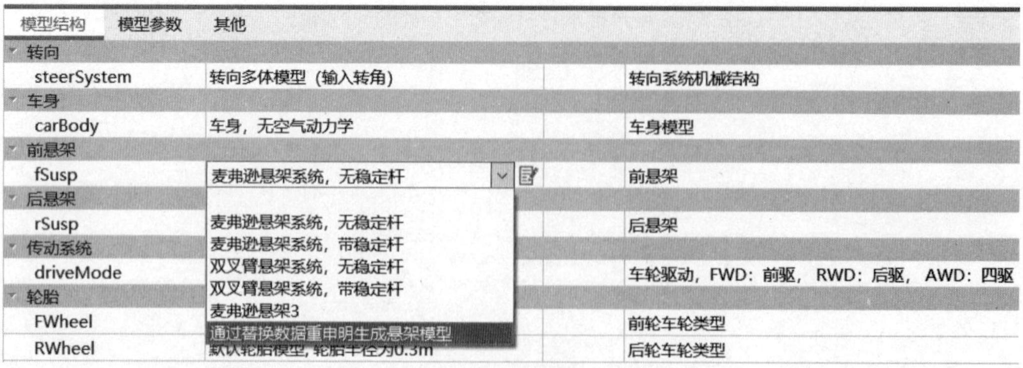

模型结构	模型参数	其他		
转向				
	steerSystem	转向多体模型（输入转角）		转向系统机械结构
车身				
	carBody	车身，无空气动力学		车身模型
前悬架				
	fSusp	麦弗逊悬架系统，无稳定杆		前悬架
后悬架				
	rSusp	麦弗逊悬架系统，无稳定杆		后悬架
		麦弗逊悬架系统，带稳定杆		
传动系统		双叉臂悬架系统，无稳定杆		
	driveMode	双叉臂悬架系统，带稳定杆		车轮驱动，FWD: 前驱，RWD: 后驱，AWD: 四驱
轮胎		麦弗逊悬架3		
	FWheel	通过替换数据重申明生成悬架模型		前轮车轮类型
	RWheel	默认轮胎模型，轮胎半径为0.3m		后轮车轮类型

图 3-9　悬架选择

3）转向系统

建立新的转向系统需要继承（extends）转向系统模板，之后对转向系统进行开发，即可形成新的转向系统。转向系统模板在 TADynamics.Vehicle.Steering.Template.SteerSystemEPS 中，如图 3-10 所示。

```
model newEPS "newEPS"
    extends TADynamics.Vehicle.Steering.Template.SteerSystemEPS;
end newEPS;
```

图 3-10　通过继承生成新的转向模型

新的 EPS（电动助力转向）模型也可以在整车模型的下拉菜单中选择，如图 3-11 所示。

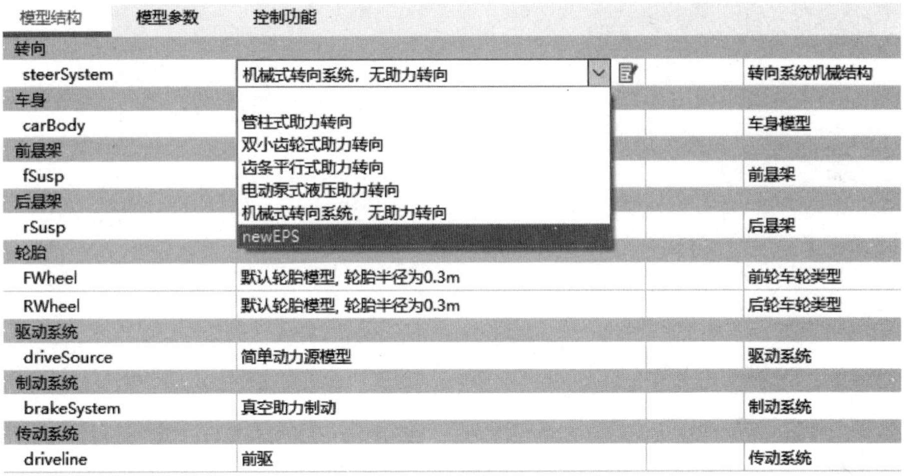

图 3-11　选择新建的 newEPS

若需要修改转向系统的几何/硬点信息，则需要修改转向系统的硬点，在 TADynamics.Utilities.RecordData.SWData 下包含了相关的数据，data 包含了转向系统的硬点信息，如图 3-12 所示。

```
 1  record SteerSys "转向系统2"
 2      annotation (Diagram(coordinateSystem(extent = {{-140.0, -100.0}, {140.0, 100.0}}, ...
 9      extends Modelica.Icons.Record;
10      parameter SI.Position hps_steerWheelCenter[3] = {1100.0, -480.0, 860.0} / 1000
11          "转向盘中心点";
12      parameter SI.Position hps_interShaftUp[3] = {557.0, -480.0, 790.0} / 1000
13          "转向管柱上安装点";
14      parameter SI.Position hps_interShaftLow[3] = {407.0, -300.0, 490.0} / 1000
15          "转向管柱下安装点";
16      parameter SI.Position hps_pinion_pivot[3] = {207.0, -300.0, 290.0} / 1000
17          "pinion 安装点";
18      parameter SI.Position translation[3] = {0, 0, 0} "整个转向系统平移向量";
19      parameter Real RackRatio = 164 "齿轮齿条比";
20  end SteerSys;
```

图 3-12　转向系统 data 数据内容

在继承模板时,使用 redeclare 对数据进行重申明替换,可以生成新的转向系统,如图 3-13 所示。

```
model newEPS "newEPS"
  extends TADynamics.Vehicle.Steering.Template.SteerSystemEPS(
    redeclare TADynamics.Utilities.RecordData.SWData.SteerSys data);
end newEPS;
```

图 3-13 生成新的转向系统

4)驱动系统

驱动系统可以通过继承系统模板来生成(路径为 TADynamics.Vehicle.Driveline.PowerTrain.Template.Template)。驱动系统模板如图 3-14 所示。

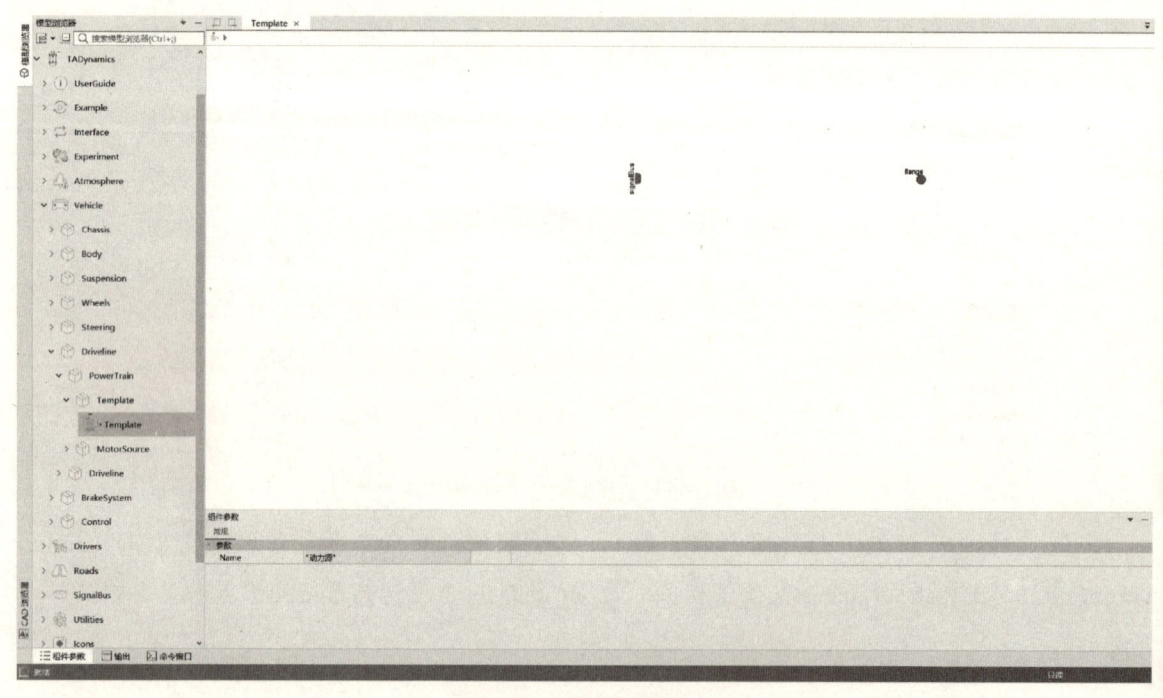

图 3-14 驱动系统模板

其中 signalBus 为总线模型,能够获取整车和各子系统信号,flange_a 为驱动接口,与传动系统相连,用户能够基于该模板开发驱动系统模型。采用 extends 命令继承生成,如图 3-15 所示。

```
model newPower "新驱动模型"
  extends TADynamics.Vehicle.Steering.Template.SteerSystemEPS;
end newPower;
```

图 3-15 建立新驱动模型继承 SteerSystemEPS

完成的系统模型也将出现在车辆系统下拉菜单中,如图 3-16 所示。

图 3-16　选择新驱动模型

5）制动系统

制动系统可以通过继承系统模板来生成（路径为 TADynamics.Vehicle.BrakeSystem.Template.BrakeSystem），如图 3-17 所示。

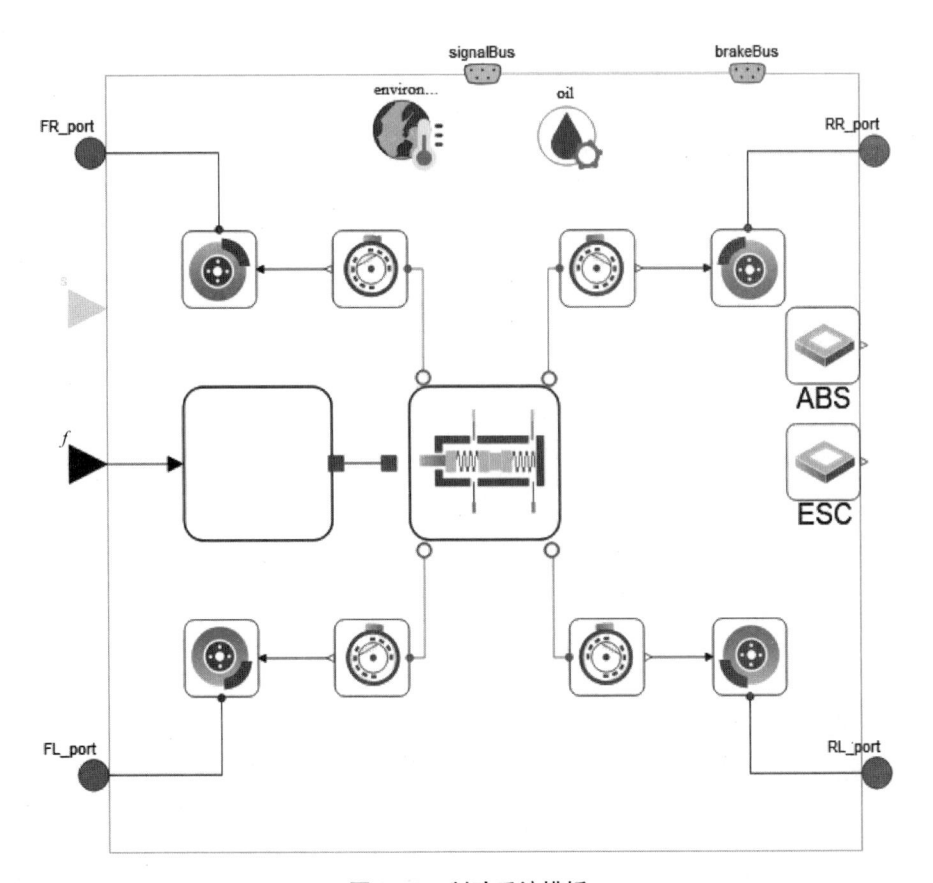

图 3-17　制动系统模板

其中 f 为制动踏板制动力输入，FL_port/FR_port/RR_port/RL_port 为与车轮相连接点，用户能够使用 extends 命令基于该模板开发制动系统模型，如图 3-18 所示。

```
model newBrake "新制动模型"
  extends TADynamics.Vehicle.Steering.Template.SteerSystemEPS;
end newBrake;
```

图 3-18　建立新制动模型继承 SteerSystemEPS

完成的系统模型也将出现在车辆系统下拉菜单中，如图 3-19 所示。

组件参数			
模型结构	模型参数	控制功能	
▼ 转向			
	steerSystem	机械式转向系统，无助力转向	转向系统机械结构
▼ 车身			
	carBody	车身，无空气动力学	车身模型
▼ 前悬架			
	fSusp	被动麦弗逊悬架系统，无稳定杆	前悬架
▼ 后悬架			
	rSusp	被动麦弗逊悬架系统，无稳定杆	后悬架
▼ 轮胎			
	FWheel	默认轮胎模型，轮胎半径为0.3m	前轮车轮类型
	RWheel	默认轮胎模型，轮胎半径为0.3m	后轮车轮类型
▼ 驱动系统			
	driveSource	简单动力源模型	驱动系统
▼ 制动系统			
	brakeSystem	真空助力制动 / 电机助力制动 / 新制动模型	制动系统
▼ 传动系统			
	driveline		传动系统

图 3-19　选择新制动模型

2. 车辆动力性经济性模型库

计算动力性和经济性工况时，一般不考虑动力学特性，因此动力性经济性模型库不包含多体部分，动力性经济性模型库分为以下几部分：

（1）车辆系统模型；

（2）动力系统；

（3）传动系统；

（4）驾驶员模型；

（5）电子模型；

（6）控制模型；

（7）总线。

动力性工况主要考虑百公里加速工况，评估车辆从静止开始加速至 100km/h 所需要的时间；经济性工况主要考虑城市循环工况（如 NEDC 工况）的车辆油耗、变速器换挡等。

下面以构建整车动力性经济性模型为例介绍动力性经济性模型库。

选择 TAEconomy.Examples.VehicleArchitectures 文件夹，其中包含不同车型架构：Conventional 传统燃油车型、Hybrid 混动车型、EAuto 单电机车型、DualEAuto 双电机车型、EREV 增程式车型。可双击打开需要的车型架构，再全选并复制，P0 混动车型如图 3-20 所示。

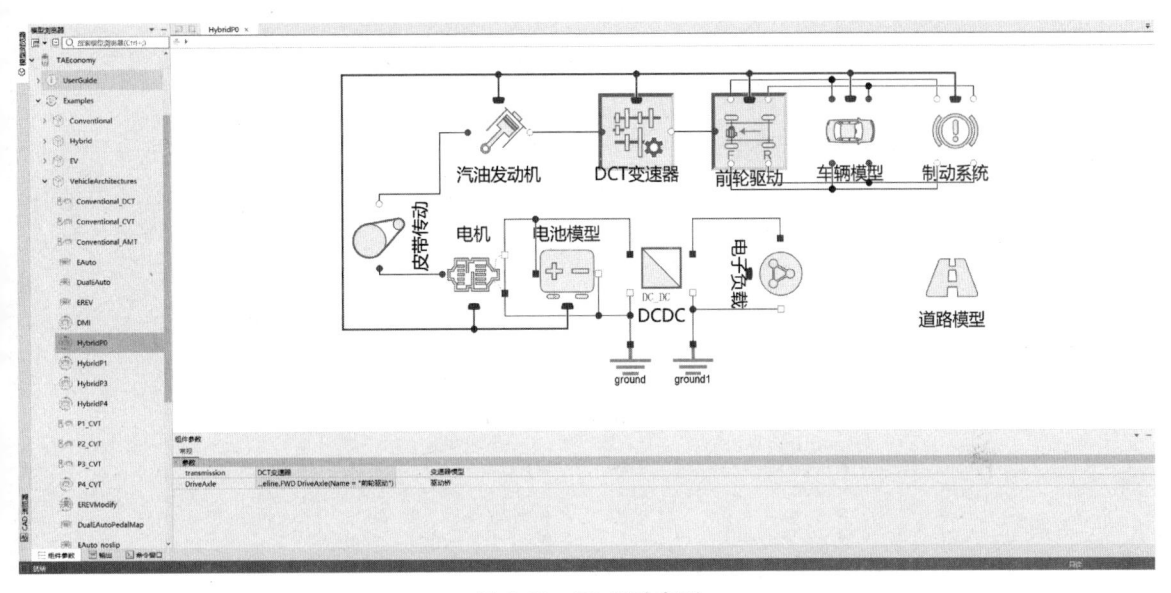

图 3-20　P0 混动车型

新建模型，粘贴已复制的内容，获得整车模型，如图 3-21 所示。

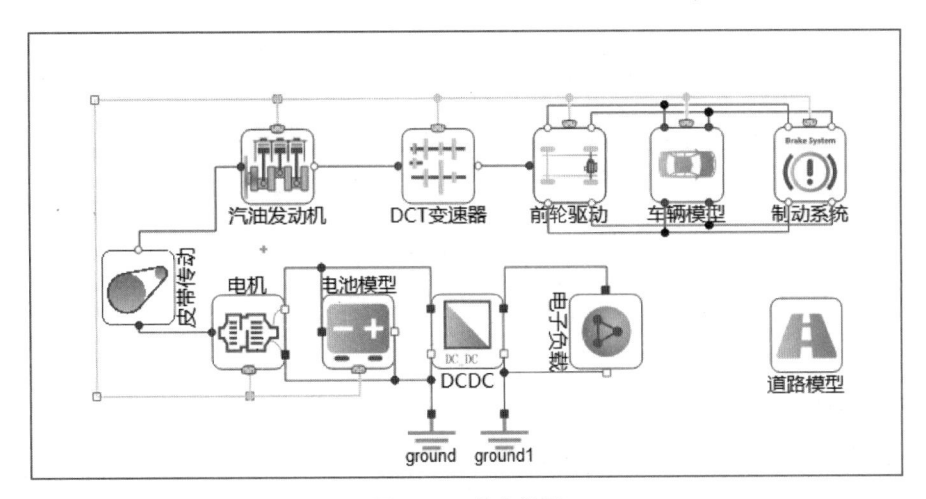

图 3-21　整车模型

从 TAEconomy.Drivers.DriverCycle 中选择一个驾驶员模型并拖拽出来，如图 3-22 所示。其中驾驶员模型包括 DriverCycle 循环工况模型、DriverPerformance 百公里加速工况模型和 DriverCycleN 续航里程工况模型。

图 3-22 驾驶员模型

将 TAEconomy.Drivers.DriverCycle 的驾驶员工况模型总线与 TAEconomy.Examples.VehicleArchitectures 中的车型架构总线相连。

至此,整车动力性经济性模型构建完成,如图 3-23 所示。

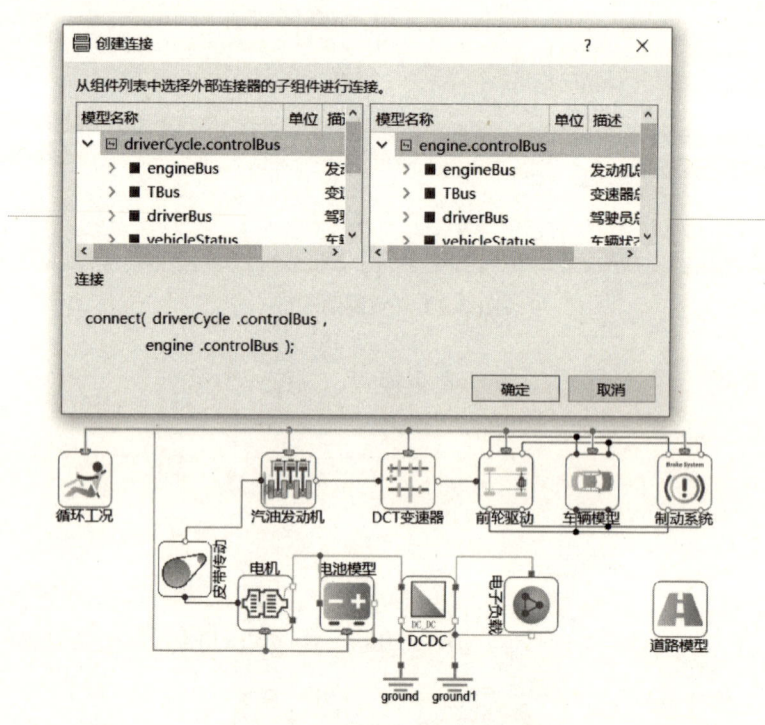

图 3-23 整车动力性经济性模型

3. 车辆热管理模型库

车辆热管理模型库包含管道、阀、压缩机、换热器、泵、储液箱和管道截面流阻等模型,其中介质基于水、R134a 和空气三种介质换热,分别搭建了各个组件的测例模型和简单空调循环回路测例模型,以及整车热管理系统回路模型。车辆热管理模型可以集成电池、电机等热源回路,通过统一接口进行换热仿真。

下面以构建闭环空调回路为例介绍热管理模型库。

闭环空调回路案例用于模拟空调系统，动态显示换热器换热状态。R134a 冷媒气体在压缩机驱动下提升至高温高压气态，经过管道进入冷凝器冷凝为高压、温度下降至一定程度的气液混合态，经过膨胀阀体积膨胀后进一步相变至低压低温液态状态送入蒸发器，在空气对流换热过程中，蒸发器提供室内对流空气的制冷效果，并通过过热传感器反馈过热度给温控膨胀阀，保持介质过热度在一定区间内，经过蒸发器换热的介质重新转变为气液两相共存状态，需经由气液分离器进行分离，仅提供气态组分给压缩机参与新的循环，避免压缩机汽蚀。

新建模型后，从 TAThermalSystem.Reservoirs.PhaseSeparator 中拖拽出分离器模型，从 TAThermalSystem.Compressor.CompressorR134a 中拖拽出压缩机模型，从 TAThermalSystem.Sensors.SuperHeatingSensor 中拖拽出过热传感器模型，从 TAThermalSystem.HeatExchangers.Evaporator 中拖拽出蒸发器模型，从 TAThermalSystem.Valves.SimpleTXV 中拖拽出温控膨胀阀模型，从 TAThermalSystem.Pipes.SimplePipe 中拖拽出两个离散单管道模型，从 TAThermalSystem.HeatExchangers.Condenser 中拖拽出冷凝器模型，从 TAThermalSystem.Sources.AirSink_pT 中拖拽出两个空气出口模型，从 TAThermalSystem.Sources.AirSource_mT 中拖拽出两个空气进口模型，从 Modelica.Block.Sources.RealExpression 中拖拽出一个 RealExpression 源模型，从 Modelica.Mechanics.Rotational.Sources.Speed 中拖拽出一个 Speed 源模型，将它们添加至新建模型图形层，按照图 3-24 对各个组件进行连接。

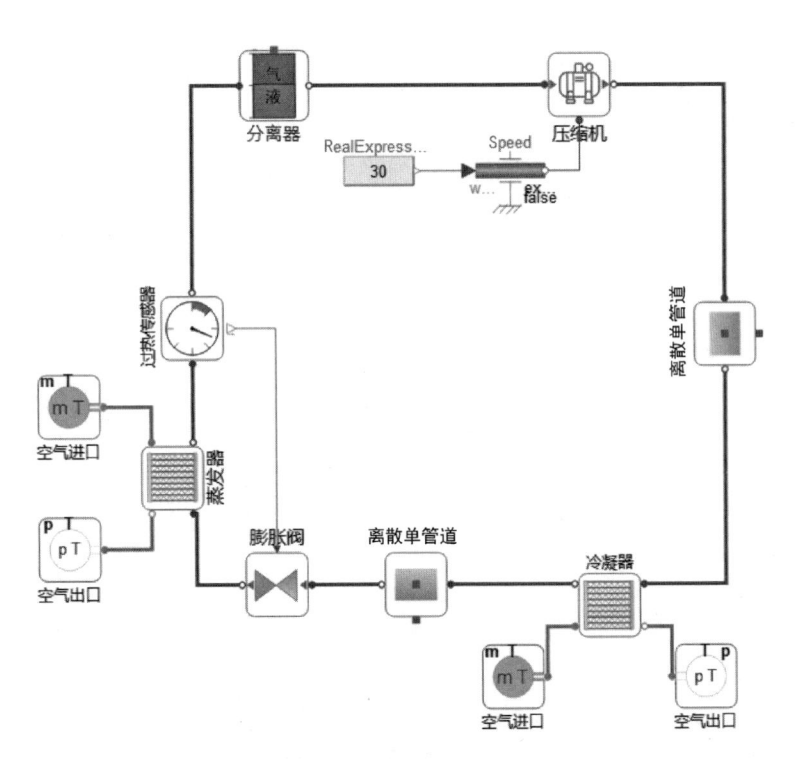

图 3-24　闭环空调回路 1

从 TYBase.Utilities.Visualizations.ThermalCycleVisualization.ChartDisplay.HX_Display_legend 中拖拽出换热器数值显示模型，从 TYBase.Utilities.Visualizations.ChartDisplay.HX_Display 中拖拽出四个换热器数值显示模型，从 TAThermalSystem.Utilities.summary.summaryHVAC 中拖拽出空调回路汇总模型，将它们添加至图形层，如图 3-25 所示。

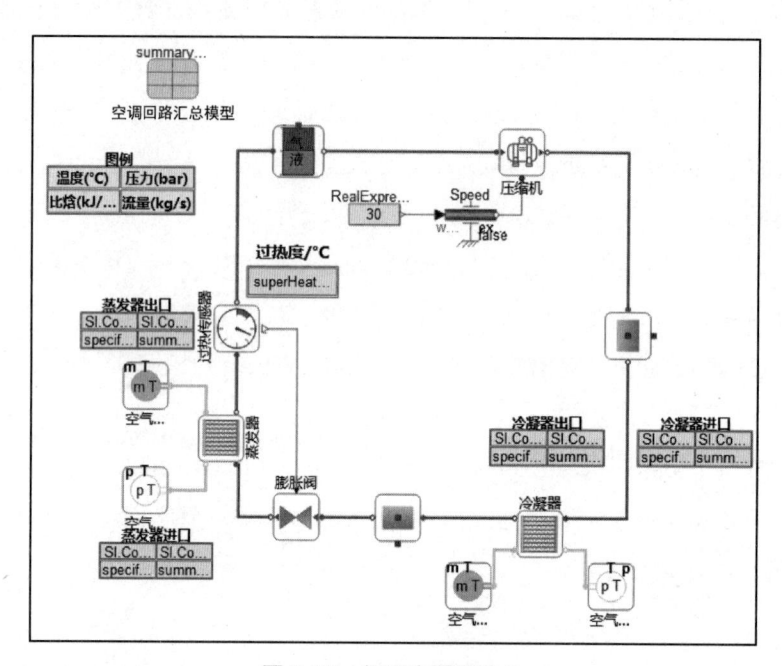

图 3-25　闭环空调回路 2

从 TYBase.Utilities.Visualizations.ThermalCycleVisualization.ph_R134a 中拖拽出蒸汽循环 ph 可视化模型至新建模型图形层，完整闭环空调回路如图 3-26 所示。

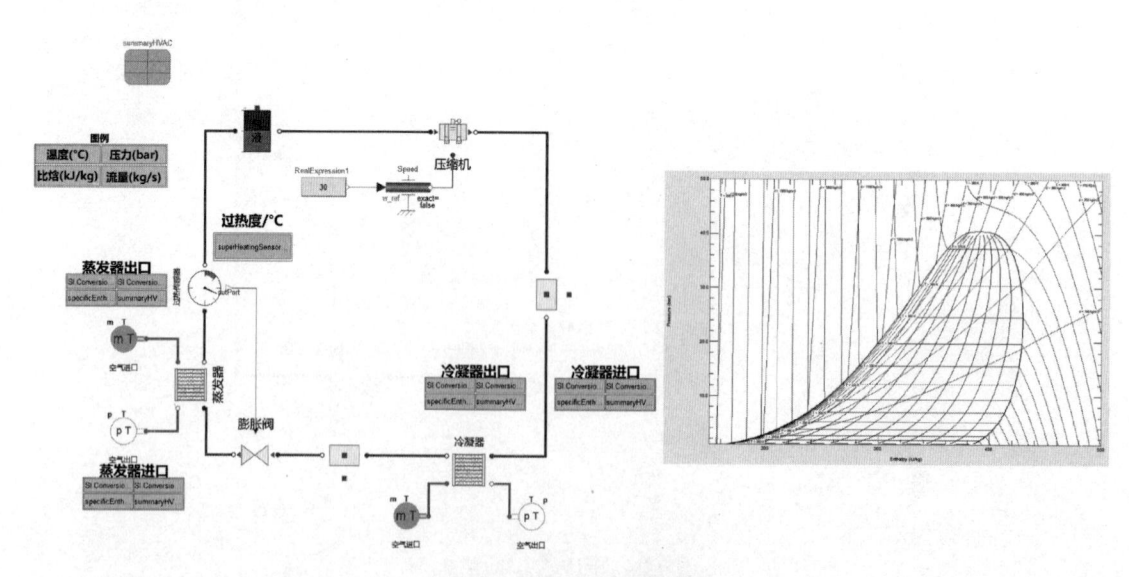

图 3-26　完整闭环空调回路

4. 车辆电子模型库

车辆电子模型库包含常用的车辆电器元件和系统。根据该库可以分析车辆在不同的行驶状态下，各电器元件的电流及功率的变化，从而实现车辆电路的实时控制及模拟仿真。用户也可以基于该库提供的各电器元件的模板，开发自己的电器元件模型，从而开发出自己的低压电器系统模型。

1）车辆大灯（前照灯）测试模型

新的车辆大灯模型可以在新建模型后，通过拖拽建模的方式来建立。

第一步：从模型树中（TAElectronic.Lighting）拖拽车辆大灯模型至测试模型中。

第二步：从 Modelica 标准库中拖拽恒电压源（Modelica.Electrical.Analog.Sources.ConstantVoltage）至测试模型中。

第三步：从 Modelica 标准库中拖拽接地模型（Modelica.Electrical.Analog.Basic.Ground）至测试模型中。

第四步：从 Modelica 标准库中拖拽布尔信号源模型（Modelica.Blocks.Sources.BooleanExpression）至测试模型中。

第五步：将布尔信号源模型的输出端口和车辆大灯模型总线连接，在连接总线时选择在总线上所需控制的信号，此时为控制车辆大灯模型的开闭（active），将恒电压源模型的正负极接口与车辆大灯模型正负极连接，将接地模型与恒电压源模型负极连接。

车辆大灯测试模型如图 3-27 所示。

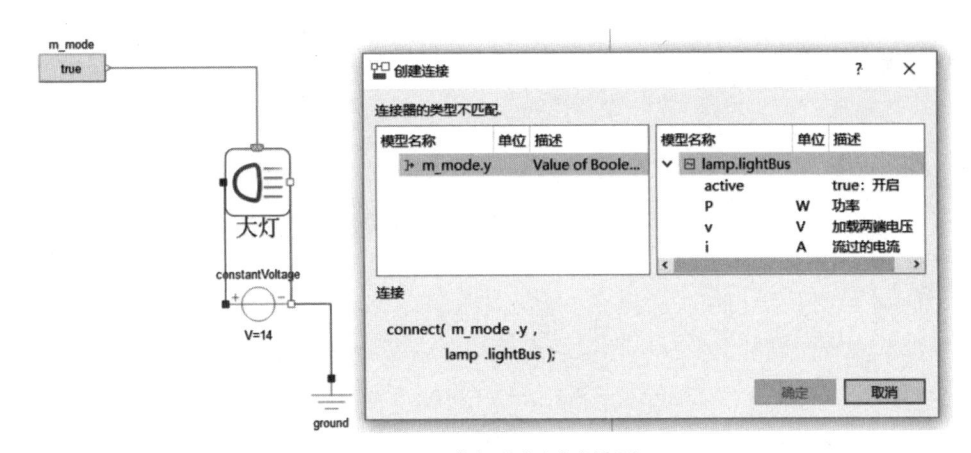

图 3-27 车辆大灯测试模型

2）雨刮器测试模型

新的雨刮器测试模型可以在新建模型后，通过拖拽建模的方式来建立。

第一步：从模型树中（TAElectronic.Wiper）拖拽雨刮器模型至测试模型中。

第二步：从 Modelica 标准库中拖拽恒电压源（Modelica.Electrical.Analog.Sources.ConstantVoltage）

至测试模型中。

第三步：从 Modelica 标准库中拖拽接地模型（Modelica.Electrical.Analog.Basic.Ground）至测试模型中。

第四步：从 Modelica 标准库中拖拽整型信号源模型（Modelica.Blocks.Sources. IntegerExpression）至测试模型中。

第五步：从 Modelica 标准库中拖拽两个实型信号源模型（Modelica.Blocks.Sources. RealExpression）至测试模型中，其中一个作为天气信号输入，另一个作为车速信号输入。

第六步：将整型信号模型的输出端口和 eEBus 总线连接，连接时选择在总线上所需控制的信号，此时为控制雨刮器模型的挡位，将恒电压源模型的正负极接口与除霜器模型正负极连接，将接地模型与恒电压源模型负极连接。

第七步：从 TongYuan.SignalBus.Interface.Internal.eEBus 中拖拽出电子电器总线接口，在连接时选择所需控制的信号，其中 <Add variable> 可自定义模型变量，如雨刮器模型中的天气和车速。

雨刮器测试模型如图 3-28 所示。

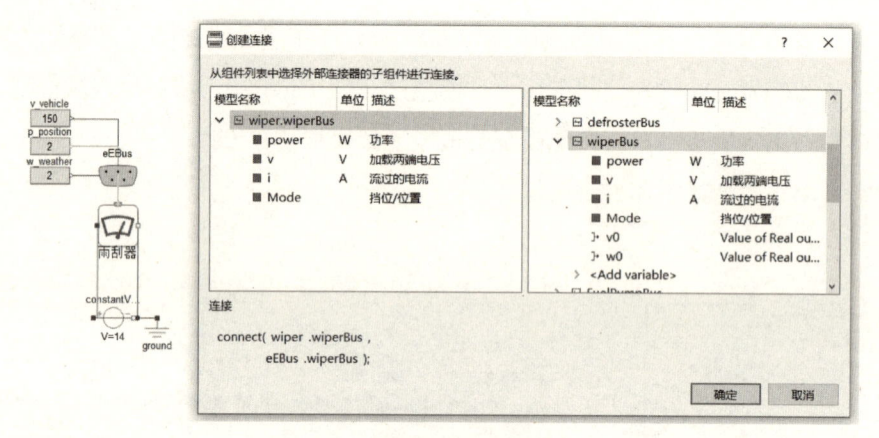

图 3-28　雨刮器测试模型

3）电液助力转向测试模型

新的电液助力转向测试模型可以在新建模型后，通过拖拽建模的方式来建立。

第一步：从模型树中（TAElectronic.ScreenDefroster）拖拽电液助力转向模型至测试模型中。

第二步：从 Modelica 标准库中拖拽恒电压源（Modelica.Electrical.Analog.Sources.ConstantVoltage）至测试模型中。

第三步：从 Modelica 标准库中拖拽接地模型（Modelica.Electrical.Analog.BasicGround）至测试模型中。

第四步：从 Modelica 标准库中拖拽实型信号源模型（Modelica.Blocks.Sources.RealExpression）至测试模型中，此信号源作为道路等级信号输入到电液转向系统模型中。

第五步：从 Modelica 标准库中拖拽布尔信号源模型（Modelica.Blocks.Sources.BooleanExpression）至测试模型中，用于阻力转向系统的开闭；

第六步：从 TongYuan.SignalBus.Interface.Internal.eEBus 中拖拽出电子电器总线接口，在连接时选择所需控制的信号。

第七步：将实型信号模型的输出端口和 eEBus 总线接口连接，将布尔信号模型的输出端口和 eEBus 总线接口连接，将恒电压源模型的正负极接口与电液转向系统模型正负极连接，将接地模型与恒电压源模型负极连接。

电液助力转向测试模型如图 3-29 所示。

4）座椅测试模型

新的座椅测试模型可以在新建模型后，通过拖拽建模的方式建立。

第一步：从模型树中（TAElectronic.SeatSystem.SeatModel.SeatSystem）拖拽座椅模型至新建测试模型中。

第二步：从 Modelica 标准库中拖拽常量信号源模型（Modelica.Blocks.Sources.Constant）作为电机占空比信号（DutyCycle）的输入至测试模型中。

第三步：从 Modelica 标准库中拖拽两个整型信号源模型（Modelica.Blocks.Sources.Integerstep）作为电机方向信号（Direction）至测试模型中。

第四步：将常量信号模型的输出端口分别和座椅模型总线接口中占空比信号（DutyCycle）连接，将整型信号模型的输出端口分别和座椅模型总线中电机方向信号（Direction）连接。

座椅测试模型如图 3-30 所示。

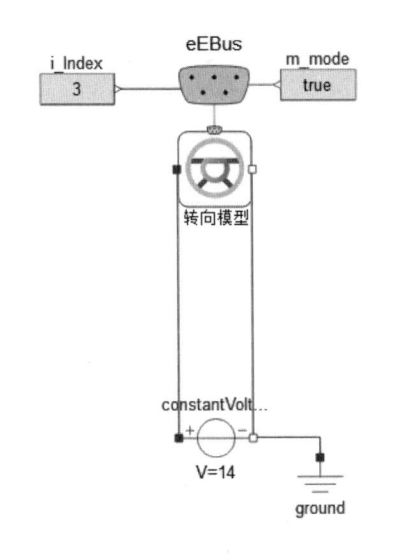

图 3-29　电液助力转向测试模型

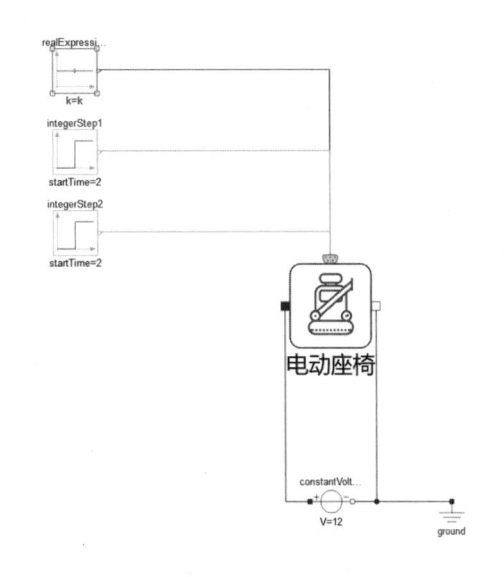

图 3-30　座椅测试模型

5. 车辆发动机模型库

车辆发动机模型库包含发动机均值模型,发动机模型分为供油系统、进气系统、发动机顶盖、发动机缸、发动机底部、发动机皮带、发动机排气系统等,发动机模型缸内和排气考虑热管理。发动机模型库考虑进气系统的节气门/进气歧管对发动机缸进气压强/流量的影响,排气系统考虑排气歧管对排气压强、温度和流量的影响。

下面以构建发动机仿真模型为例介绍车辆发动机模型库。

新建模型后,从 TAEngine.EngineModel 拖拽发动机模型(发动机模型分为带涡轮增压 mVEM_turbine 和不带涡轮增压 mVEM)至新建模型图形层,带/不带涡轮增压的发动机模型外部接口以及建模流程相同,发动机模型共有 6 个接口:1 个总线接口,用来与控制器模型交互信息;2 个流体接口,与进气环境和排气环境连接;1 个热接口,与热管理系统连接;2 个机械接口,与机械部分连接。发动机模型如图 3-31 所示。

从 TAEngine.Component.Controller.SimpleCtrl 拖拽出集成控制器的发动机模型,将其与发动机模型连接,如图 3-32 所示。

图 3-31 发动机模型

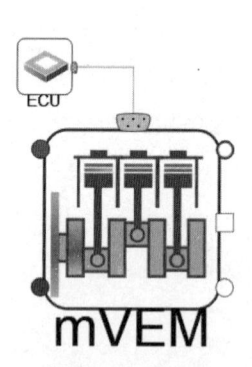

图 3-32 集成控制器的发动机模型

设置发动机模型进气环境和排气环境,从 Modelica 标准库 Modelica.Fluid.Sources.FixedBoundary 中拖拽两个边界至图形层,连接 boundary 和 mVEM 模型时,将维度选成 1,并将其与发动机模型连接(该边界也可自行开发),如图 3-33、图 3-34 所示。

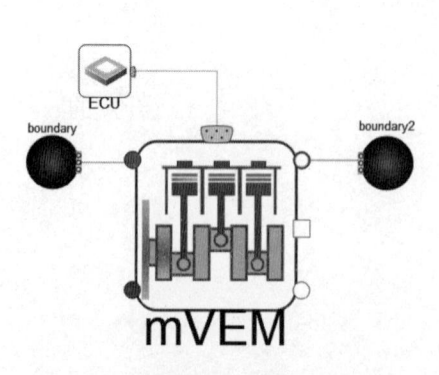

图 3-33 集成进气环境和排气环境

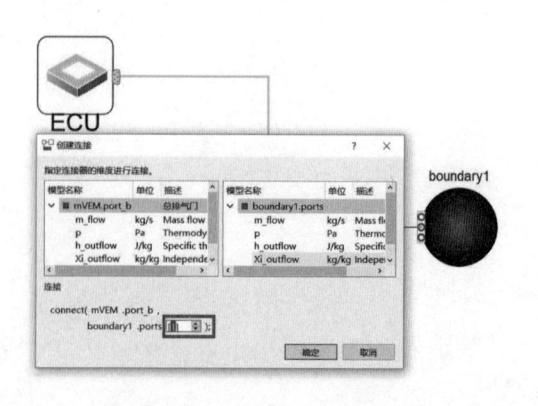

图 3-34 连接维度的选择

增加发动机机械负载，如图 3-35 所示，增加扭矩负载，扭矩源和转动惯量源在标准库 Modelica.Mechanics.Rotational.Sources.Torque、Modelica.Mechanics.Rotational.Components.Inertia 和 Modelica.Blocks.Sources.RealExpression 中。

若需要对发动机进行热管理分析，则从 Modelica 标准库中拖拽出 Modelica.Thermal.HeatTransfer.Components.ThermalConductor 和 Modelica.Thermal.HeatTransfer.Sources.FixedTemperature，并进行连接，如图 3-36 所示，也可以连接至外部的热管理系统模型。

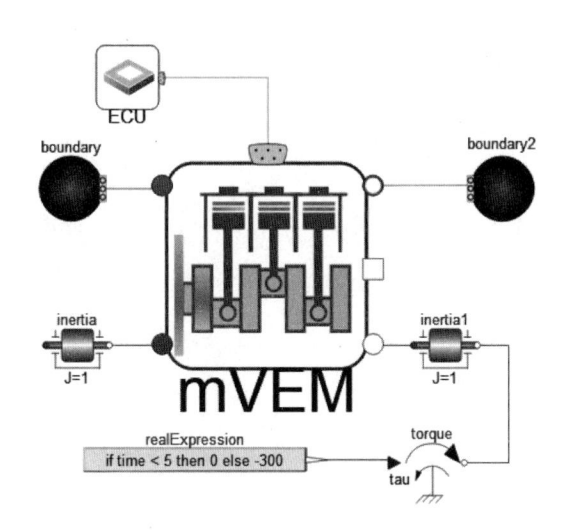

图 3-35　发动机机械负载模型　　　　图 3-36　加入热管理模型

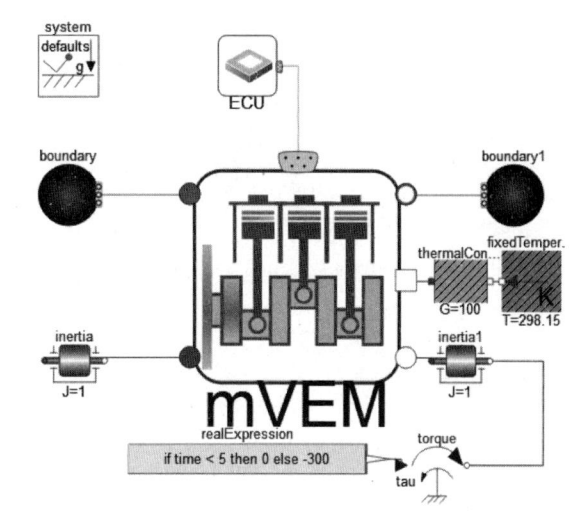

6. 车辆电池模型库

车辆电池模型库主要用于分析不同颗粒度的电池模型性能，它包含电芯模型、电池模组模型、电池包模型，模型考虑电池热学部分和电学部分，用户可基于模型库提供的模板构建电芯模型、模组模型和电池包模型，电池包模型可与车辆动力学模型库、动力性经济性模型库、热管理模型库以及电子模型库组合使用。

下面以构建电芯模型为例介绍车辆电池模型库。

构建电芯电反应部分，首先通过使用 Modelica extends 命令，继承 TABattery.Template.Electric.Electrical 模板，如图 3-37 所示。

然后构建新的电芯电反应模型，采用 Modelica 标准库中的电学组件或自行开发的组件，并提取各组件参数至模型顶层，如图 3-38 所示。

最后进行模型参数设置，电芯电反应部分包括 SOC 估算模块和电池老化模块，可以通过下拉菜单进行选择，如图 3-39 所示。

```
model new"新的电芯电反应部分"
  extends TABattery.Template.Electric.Electrical;
end new;
```

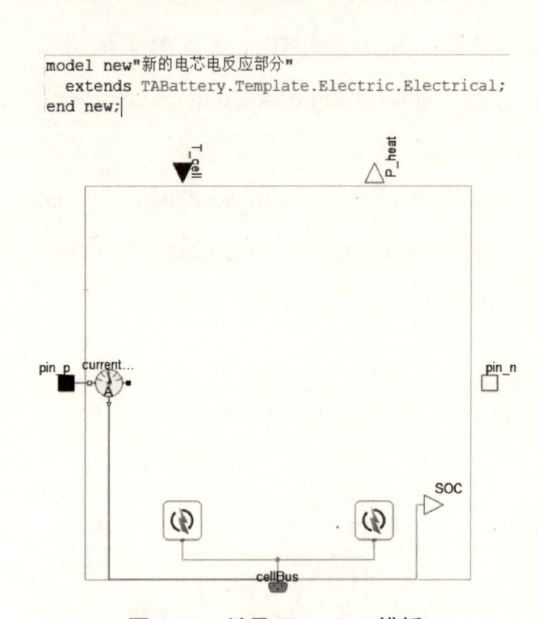

图 3-37　继承 Electrical 模板

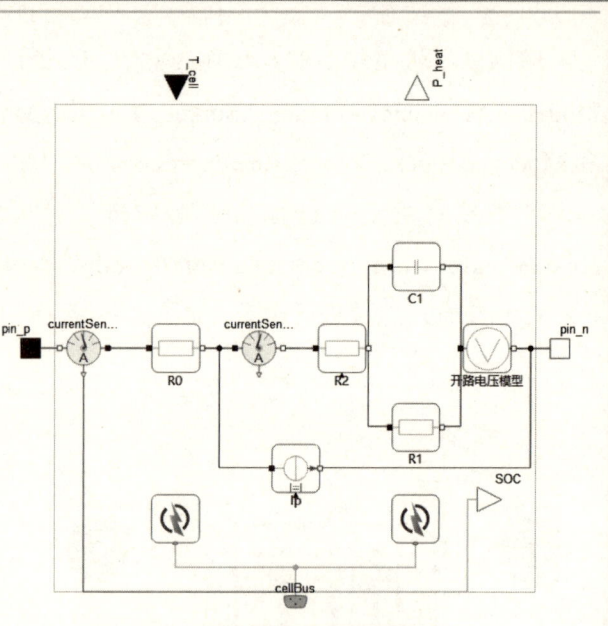

图 3-38　构建新的电芯电反应模型

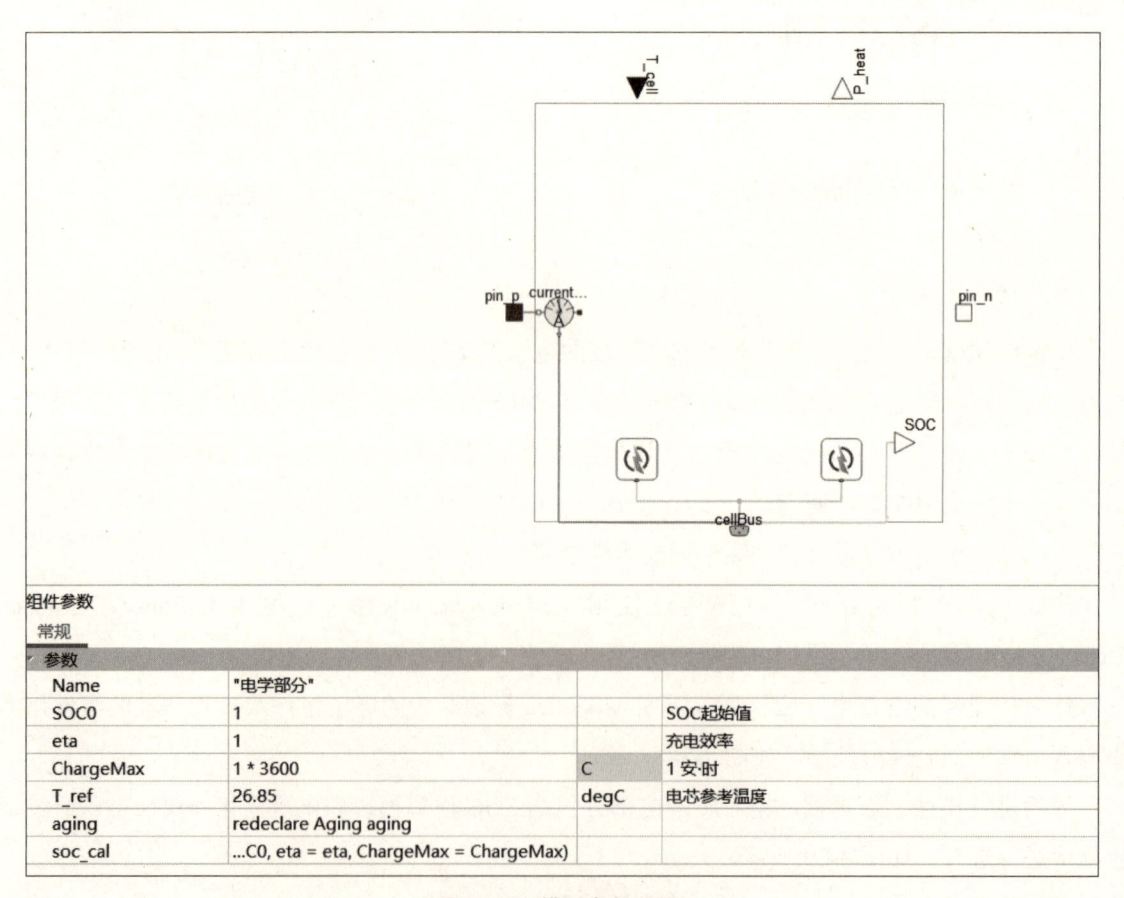

图 3-39　模型参数设置

参数				
Name	"电学部分"			
SOC0	1			SOC起始值
eta	1			充电效率
ChargeMax	1 * 3600		C	1 安·时
T_ref	26.85		degC	电芯参考温度
aging	redeclare Aging aging			
soc_cal	...C0, eta = eta, ChargeMax = ChargeMax)			

至此，完成了电反应部分模型。

新建一个模型，继承 TABattery.Template.Battery.CellTemplate 的电芯模板，同时切换到图形层，通过下拉菜单选择新构建的电学部分和热力学部分，如图 3-40 所示。

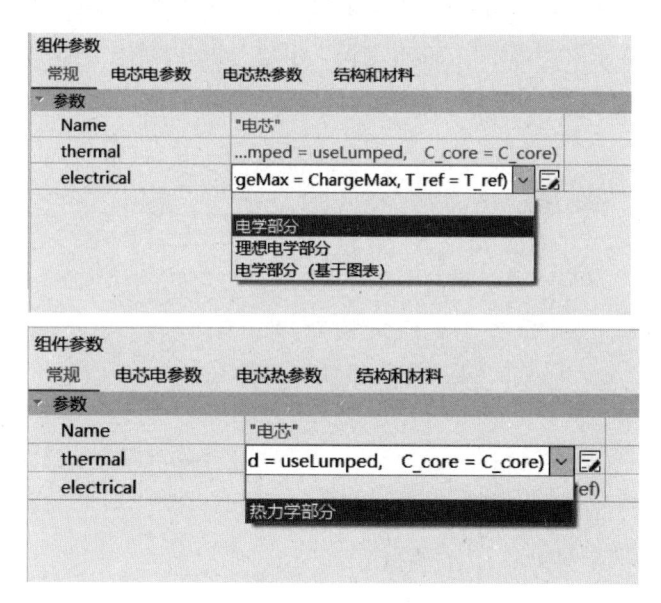

图 3-40　新建模型

提取模型参数，如图 3-41 所示。

```
model LeadAcid "铅酸电芯"
  extends Template.Battery.CellTemplate(
    redeclare TABattery.Component.ElectricComp.LeadAcid.LeadAcid electrical(
      R00 = R00,
      A0 = A0,
      R10 = R10,
      R20 = R20,
      A21 = A21,
      A22 = A22,
      I_ref = I_ref,
      Cmin = Cmin,
      Tau1 = Tau1,
      Em0 = Em0,
      Ke = Ke,
      Vp0 = Vp0,
      Gp0 = Gp0,
      Ap = Ap),
    redeclare Component.ElectricComp.Utilities.Thermal thermal,
    Name = "铅酸电芯");
  parameter String cellName = "铅酸电芯";

  parameter SI.Resistance R00 = 2e-3 "R0参考电阻阻值" annotation (Dialog(tab = "电芯电参数"));
  parameter Real A0 = -0.3 "R0电阻SOC相关系数" annotation (Dialog(tab = "电芯电参数"));
  parameter SI.Resistance R10 = 0.7e-3 "R1参考电阻阻值" annotation (Dialog(tab = "电芯电参数"));
  parameter SI.Resistance R20 = 0.015 "R2参考电阻" annotation (Dialog(tab = "电芯电参数"));
  parameter Real A21 = -8 "R2 电阻SOC相关系数" annotation (Dialog(tab = "电芯电参数"));
  parameter Real A22 = -8.45 "R2 电阻电流相关系数" annotation (Dialog(tab = "电芯电参数"));
  parameter SI.Current I_ref = 49 " 参考电流" annotation (Dialog(tab = "电芯电参数"));
  parameter SI.Capacitance Cmin = Modelica.Constants.eps "最小电容值" annotation (Dialog(tab = "电芯电参数"));
  parameter SI.Time Tau1 = 5000 "RC电路的时间常数 R*C= constant" annotation (Dialog(tab = "电芯电参数"));
  parameter SI.Voltage Em0 = 2.135 "开路电压" annotation (Dialog(tab = "电芯电参数"));
  parameter Real Ke(unit = "V/K") = 0.58e-3 "电源与SOC相关系数" annotation (Dialog(tab = "电芯电参数"));
  parameter SI.Voltage Vp0 = 0.1 "额定寄生电压" annotation (Dialog(tab = "电芯电参数"));
  parameter Real Gp0 = 2e-12 "电压源参考寄生电容" annotation (Dialog(tab = "电芯电参数"));
  parameter Real Ap = 2 "电压源温度相关系数" annotation (Dialog(tab = "电芯电参数"));
  annotation (Icon(coordinateSystem(extent = {{-100.0, -100.0}, {100.0, 100.0}},
    grid = {2.0, 2.0})));

end LeadAcid;
```

图 3-41　提取模型参数

3.3 模型仿真

设置仿真选项,即设置实例的仿真区间、输出区间、积分算法与结果存储。切换到仿真标签页,设置模型的仿真开始时间、停止时间,输出步长、步数,积分算法、精度与积分步长,如图3-42所示。

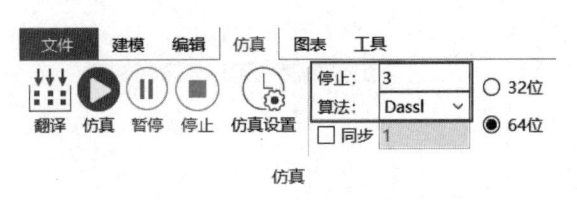

图 3-42　设置停止与算法

▶ 启动仿真

调用当前模型翻译时生成的求解器,计算模型中所有变量随时间变化的数据。若模型未被翻译,则会自动执行翻译过程。

模型翻译后,修改仿真设置或仿真浏览器上参数的值,启动仿真时不会重新翻译,直接运行已生成的求解器,调用修改后的仿真设置或参数,生成新的仿真结果。

若模型被修改,则无论该模型是否被翻译,启动仿真后,都将重新翻译后再仿真。

⏸ 暂停仿真

暂停当前正在进行的仿真,暂停后再次单击启动仿真按钮,系统会在暂停时刻继续向前推进仿真进度。

⏹ 停止仿真

结束当前正在进行的仿真。

3.3.1 常规

进入仿真标签页,单击 ⚙,弹出仿真设置对话框,弹出默认显示的常规标签页,如图3-43所示。

1. 开始/停止时间

仿真开始/停止的时间。终止时间必须大于开始时间。

2. 步长

仿真输出点之间的间隔长度。

图 3-43　常规标签页

3. 步数

仿真生成的输出间隔的数目，与区间长度的关系为：步长 × 步数 = 停止时间 − 开始时间。

4. 算法

指定用于仿真的算法，有 21 种不同的算法可供选择。

Dassl：一种变步长变阶算法，使用一个向后微分公式法。

Radau5：一种变步长定阶算法，适用于求解刚性问题。

Dop853：基于 Dormand-Prince 的一种 8（5, 3）阶显式龙格 - 库塔方法，是变步长单步方法。

Dopri5：基于 Dormand-Prince 的一种 5（4）阶显式龙格 - 库塔方法，是变步长单步方法，适用于非刚性问题，算法能检测到类刚性问题并发出警告。

Mebdfdae：使用的是改进的扩展 BDF 方法，用于求解具有刚性初值的大型稀疏系统，是常微分方程（ODE）系统初值问题、线性隐式微分代数方程系统（DAEs）的求解器，MEBDF 具有更好的稳定性和高阶收敛性，但需要更多的计算。

Mebdfi：MEBDF 求解微分代数方程的一个扩展方法，能有效处理刚性问题，适用于指标不大于 2 的 DAE 系统。

Dlsode：常微分方程（ODE）系统，可处理刚性 / 非刚性问题。

Dlsodar：LSODA 算法的一个变种，增加了 rootfinding 特征，所以支持事件定位。

Cvode：一种变步长变阶的多步方法，是刚性 / 非刚性常微分方程（ODE）系统初值问题的求解器。

Ida：一种隐式变步长方法，是微分代数方程（DAE）系统初值问题（IVP）的通用求解器，IDA 包含 rootfinding 特征，支持准确的事件定位。

Sdirk34：一种单对角隐式龙格 - 库塔（4 阶）算法。

Esdirk23、Esdirk34、Esdirk45：显式单对角隐式龙格 - 库塔（3 阶、4 阶、5 阶）。

Euler、Rkfix2、Rkfix3、Rkfix4、Rkfix6 和 Rkfix8：适合实时仿真的固定步长的算法，仿真区间控制步长，同时也控制仿真结果的输出值的数目。

ModifiedEuler：定步长算法，相较于显式 Euler 算法有更高的精度。

5. 精度

指定每个仿真步长的局部精度，最终（全局）的错误是由每一步的错误通过某种方式累积而成的。

6. 积分步长

选择变步长算法时为初始积分步长，选择定步长算法时为固定积分步长。

7. 分段固定积分步长

选择定步长算法时，该选项为可选状态，否则置灰。在选择定步长算法时，使用该功能设置不同时间段内的积分步数。

其中，停止时间与算法可在 Ribbon 菜单栏的仿真标签页中快速修改。

3.3.2 输出

进入仿真标签页，单击 ，弹出仿真设置对话框，单击输出选项卡切换至输出标签页，如图 3-44 所示。

1. 存储事件时刻的变量值

勾选该复选框后，仿真过程中事件时刻的变量值会被存储。

2. 结果保留数目

仿真浏览器上最多可同时显示的非锁定实例个数。

3. 定期备份仿真结果

勾选该复选框后，仿真过程中将定期对仿真结果进行自动保存，并且可对保存间隔进行设置。

图 3-44 输出标签页

4. 仿真结果备份

可选择以固定时间或固定仿真步数为间隔进行仿真结果备份。

5. 结果文件备份路径

与仿真结果生成路径一致，此处仅用于显示，不支持修改。

6. 生成接续仿真结果文件

勾选该复选框后，仿真时将生成接续仿真所需文件，生成的仿真结果文件支持接续仿真。
注意：启用该功能会对仿真效率造成一定影响，请谨慎使用。

3.3.3 模型翻译

进入仿真标签页，单击 ，弹出仿真设置对话框，单击模型翻译选项卡切换至模型翻译标签页，如图 3-45 所示。

1. 参数估值以便优化模型（改善仿真效率）

1）功能说明

当模型求解缓慢时，勾选该复选框，然后翻译模型，系统会自动对模型中的参数进行估值，并用估值得到的结果（一个常数）替换仿真实例中的参数（需要计算），以减少计算过程中的开销，改善仿真效率，解决模型仿真缓慢的问题。

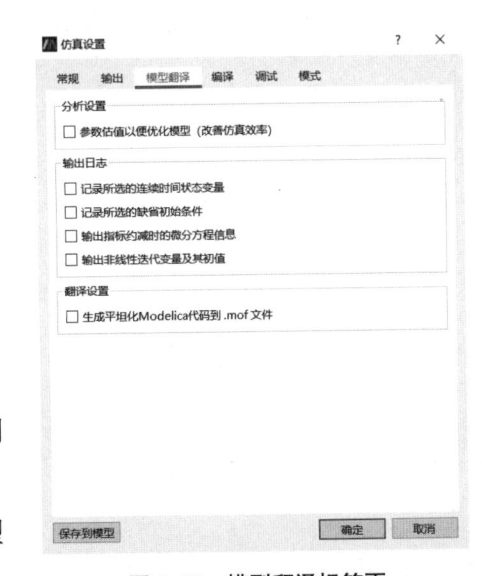

图 3-45 模型翻译标签页

例子：

```
model T1
  function fun1
    input Real a;
    output Real b;
  algorithm
    b := 1;
    b := sin(a);  end fun1;
  parameter Real p = 1;  Real a;
equation
  der(a) = fun1(p) + time;
end T1;
```

翻译上述示例时，若已打开参数估值功能，则系统将对函数 fun1(p) 进行估值得到结果 0.8414，并使用该结果替换实例中的 fun1(p)，减少了函数 fun1(p) 被调用的开销。

2）注意事项

该选项提升求解效率仅对特定情况有效，且被估值后的参数变为固定值，在当前仿真实例中无法修改，仿真浏览器的参数操作面板中将不显示参数，由于以上局限性，该功能默认为关闭状态。

2. 记录所选的连续时间状态变量

1）功能说明

勾选该复选框，翻译模型，系统自动将模型选定的变量名输出至输出面板中。若模型求解失败或与预期不一致，则可能是选定的状态变量导致的，此时可以改变选定的状态变量后再次求解模型。

例子：

```
model T2
  Real a;
  Real b = time;
equation
  der(a) = time;
end T2;;
```

启动该功能后翻译示例模型，在输出结果中显示选取的状态变量，如图 3-46 所示。

2）注意事项

该功能生效的前提是模型存在状态变量。模型是否存在状态变量可以通过翻译模型时输出的统计报表判断，如图 3-47 所示，"状态变量：1" 表示模型存在 1 个状态变量。

3. 记录所选的缺省初始条件

1）功能说明

勾选该复选框，翻译模型，系统自动输出模型选定的变量初值。若模型求解失败或与预期不一致，则可能是选定变量的初值导致的，此时可以改变状态变量的初值后再次求解模型。

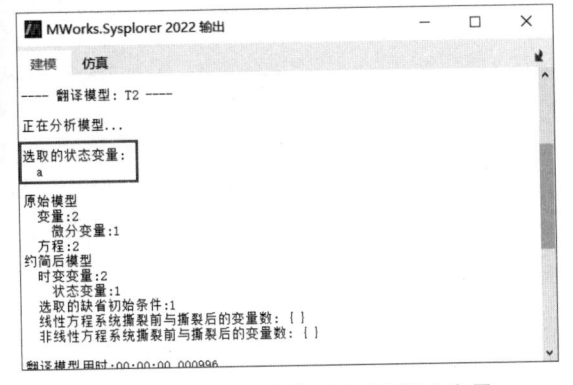

图 3-46 记录所选的连续时间状态变量

图 3-47 状态变量

例子：

```
model T3
  parameter Real p = 0.5;
  Real a(start = p);
  Real b;
equation
  der(a) = sin(time);
  der(b) = cos(time);
end T3;
```

该模型中，a、b 为状态变量，启用该功能后翻译模型，系统输出如图 3-48 所示。其中 a 设置了初值，b 使用变量的缺省值。

2）注意事项

该功能生效的前提是模型选定的状态变量使用缺省值初始条件。选取的变量是否使用缺省初始条件可以通过翻译模型时输出的统计报表判断。如图 3-49 所示，"选取的缺省初始条件：2"表示模型选定的状态变量使用了缺省初始条件，若模型不使用缺省初始条件，则该条目不会输出。

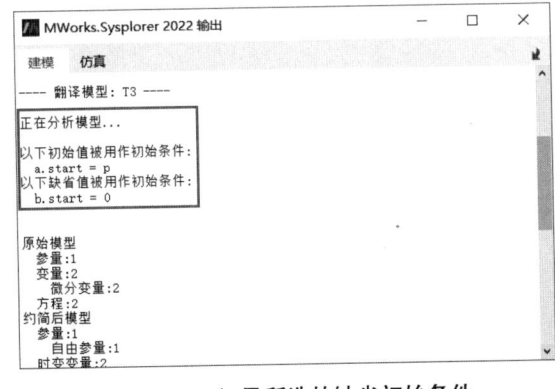

图 3-48 记录所选的缺省初始条件

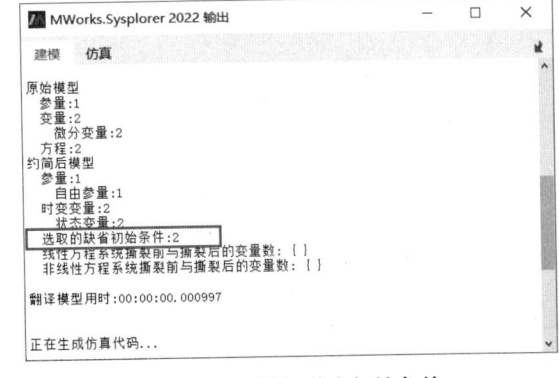

图 3-49 选取的缺省初始条件

4. 输出指标约减时的微分方程信息

1) 功能说明

系统在翻译模型过程中通过求导对某些方程进行降指标,将这些方程从DAE(微分代数方程)系统地转化为ODE(常微分方程)。在调试模型时,若要了解模型降指标的详细情况,可勾选该复选框,然后翻译模型,系统自动输出模型的降指标方程信息(包括原方程和求导得到的方程)。

例子:

```
model T4
  Real a;
  Real b;
equation
  der(a) + der(b) = time;
  b = sin(time);
end T4;
```

系统在翻译示例模型时,对 b=sin(time) 求导,得到 der(b)=cos(time),启动该功能后翻译模型,系统输出原方程和求导之后的方程,如图 3-50 所示。

2) 注意事项

该功能生效的前提是翻译时存在降指标的过程。该过程是否存在可以通过翻译时输出的统计报表判断,如图 3-51 所示,"哑导变量:1"表示模型存在 1 个降指标的过程,若模型中不存在降指标过程,则该条目不会输出。

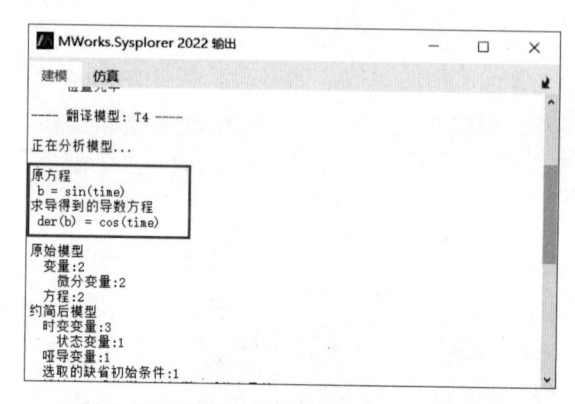

图 3-50　输出指标约减时的微分方程信息

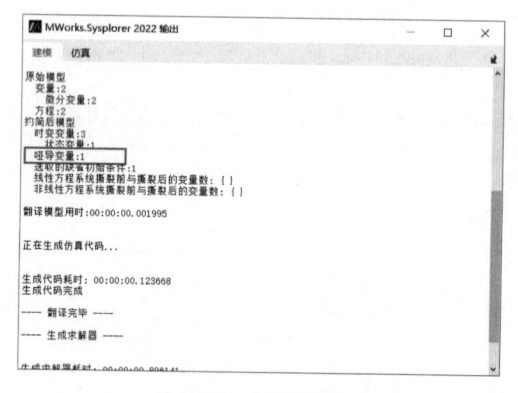

图 3-51　哑导变量

5. 输出非线性迭代变量及其初值

1) 功能说明

勾选该复选框后,系统在翻译模型时输出选定的非线性系统迭代变量及其初值,若未给定初值,则输出该变量的缺省值。

例子:

```
model T5
```

```
  Real a(start = 1);
  Real b;
equation
  a ^ 2 + sin(b ^ 3) = sin(time);
  cos(a ^ 3) + b ^ 2 = cos(time);
end T5;
```

翻译示例模型，在输出窗口中显示非线性系统迭代变量及其初值，如图 3-52 所示。

2）注意事项

该功能生效的前提是模型中存在非线性方程。模型中是否存在非线性方程可以通过翻译输出的统计报表判断。如图 3-53 所示，"非线性方程系统撕裂前与撕裂后的变量数：{2:2}"表明系统中存在非线性方程，其变量数为 2。

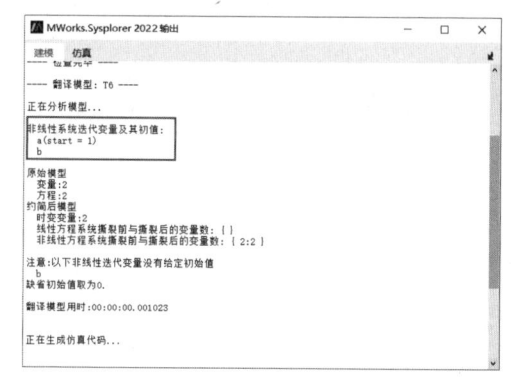

图 3-52 输出非线性系统迭代变量及其初值

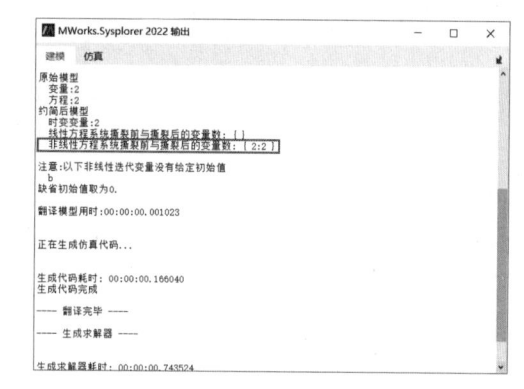

图 3-53 非线性方程系统撕裂前与撕裂后的变量数

6. 生成平坦化 Modelica 代码到 .mof 文件

勾选该复选框后，当前模型执行仿真操作时，在模型所在目录生成对应的平坦化（.mof）文件。

3.3.4 编译

进入仿真标签页，单击 ，弹出仿真设置对话框，单击编译选项卡切换至编译标签页，如图 3-54 所示。

1. 平台

32 位：选择后将当前编译器切换为 32 位。

64 位：选择后将当前编译器切换为 64 位。

2. 已选的编译器路径

文本框：用于显示当前使用的编译器路径，无法编辑。

图 3-54 编译标签页

C 编译器设置：单击该按钮后弹出 C 编译器设置对话框，可设置当前使用的 C 编译器。

3.3.5 调试

进入仿真标签页，单击 ⊙，弹出仿真设置对话框，单击调试选项卡切换至调试标签页，如图 3-55 所示。

1. 正常的警告信息

若当前模型在仿真过程中存在警告信息（如仿真实例的仿真终止时间等于开始时间），则勾选该复选框后，系统将在仿真时输出相关的警告信息。

例子：

将仿真设置保存到模型后，在文本视图中修改仿真的开始时间，使其仿真开始时间大于结束时间。仿真后，系统输出内容如图 3-56 所示，显示仿真区间以及仿真步长无效的警告。

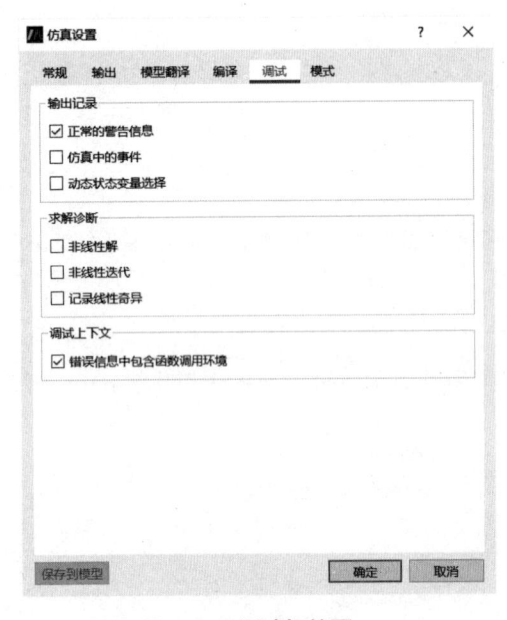

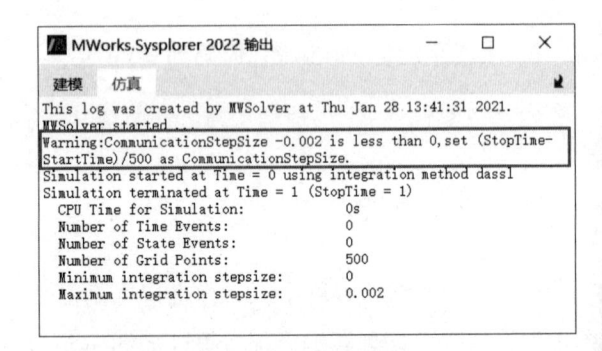

图 3-55 调试标签页　　　　　　　　图 3-56 正常的警告信息

2. 仿真中的事件

勾选该复选框后，仿真相应模型，系统输出仿真过程中触发的事件信息。

例子：

```
model T11
  Real a;
equation
  if time > 0.5 then
    a = sin(time);
```

```
  else
    a = cos(time);
  end if;
end T11;
```

将仿真设置保存到模型后，在文本视图中修改仿真的开始时间，使其仿真开始时间大于结束时间。仿真后，系统输出内容如图 3-57 所示，显示仿真区间以及仿真步长无效的警告。

仿真示例模型，系统输出内容中显示了两个事件的详细信息。

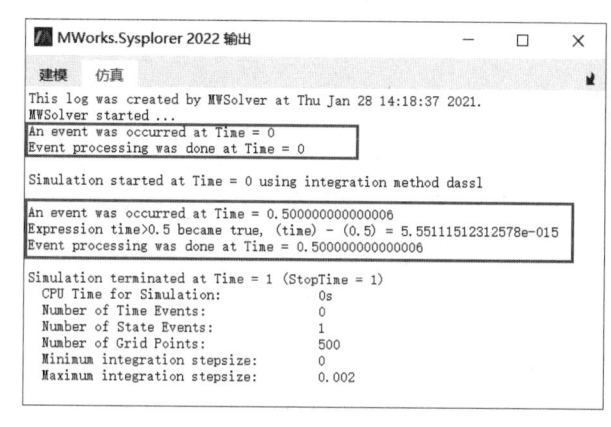

图 3-57　仿真中的事件

3. 动态状态变量选择

1）功能说明

勾选该复选框后，仿真模型，若在仿真过程中发生动态状态变量切换，则系统输出动态选择的状态变量。当模型求解失败时，可以使用该功能查看动态状态变量切换的详细信息，辅助定位问题。

例子：

```
model T12
  Real x(start = 1);
  Real y;
  Real u(start = 0);
  Real v;
  Real F;
  parameter Real L = 1;
  parameter Real m = 1;
  constant Real g = 9.81;
equation
  u = der(x);
  v = der(y);
  m * der(u) = -x * F / L;
  m * der(v) = -y * F / L - m * g;
  x ^ 2 + y ^ 2 = L ^ 2;
```

end T12;

仿真示例模型，系统输出内容如图 3-58 所示。其中显示了约在 0.410、0.797 两个时间点，系统的状态变量进行切换的过程。

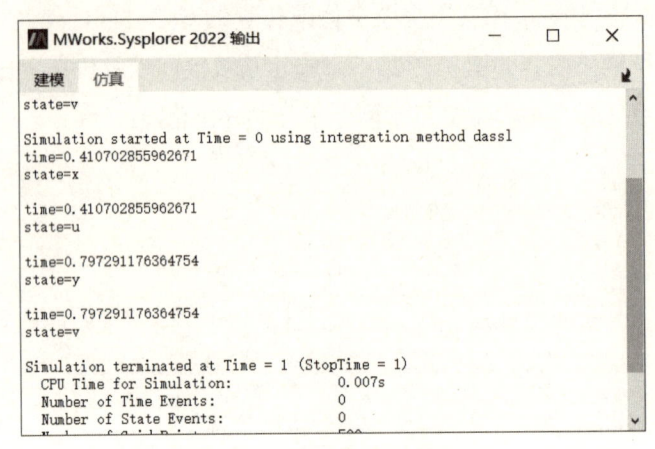

图 3-58 动态状态变量选择

2）注意事项

在仿真设置→模型翻译标签页中勾选记录所选的连续时间状态变量复选框后，可根据模型翻译的输出结果判断模型仿真过程中是否有可能存在动态状态变量切换。若无状态变量集合，则不可能发生动态状态变量切换。状态变量集合如图 3-59 所示。

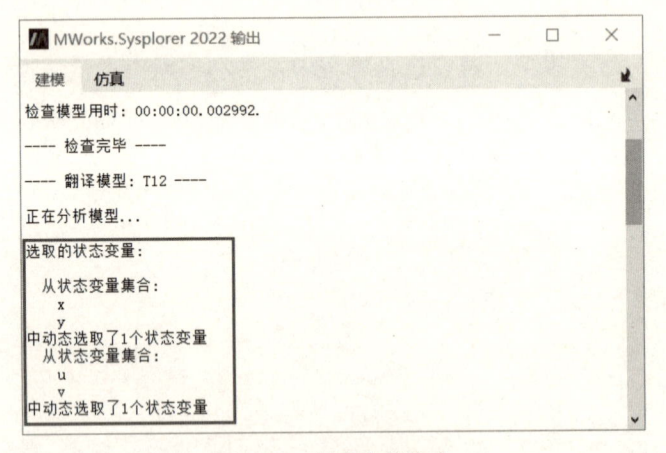

图 3-59 状态变量集合

4. 非线性解

当模型求解失败或结果不符合预期时，可以启用该选项，系统会输出每一步仿真过程中非线性方程的求解结果信息（包括变量值、残余量等），用于辅助定位问题。

例子：

```
model T13
  Real a;
equation
  sin(a ^ 2) = time;
end T13;
```

仿真示例模型，由于每一个仿真步长都会迭代求解非线性方程 sin(a^2) = time，因此系统会输出每一步非线性解的信息。如图 3-60 所示，其框选的是单次非线性方程解的输出信息。

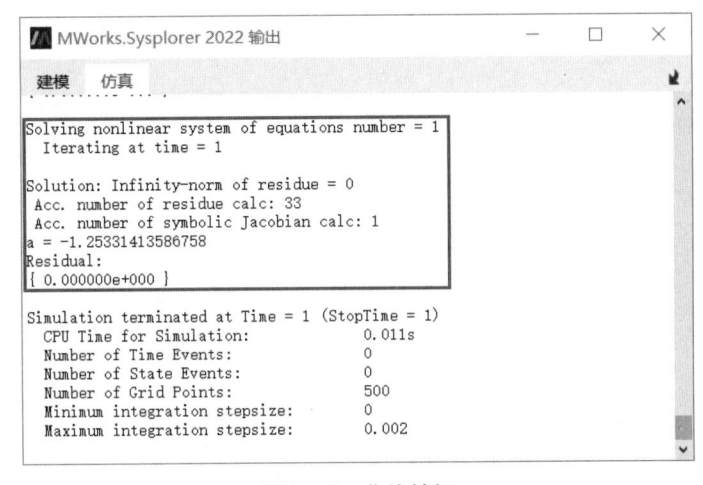

图 3-60　非线性解

5. 非线性迭代

1）功能说明

当模型求解失败或结果不符合预期时，可以启用该选项，系统输出仿真过程中每一次非线性方程求解的迭代信息，细致地展现非线性求解的过程。

例子：

```
model T13
  Real a;
equation
  sin(a ^ 2) = time;
end T13;
```

仿真示例模型，由于每一个仿真步长都会经过若干次迭代，因此系统会输出每一次迭代的信息，包括变量值、残差、步长等。如图 3-61 所示，其框选的内容为单次迭代的信息。

2）注意事项

启用该功能时，信息输出的频率较高，会带来较大的额外时间开销。

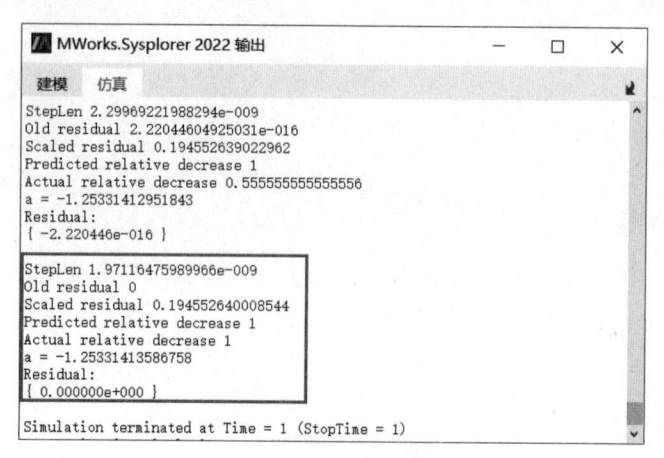

图 3-61 非线性迭代

6. 记录线性奇异

1）功能说明

仿真过程中出现线性方程求解失败时，可启用该选项，辅助定位求解失败方程。启用仿真模型后，若在线性方程求解过程中出现了线性奇异，则系统输出线性奇异方程的变量信息。

例子：

```
model T14
  Real a;
  Real b;
equation
  a + b = 1;
  a + b = 2;
end T14;
```

启用该功能后，仿真示例模型，系统输出如图 3-62 所示，框选内容为线性奇异相关信息。

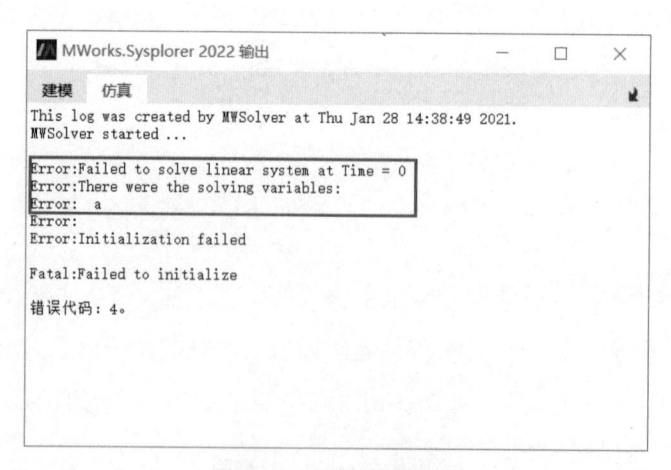

图 3-62 记录线性奇异

2）注意事项

若该线性奇异为矛盾奇异，则线性方程会求解失败并报错；若该线性奇异是相容奇异，则系统会使用最小二乘法求解，并输出警告信息。

7. 错误信息中包含函数调用环境

若模型仿真在调用函数时失败，则可以启用该功能，然后仿真相应模型，系统输出错误信息及函数调用的栈信息，以此来辅助问题的定位。

例子：

```
model T16
  function fun1
    input Integer n;
    output Real b;
  protected
    Real a[2] = {1, 2};
  algorithm
    b := a[n];
  end fun1;
  Integer n;
  Real x;
equation
  if time > 0.5 then
    n = 3;
  else
    n = 2;
  end if;
  x = fun1(n);
end T16;
```

在示例模型中，函数 fun1 出现下标越界的问题。启用该功能后，仿真示例模型，报错时输出调用的函数栈，如图 3-63 所示，框选部分显示错误位置为 T16.fun1，与实际情况一致。

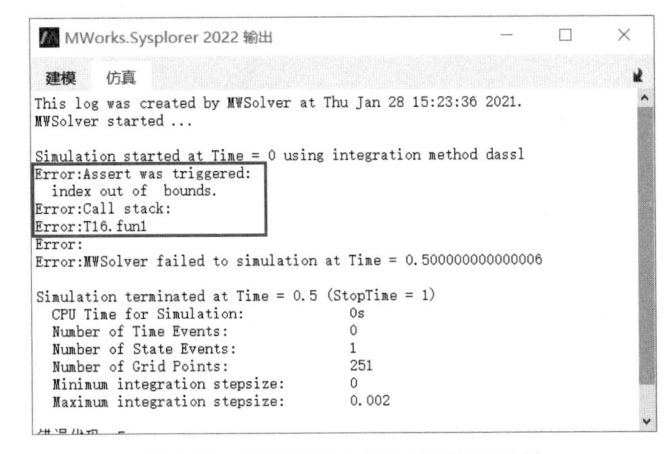

图 3-63　错误信息中包含函数调用环境

3.3.6 模式

进入仿真标签页，单击 ⓘ，弹出仿真设置对话框，单击模式选项卡切换至模式标签页，如图 3-64 所示。

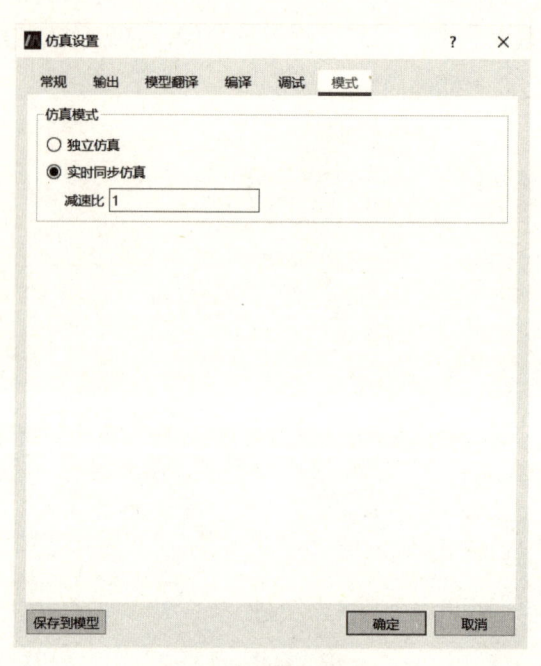

图 3-64 模式标签页

1. 独立仿真

仿真过程连续。

2. 实时同步仿真

在仿真过程中会实时更新模型图元动态属性，呈现动画效果。

3. 减速比

为了避免仿真时间太快看不到动画效果，设置减速比，可以对仿真时间进行延迟。它表示实际仿真时间与虚拟仿真时间的比值。该比值用于控制实时仿真速度，默认值为 1。当减速比大于 1 时，减速；当减速比小于 1 时，加速。减速比必须大于或等于 0。

当遇到以下两种情况时，系统会自动使用独立仿真模式。

（1）减速比小到一定程度。

（2）区间长度小于 1ms。

3.4 后处理

3.4.1 仿真浏览器

仿真浏览器默认停靠在主窗口的左边,可以根据需要或者使用习惯调整到其他合适的位置。仿真浏览器以树的形式显示模型的编译结果,并且列出了模型中的组件层次结构,如图 3-65 所示。

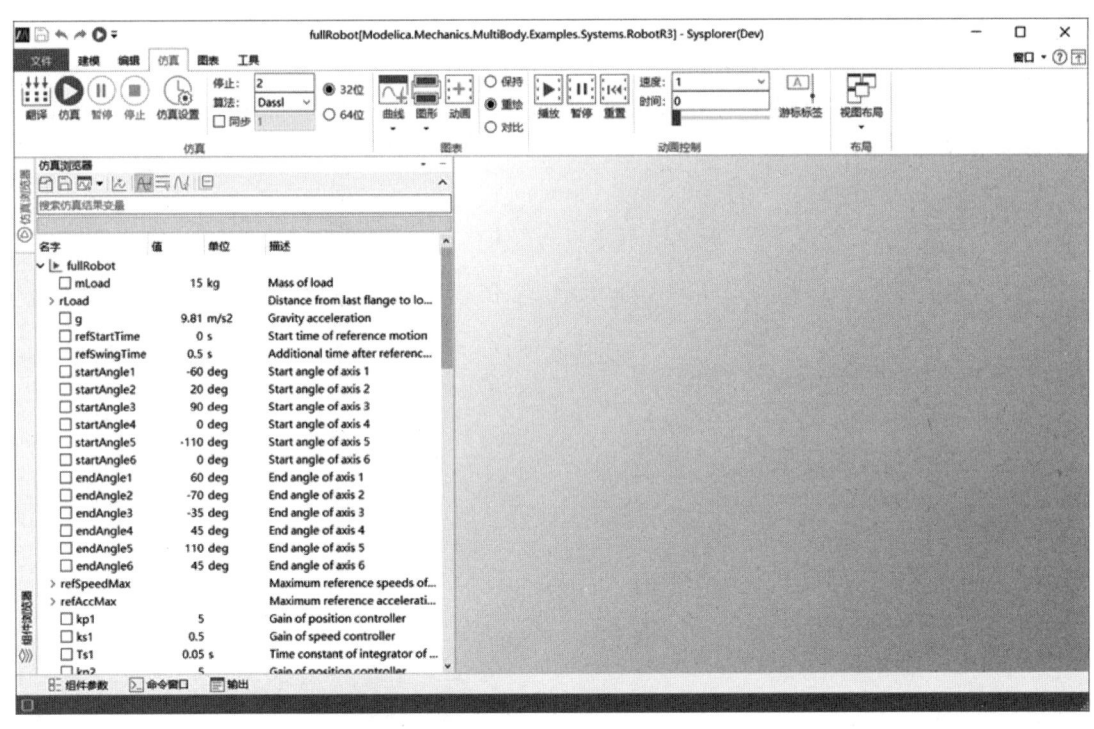

图 3-65　仿真浏览器

1. 工具栏

工具栏如图 3-66 所示。

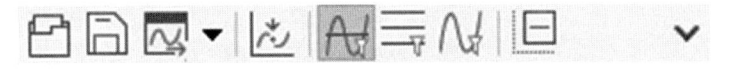

图 3-66　工具栏

各个按钮的功能如下。

📂：打开仿真结果。

💾：将当前仿真实例另存为。

▥ ▼：将当前仿真实例的结果导出，提供仅导出曲线窗口结果、仅导出当前曲线子窗口结果、导出所有三个选项。

▥：显示指定时刻变量值。

▥：过滤实例，显示所有变量和参数。

▥：过滤实例，仅显示参数。

▥：过滤实例，仅显示变量。

▥：全部折叠。

2. 搜索框

在仿真浏览器上方的搜索框中可输入要查找的变量名。根据输入的关键字，搜索结果即时显示，如图 3-67 所示。

3. 进度条

工具栏的下方是仿真进度条，如图 3-68 所示。在仿真过程中，根据当前仿真时间，显示进度。

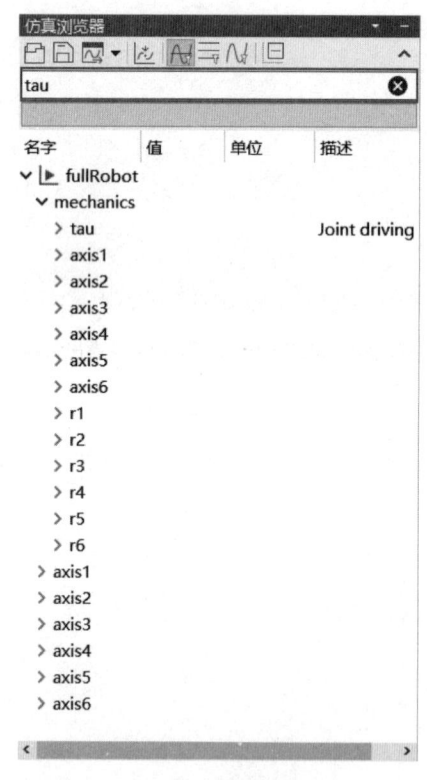

图 3-67　搜索结果

图 3-68　仿真进度条

4. 示例显示

仿真浏览器中每个模型实例的显示内容包括四列：名字、值、单位、描述。

名字：按照组件层次结构显示模型中的组件和变量。其中根节点名字由模型短名（最后一级模型名）和一个序号组成，同一个模型对应的不同实例根据序号进行区分；中间节点对应模型中的组件；叶子节点对应常量、参数和变量，从根节点到叶子节点逐级组合得到的复合名字（如damper.phi_rel）即为模型平坦化之后的变量名。每个叶子节点前有一个检查框，选中之后可在曲线窗口中显示其变量曲线。

值：显示变量值。默认列出常量、参数和变量初值。

单位：对应变量的显示单位（displayUnit）。一般 Real 类型的变量具有两个单位属性：（1）Unit 对应 SI 单位；（2）displayUnit 对应工程中常用的单位，仿真浏览器中第 2 列和第 3 列都默认使用 displayUnit。

描述：显示变量的描述信息。对于模型（根节点）和组件（中间节点），该列为空。

5. 上下文菜单

在仿真浏览器中的树节点上单击鼠标右键会弹出上下文菜单，菜单根据不同类型的节点显示不同的内容。

在变量树的根节点上单击鼠标右键（右击），其菜单如图 3-69 所示。

在组件节点上右击，其菜单如图 3-70 所示。

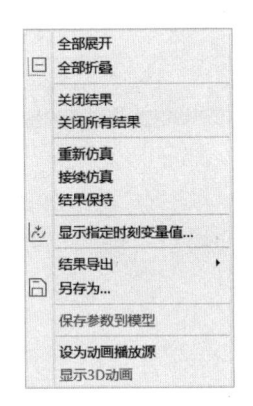

图 3-69 右击根节点菜单　　图 3-70 右击组件节点菜单

在变量节点上右击，其菜单如图 3-71 所示。

在空白处右击，其菜单如图 3-72 所示。

图 3-71 右击变量节点菜单　　图 3-72 右击空白处菜单

3.4.2 曲线窗口及变量添加与操作

曲线窗口用于显示变量曲线，如图 3-73 所示。MWORKS.Sysplorer 中曲线窗口分为 y(t) 曲线窗口和 y(x) 曲线窗口，y(t) 曲线窗口以时间（time）作为横坐标（也称为自变量），而 y(x) 曲线窗口则以第一次拖入的变量作为横坐标。

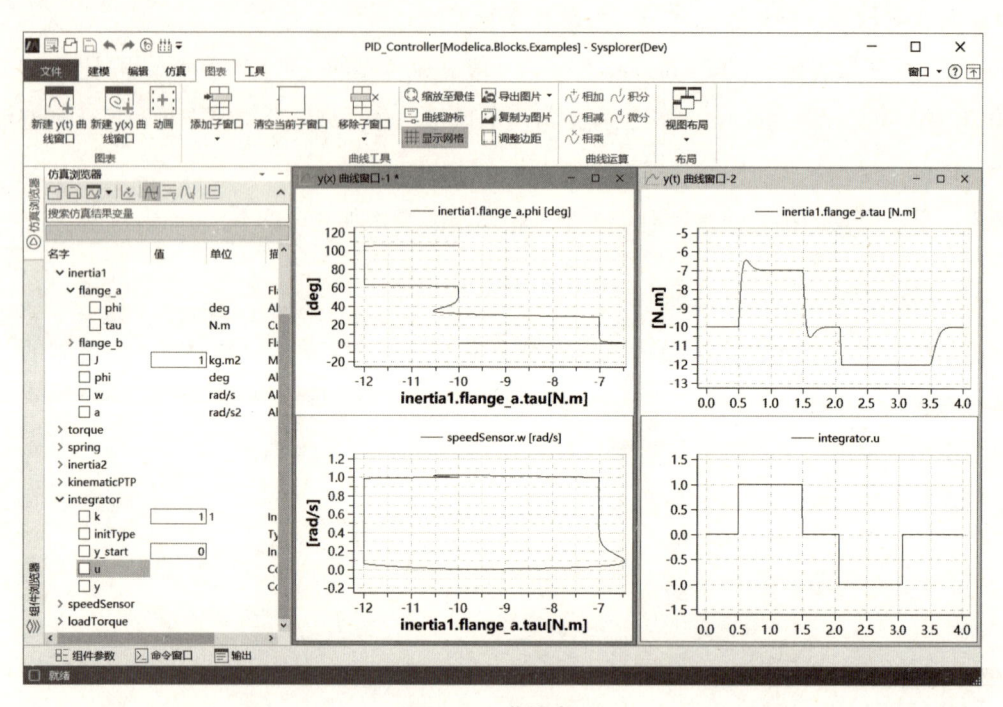

图 3-73 曲线窗口

在曲线窗口中，根据右击处是否存在曲线，弹出不同的上下文菜单，如图 3-74 所示。

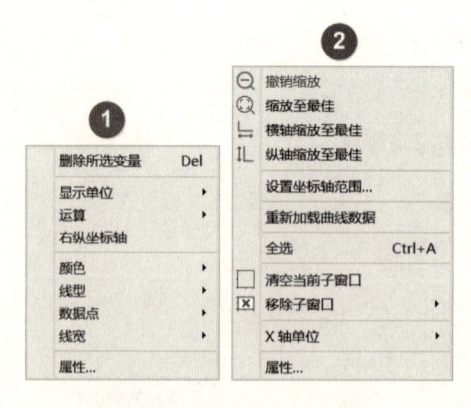

图 3-74 不同的上下文菜单

图 3-74 中：

① 曲线窗口的上下文菜单。

② 曲线的上下文菜单。

仿真浏览器的变量树包含了实例的所有变量与参数，显示内容包括变量的名字、值、单位以及描述信息。

1. 显示变量曲线

当模型实例求解结束后，可以利用曲线窗口查看变量曲线，以直观地了解变量随时间的变化规律。

1）从仿真浏览器中勾选变量

展开 damper 组件使得 phi_rel 变量可见，勾选 phi_rel 变量前的方框或单击该变量名，立即在当前曲线窗口中显示变量曲线，如图 3-75 所示。

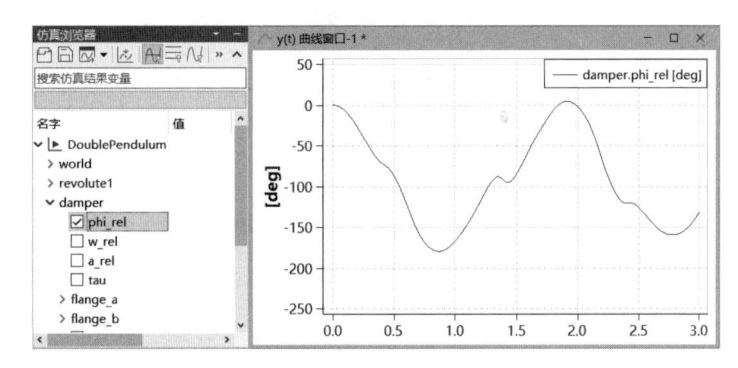

图 3-75　单选变量

MWORKS 支持在仿真浏览器中一次性选中或取消选中多个变量。先选中 phi_rel 变量，然后按下 Shift 键，选中 tau 变量，组件 damper 中从 phi_rel 到 tau 之间的所有变量均被选中，勾选任意一个选中变量前的方框或单击该变量名，所有被选中的变量曲线全部显示在当前曲线窗口中，如图 3-76 所示。

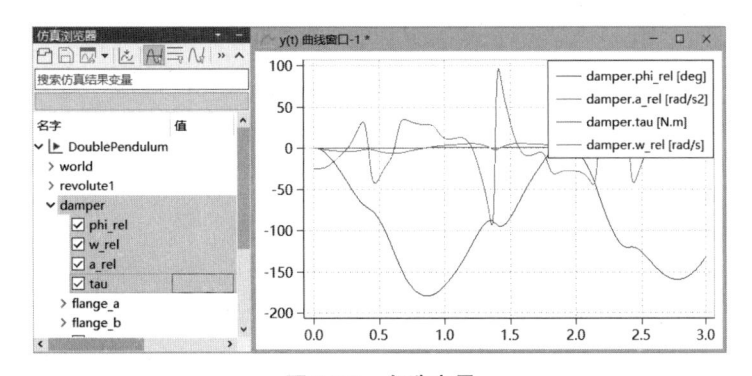

图 3-76　多选变量

2）从仿真浏览器中拖拽变量

从仿真浏览器中选中变量，用鼠标长按并拖拽变量至曲线窗口，系统立即在该曲线窗口中显示变量曲线。当变量的拖拽终点不在曲线窗口内时，系统将创建 y(t) 曲线窗口，并将该变量曲线添加至该曲线窗口，如图 3-77 所示。

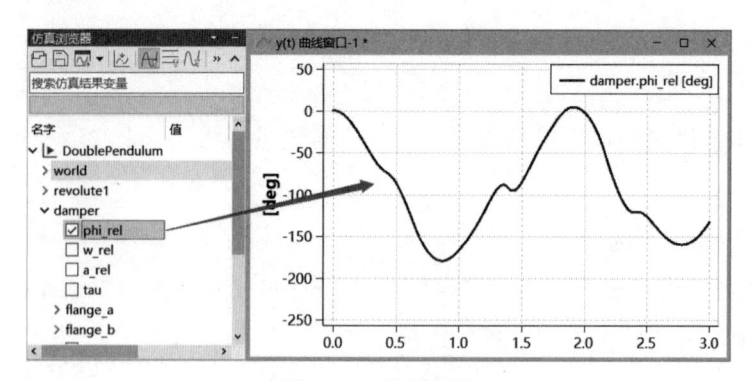

图 3-77 拖拽变量

提示：如果变量前的方框中有"√"，则表示当前曲线窗口中包含该变量，即仿真浏览器中变量的勾选状态与当前曲线窗口显示的变量曲线有关。

2. 删除变量曲线

在仿真浏览器上取消变量前方框中的"√"或者使用曲线窗口上下文菜单删除所选变量，可以删除曲线窗口中的变量曲线，如图 3-78 所示。使用曲线工具中的清空当前子窗口，可清空当前曲线子窗口中所有变量曲线。

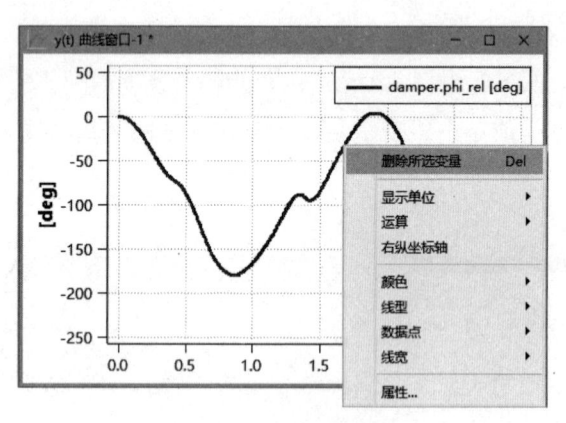

图 3-78 删除变量

3. 过滤变量

仿真浏览器上默认显示仿真实例的所有参数与变量，仿真浏览器工具栏中提供过滤变量和参数操作选项，对仿真浏览器上的所有实例生效。

（1）　，显示实例中的所有变量和参数。

(2) ![icon], 仅显示参数。

(3) ![icon], 仅显示变量。

4. 查找变量

对于结构复杂的模型,其组件层次较深,直接在仿真浏览器中定位变量并非易事。为此,MWORKS 提供变量查找功能。

下面以变量 damper.tau 为例介绍查找功能的使用方法。

在查找输入框中输入"tau",此时不含字符"tau"的组件和变量被排除,仅保留符合搜索条件的组件和变量,如图 3-79 所示。

5. 保存变量数据

模型实例求解成功之后,模型中所有变量的数据保存在 MWORKS 自有格式的结果文件中。用户可以通过单击 ![icon] 或变量树上下文菜单中的另存为命令,将仿真结果保存到指定目录,如图 3-80 所示。

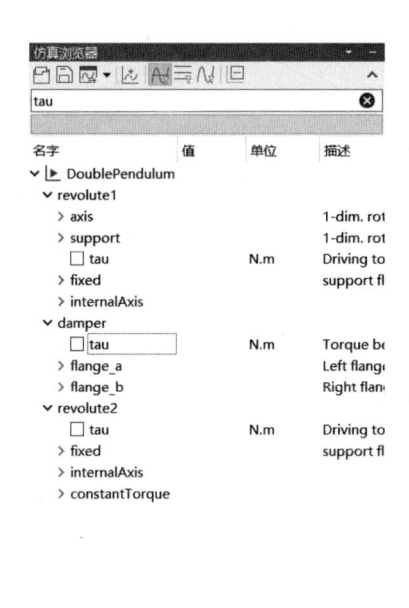

图 3-79 查找变量

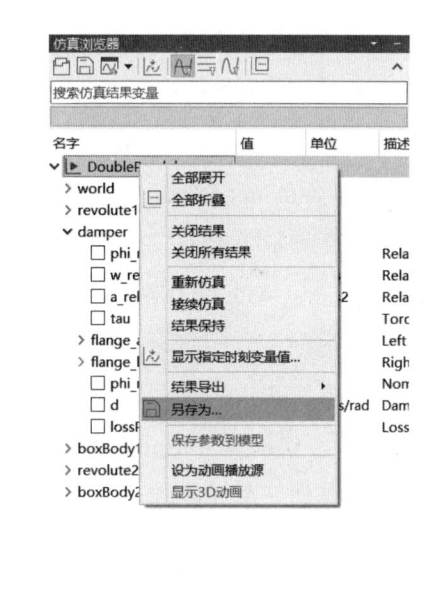

图 3-80 另存为

为方便用户获取变量数据,系统提供了数据输出接口,允许将多个变量数据导出为文本文件(.csv)和 MATLAB 文件(.mat),以支持外部其他应用程序访问结果数据。

由于不同的模型实例其仿真区间和步长存在差异,MWORKS 约定以模型实例为单位导出变量数据,如图 3-81 所示。

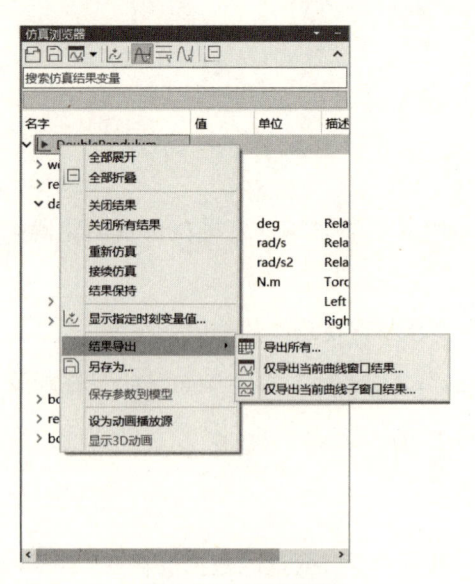

图 3-81　结果导出

单击工具栏上的 ![icon] 或在模型实例的根节点上右击，在弹出的上下文菜单中选择结果导出命令，这里提供三个导出选项。

（1）导出所有：导出实例中所有的变量结果，支持 .mat 格式。

（2）仅导出当前曲线窗口结果：导出当前曲线窗口中该实例的变量结果，支持 .mat、.csv without unit、.csv with unit 格式。

（3）仅导出当前曲线子窗口结果：导出当前曲线子窗口中该实例的变量结果，支持 .mat、.csv without unit、.csv with unit 格式。

为避免仿真区间和时间步不一致产生的数据差异，保存变量操作约定只输出该模型实例中显示于当前曲线窗口的原有变量，不包括经过曲线运算之后得到的结果变量。

图 3-82 显示了使用 Microsoft Excel 打开保存的表格文件（.csv with unit）内容，其中包括时间（Time）和其他三个变量。

	A	B	C	D
1	Time(s)	damper.w_rel(rad/s)	damper.a_rel(rad/s2)	damper.lossPower(W)
2	0	0	-25.14848307	0
3	0.006	-0.150860255	-25.14102081	0.002275882
4	0.012	-0.301681587	-25.13309266	0.009101178
5	0.018	-0.452452094	-25.1236085	0.02047129
6	0.024	-0.603153702	-25.11073782	0.036379439
7	0.03	-0.753762447	-25.09193545	0.056815783
8	0.036	-0.904231542	-25.0639379	0.081763468
9	0.042	-1.054493405	-25.02282384	0.111195634
10	0.048	-1.20445869	-24.9640291	0.145072074
11	0.054	-1.354007374	-24.88243513	0.183333597
12	0.06	-1.502985804	-24.77247396	0.225896633
13	0.066	-1.651207241	-24.62827362	0.272648535
14	0.072	-1.798447151	-24.44386405	0.323441215
15	0.078	-1.944445282	-24.21341584	0.378086746
16	0.084	-2.088909629	-23.93151614	0.436354344
17	0.09	-2.231517441	-23.5934874	0.497967009

图 3-82　表格文件内容

6. 变量时间点

仿真浏览器中的参数和变量默认只显示参数值，使用设置变量时间点功能，可以查看所有变量在指定时间点的数据。

在仿真浏览器上实例、组件或变量的上下文菜单中选择设置变量时间点，在弹出的对话框中输入指定的时间点数值，如图 3-83 所示。

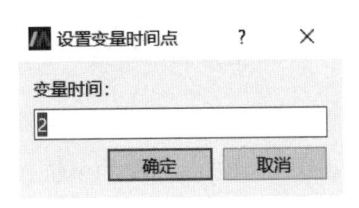

图 3-83 显示指定时刻变量值

输入的时间点不应超出模型仿真区间，即不小于开始时间且不大于停止时间，否则该选项无效。

输入的时间点不是输出时刻，系统按照就近原则自动获取最近输出时刻的变量值。

在该对话框中输入 2，单击确定按钮。由于 2 不是输出时刻，系统自动选择并在仿真浏览器上显示最近输出时刻 1.998 的变量值。

7. 保存参数到模型

通过修改参数，可以无须再次编译，直接进行仿真并生成新的仿真结果。如果模型可修改，则可以在模型实例的根节点上右击，在弹出的上下文菜单中选择保存参数值到模型，弹出参数保存对话框，显示变量值，如图 3-84 所示。

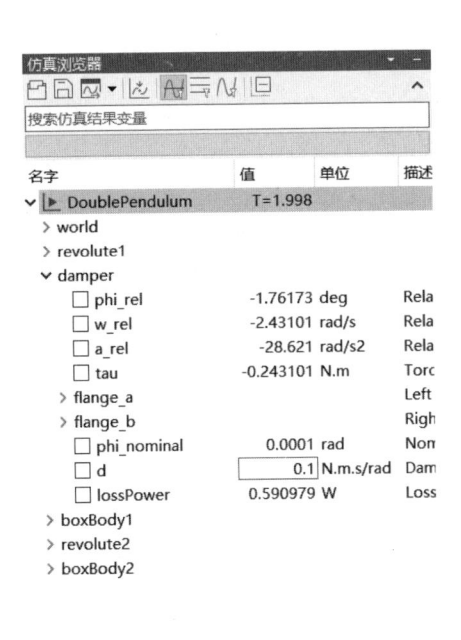

图 3-84 显示变量值

在参数保存对话框中，用户可以勾选要保存的参数，单击确定按钮，将参数保存到模型中。

提示：对话框中的参数值是按国际标准单位显示的。

8. 选择显示单位

在仿真浏览器上，单位栏显示变量的"displayUnit"属性。单击该属性后，在弹出的下拉列表中显示候选的显示单位。选择新的显示单位后，系统自动将仿真浏览器上的变量结果换算成显示单位进行显示，如图 3-85 所示。

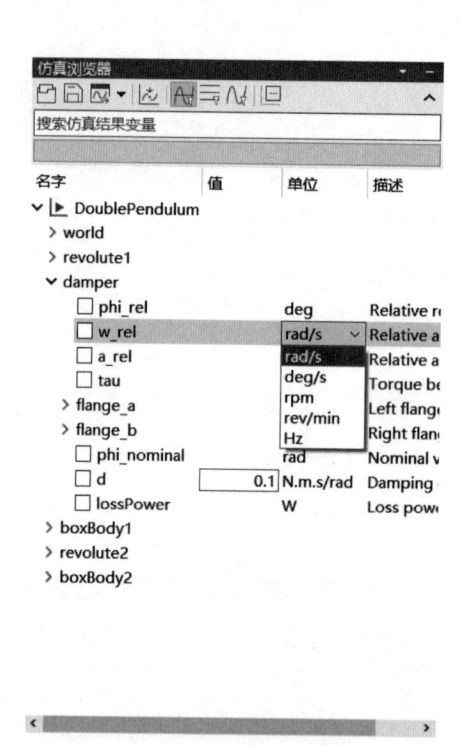

图 3-85　选择显示单位

3.4.3　动画

1. 二维动画窗口

MWORKS.Sysplorer 仿真环境提供了二维动画窗口，以图形方式表现模型的关系结构，在仿真或动画播放时，动态组件进行二维动画演示，供用户观察模型的状态变化。切换到仿真标签页，单击图形创建二维动画窗口，通过下拉菜单可选择以图标视图、图形视图或文本视图创建动画窗口。

图 3-86 所示模型显示从 0 时刻开始向水箱中进水，动态组件反映水箱水位等信息的状态变化。

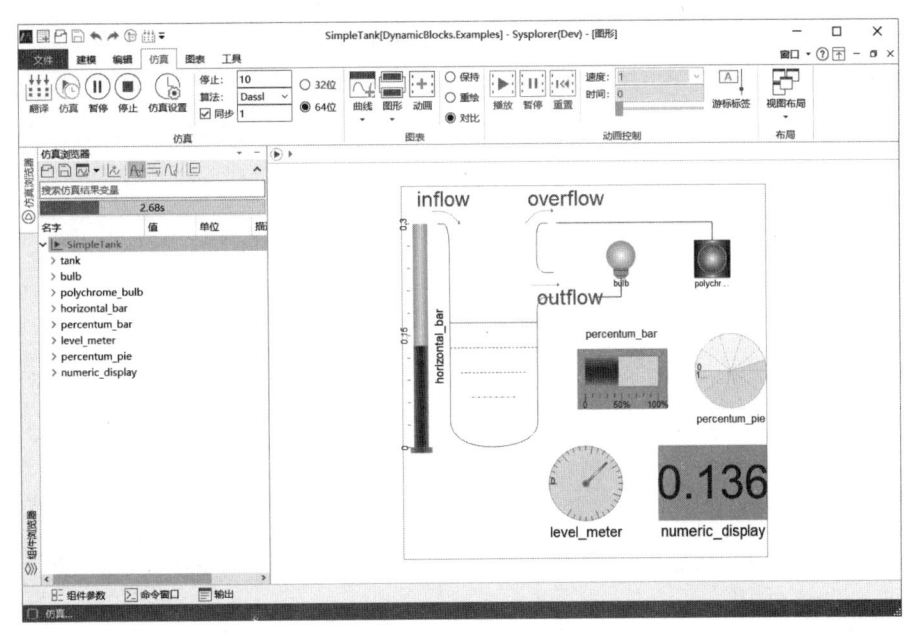

图 3-86 二维动画窗口

提示：在仿真环境中的二维动画窗口不仅能查看模型结构，也能进行修改操作。

2. 三维动画窗口

MWORKS.Sysplorer 支持三维图形显示与动画播放。切换到仿真标签页，单击 ⊕，可以新建一个动画窗口，如果当前实例包含机械多体模型中的组件并且具有动画属性，则新建的动画窗口将显示该实例的动画对象，如图 3-87 所示。

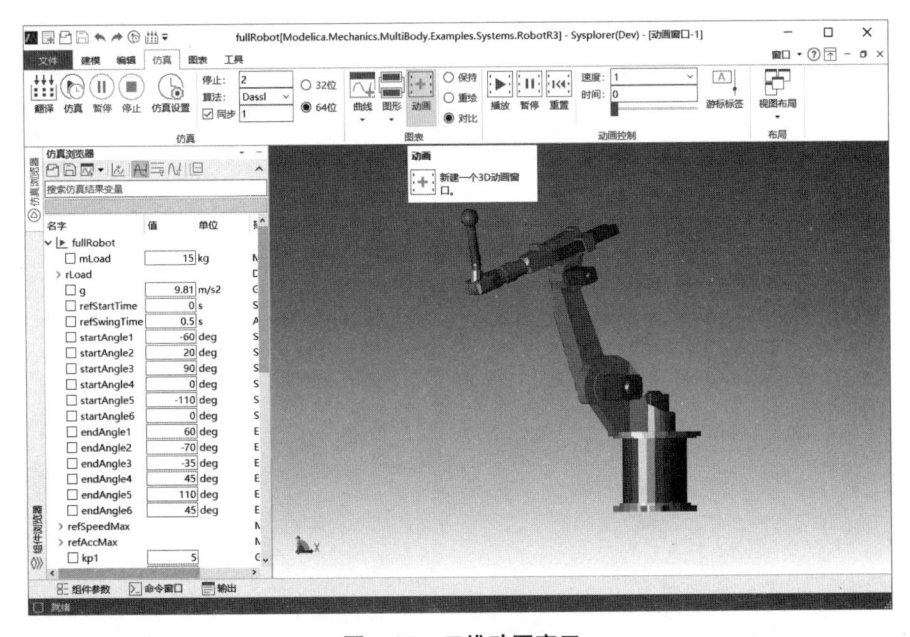

图 3-87 三维动画窗口

动画窗口提供了丰富的界面交互功能，包括动画控制工具栏、动画展示工具栏、上下文菜单等，详细内容参考动画窗口交互操作。

在动画窗口中右击，弹出上下文菜单，该菜单根据选中对象不同显示不同内容。

（1）在空白处右击，其菜单如图 3-88 所示。

（2）选中动画实体后右击，其菜单如图 3-89 所示。

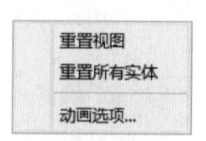

图 3-88　右击空白处的上下文菜单

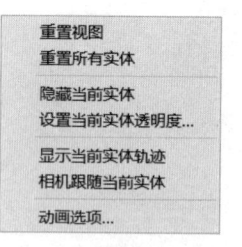

图 3-89　右击实体的上下文菜单

3.4.4　动画控制

1. 二维动画窗口交互操作

图 3-90　图形的下拉菜单

1）新建二维动画窗口

切换到仿真或图表标签页，展开图形的下拉菜单，如图 3-90 所示。

（1）选择图形，则以当前模型的图形视图创建二维动画窗口。

（2）选择图标，则以当前模型的图标视图创建二维动画窗口。

（3）选择文本，则以当前模型的文本视图创建二维动画窗口。

软件仅允许显示一个二维动画窗口，当多次创建时，新建的二维动画窗口将覆盖旧的二维动画窗口。

2）显示内容切换

二维动画窗口显示内容与建模界面下的图标/图形视图保持一致，因此只需在建模界面下切换当前模型，二维动画窗口中的显示内容将自动切换。

3）动画播放源

二维动画窗口显示内容切换后，若动画播放源与二维动画窗口内的显示内容不匹配，则二维动画无法播放；若要播放动画，则切换动画播放源，使之与二维动画显示内容匹配。

切换动画播放源有如下两种方法。

（1）仿真当前模型，则新生成的实例将被自动设置为动画播放源。

（2）在仿真浏览器中选中实例，右击，在弹出的上下文菜单中选择设为动画播放源。

4）动画控制

在仿真标签页的动画控制中，可对二维动画的播放进行控制，如图 3-91 所示。

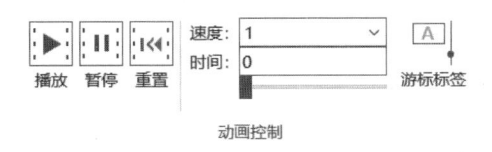

图 3-91　二维动画控制

动画控制的主要功能如下。

（1）▶播放：从头或从上次暂停的时刻播放当前的动画。

（2）⏸暂停：暂停播放。

（3）⏮重置：停止播放动画并恢复初始状态。

（4）速度：调节动画播放速度的快慢，提供文本输入框和下拉框供用户输入和选择速度。

（5）时间：实时显示动画播放时间。

（6）➕进度条：显示动画播放进度。

（7）🅰游标标签：控制动画播放时是否显示曲线的值。

2. 三维动画窗口交互操作

1）新建三维动画

切换到仿真或图表标签页，单击➕，新建动画窗口，如果当前实例包含机械多体模型中的组件并具有动画属性，则新建的动画窗口将显示该模型的三维动画对象，如图 3-92 所示。

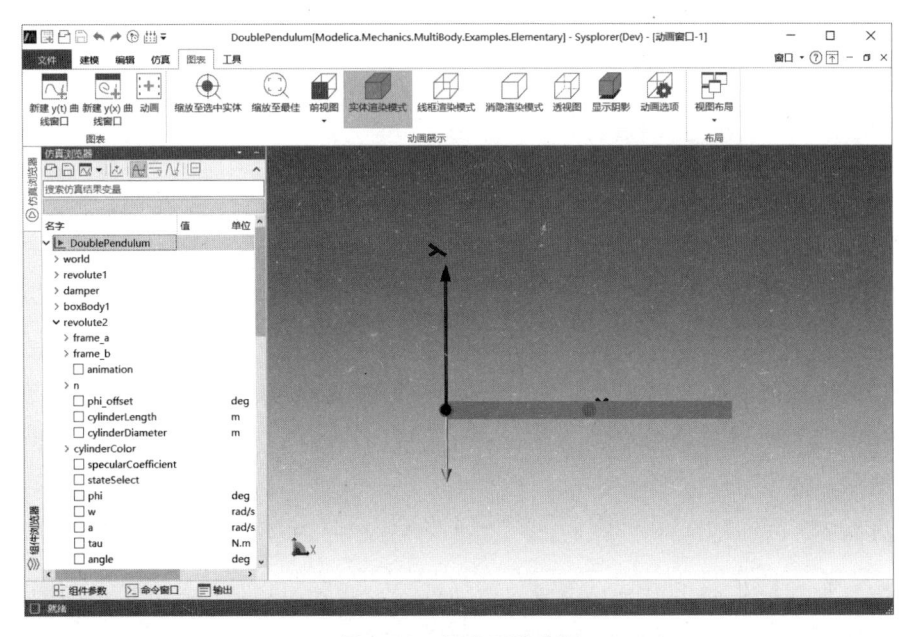

图 3-92　新建三维动画

新建的动画窗口可能会出现如图 3-93 所示的特殊状态,在该状态下,动画窗口不显示任何内容。

图 3-93　动画窗口显示异常

造成这一情况的原因是当前驱动类型与系统环境不匹配,此时可以在动画窗口内右击,在弹出的上下文菜单中选择动画选项,弹出三维动画设置对话框,选择常规标签页,更改驱动类型,如图 3-94 所示。

图 3-94　更改驱动类型

更改驱动类型后,单击确定按钮,该设置将在下次创建动画窗口时生效。

此时新建动画窗口,若动画窗口正常显示,则说明该驱动类型适用于当前的系统环境,否则请尝试其他驱动类型,直至动画窗口正常显示。

2）动画控制

动画播放过程能够生动再现三维模型的运动过程,帮助用户观察与分析模型的动态性能。动画控制中的操作选项不仅作用于三维动画窗口,还能同时控制曲线和二维动画播放。

3）视图切换

单击动画展示中的下拉箭头，弹出下拉菜单，通过各选项可以从不同视角观察模型结构，如图 3-95 所示。

（1）前视图：沿 Z 轴逆向查看模型。

（2）后视图：沿 Z 轴正向查看模型。

（3）左视图：沿 X 轴正向查看模型。

（4）右视图：沿 X 轴逆向查看模型。

（5）俯视图：沿 Y 轴逆向查看模型。

（6）仰视图：沿 Y 轴正向查看模型。

（7）轴测图 (XYZ)：沿坐标轴等夹角（120°）的方向查看模型，竖直方向为 Z 轴。

（8）轴测图 (ZXY)：沿坐标轴等夹角（120°）的方向查看模型，竖直方向为 Y 轴。

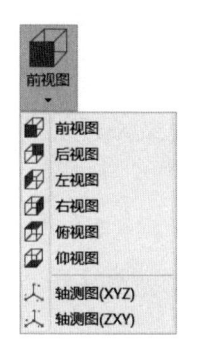

图 3-95 视图切换

如图 3-96 所示为双摆模型的轴测图 (ZXY) 和主视图。

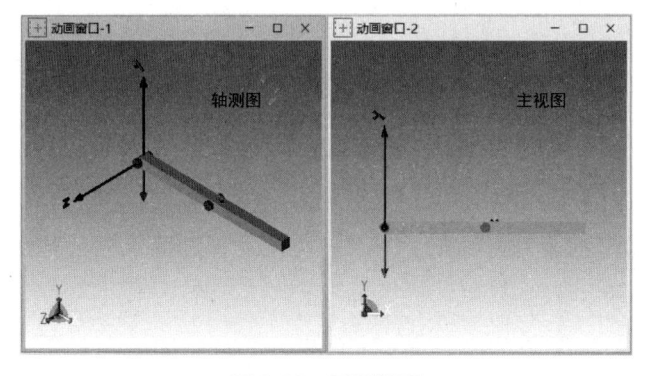

图 3-96 不同视图

4）改变显示模式

三维实体模型外观由一组封闭曲面包围，曲面边界是一系列首尾相连的线条，线条具有断点和内部控制点，这些元素需要在不同显示模式下进行观察。

动画窗口的显示模式包括实体渲染模式、线框渲染模式、消隐渲染模式、透视图、显示阴影等，如图 3-97 所示。

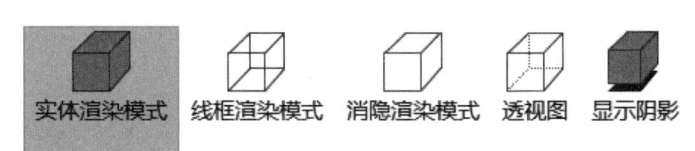

图 3-97 动画窗口显示模式

（1）⬛ 实体渲染模式：为默认设置，三维模型的所有面是可见的。

（2）▦ 线框渲染模式：三维模型的面隐藏，曲面边界可见。

（3）▱ 消隐渲染模式：从观察视角来看，三维模型中被遮挡的一部分面和边界线被隐藏，其他线条可见。

（4）▱ 透视图：以透视投影方式显示三维模型。

（5）⬛ 显示阴影：显示三维模型的阴影效果图。

图 3-98 中依次显示了双摆模型的实体渲染图、线框渲染图和消隐渲染图。

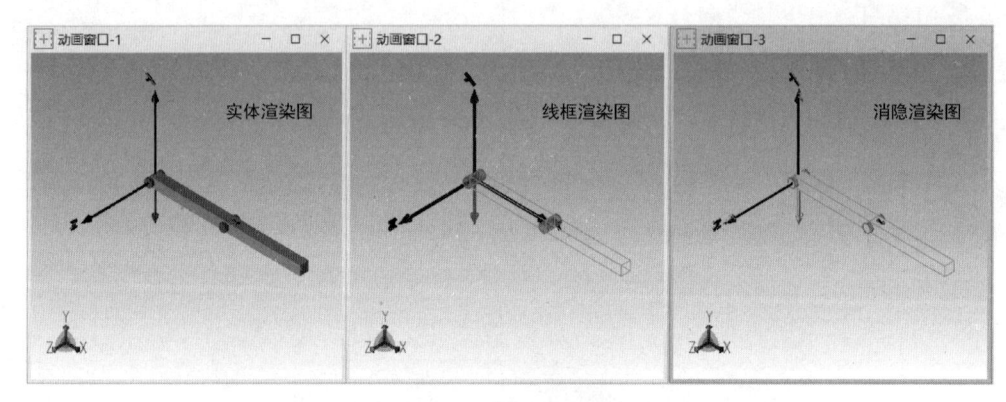

图 3-98　多种渲染图

5）模型操作

通过快捷键实现模型的旋转、缩放、平移、视图切换和显示模式等操作，对模型结构细节进行观察，如表 3-1 所示。

表 3-1　三维动画操作

分类	交互功能	快捷键
旋转	按住鼠标左键并移动，进行旋转	Ctrl
	绕 $-Y$ 轴旋转	Ctrl+ ←
	绕 Y 轴旋转	Ctrl+ →
	绕 $-X$ 轴旋转	Ctrl+ ↑
	绕 X 轴旋转	Ctrl+ ↓
	绕 $-Z$ 轴旋转	Ctrl+Shift+ ←
	绕 Z 轴旋转	Ctrl+Shift+ →
缩放	按住鼠标左键并移动，进行缩放	Shift
	放大	Shift+ ↑
	缩小	Shift+ ↓
	缩放至最佳	F

续表

分类	交互功能	快捷键
平移	向左平移	←
	向右平移	→
	向上平移	↑
	向下平移	↓
视图切换	前视图	Shift+F
	后视图	Shift+B
	左视图	Shift+L
	右视图	Shift+R
	仰视图	Shift+M
	俯视图	Shift+P
	轴视图	Shift+I
显示模式	切换实体/线框/消隐渲染模式	Shift+S

对动画视图进行操作时，鼠标指针显示不同的状态。

（1）🖐：平移模式。

（2）✥：旋转模式。

（3）🔍：缩放模式。

图 3-99 依次显示了双摆模型旋转、缩放、平移的显示效果。

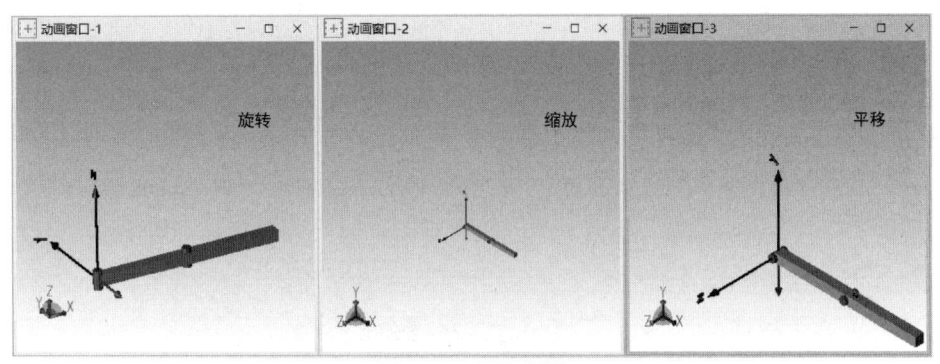

图 3-99　显示效果

6）动画设置

MWORKS 为动画窗口提供了选项设置界面，用于改变动画窗口外观、支持运动轨迹跟踪与相机跟随等。单击动画展示中的 📷 或动画窗口上下文菜单选择动画选项，打开三维动画设置对话框。该对话框中有常规、相机跟随、背景和快捷键四个标签页。

（1）常规。

常规标签页如图 3-100 所示。

图 3-100 常规标签页

① 驱动类型：选择与系统驱动类型相符的动画驱动类型。

② 显示操纵系：设置是否在动画窗口左下角显示一个操纵坐标系，默认为勾选。如果勾选该选项，则显示出操纵坐标系，它由三条线段组成，分别代表 X 轴（蓝色）、Y 轴（绿色）和 Z 轴（红色），移动操纵坐标系，窗口中对应的实体也跟随坐标系相应移动。

③ 显示单位立方体参考：设置是否在全局坐标系原点处显示一个单位立方体，默认为不勾选。

④ 显示轴参考：设置是否在全局坐标系原点处显示一个参考坐标系，默认为不勾选。如果勾选该选项，则显示出参考坐标系，它由三条 1m 长的线段组成，分别代表 X 轴（蓝色）、Y 轴（绿色）和 Z 轴（红色）。

⑤ 显示 X-Y/X-Z/Y-Z 平面栅格：设置是否显示 X-Y/X-Z/Y-Z 平面栅格，默认为不勾选。

⑥ 显示选中/所有实体轨迹：设置选中/所有实体的运动轨迹是否实时地显示在动画视图中，默认为不勾选。勾选该选项后显示效果如图 3-101 所示，对动画播放速度有影响。

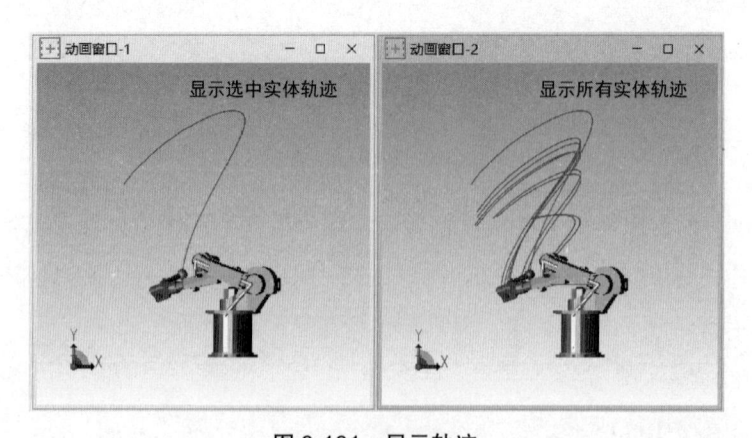

图 3-101 显示轨迹

（2）相机跟随。

相机跟随标签页如图 3-102 所示。

图 3-102　相机跟随标签页

① 跟随选中实体：当选中实体的运动范围超出动画窗口时，观察相机的位置和视角是否跟随变化，默认为不勾选，即相机方位不随实体位置变化而改变。如果勾选该复选框，则相机方位变化由选中实体和下面具体的选项来决定，特别适用于运动范围较大的机械系统。

② 跟随实体 X/Y/Z 方向移动：控制相机方位是否跟随选中实体在 X/Y/Z 方向上同步平移。

③ 跟随实体转动：控制相机方位是否跟随选中实体进行旋转。

（3）背景。

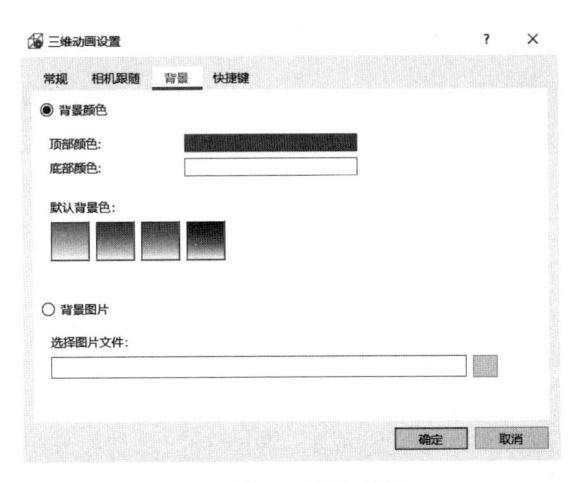

背景标签页如图 3-103 所示。

图 3-103　背景标签页

① 背景颜色。

提供了几种常用背景，可自定义动画窗口顶部和底部的颜色。

② 背景图片。

设置选择的图片为动画窗口背景。

7）切换动画实体

MWORKS 支持将当前动画窗口内的动画实体切换为其他仿真实例的动画实体。

（1）选中任一三维动画窗口，将该动画窗口指定为当前窗口。

（2）选中需要切换的仿真实例，右击实例根节点，在弹出的上下文菜单中选择显示 3D 动画，如图 3-104 所示。此时当前窗口内的动画实体切换。

三维动画窗口仅支持播放当前实例的动画实体，若要播放切换后的动画实体，则需要将对应的仿真实例设置为动画播放源。

（3）选中仿真实例，右击实例根节点，在弹出的上下文菜单中选择设为动画播放源，如图 3-105 所示。

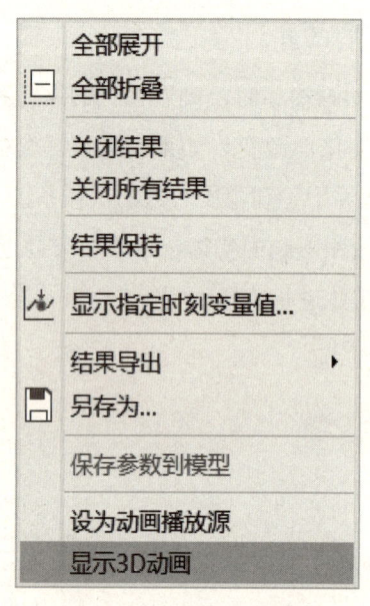

图 3-104　显示 3D 动画　　　　图 3-105　设为动画播放源

（4）在仿真→动画控制中，单击 ▶ 进行动画播放。

3.4.5　游标标签

单击图表→曲线工具中的曲线游标，可以控制游标的启动与关闭。打开曲线游标后，在曲线窗口左上角文本框中显示游标所处位置的所有曲线值，如图 3-106 所示。文本框可通过鼠标拖拽的方式移动至曲线窗口内的任意位置。

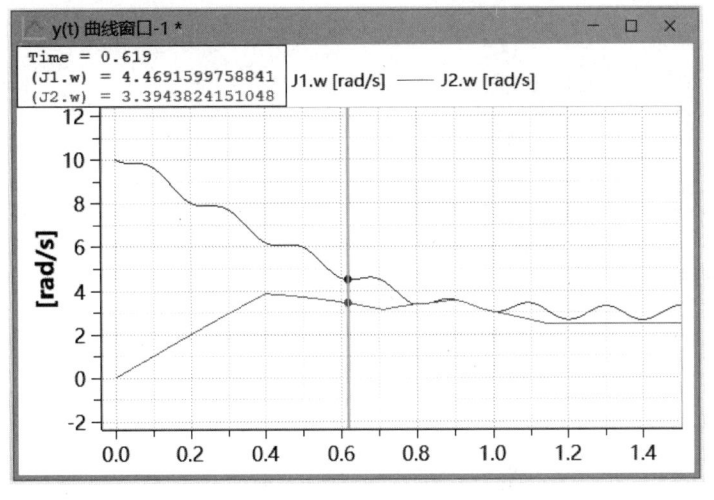

图 3-106　曲线窗口

鼠标指针移动至游标附近，待鼠标指针样式变为↔时，长按鼠标左键并拖拽，此时游标跟随鼠标拖拽移动，直至松开鼠标。

曲线游标遵循以下规则。

（1）曲线窗口正在绘制曲线，游标始终保持在仿真曲线的最右侧，无法被鼠标拖拽。

（2）游标只能在曲线的采样点集合上移动，无法移动至曲线外的空白处。

（3）当前曲线窗口内存在子窗口，在一个子窗口中拖拽游标移动时（控制游标），其他子窗口内的游标都会跟随移动（随动游标），使各个游标的横坐标值保持一致。

3.4.6　视图布局

1. 视图布局菜单

视图布局菜单如图 3-107 所示。

图 3-107　视图布局菜单

2. 平铺

将当前视图中所有打开窗口平铺显示。

3. 层叠

当前视图中所有打开窗口按顺序层叠显示。

4. 关闭所有文档

关闭所有文档窗口，组件浏览器、组件参数面板、组件变量面板显示的内容将被清空。

5. 自定义布局

选择该选项后，弹出自定义布局对话框，从中自定义平铺窗口。

3.4.7 数字仪表工具

针对系统仿真过程中关键参数实时显示需求，采用数字仪表工具，将仿真过程中的数据通过数字仪表动态呈现。

系统关键点的压力、温度、电流、电压、舵偏转角度和角速度等参数部分通过虚拟试验产生，部分通过数据导入的方式获取，将需要进行可视化的变量参数通过曲线、数值、仪表显示等方式完成参数可视化。

数字仪表工具采用动态组件模型，在系统建模组件视图中选择动态组件，并进行参数选择与编辑修改，动态组件类型如图 3-108 所示。

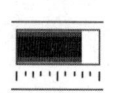

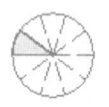

Bulb Polychrome_Bulb Horizontal_Bar Percentum_Bar Speedometer Percentum_Pie Numeric_Display

图 3-108　动态组件类型

动态组件功能如表 3-2 所示。

表 3-2　动态组件功能

图标	名称	功能
	指示灯	以灯泡演示关联变量的变化
	多级指示灯	以灯泡演示多级变量的变化

续表

图标	名称	功能
	横条	以横条演示关联变量的变化
	百分比条	以横条演示变量的百分比变化
	速度计	以仪表盘演示关联变量的变化
	饼图	以饼图演示关联变量的变化
	数值显示器	显示关联变量的数值

在建模窗口中可以插入动态组件，在仿真后处理窗口中可以播放动态显示效果；在建模窗口中可以对动态组件进行编辑、修改，以及设置动态组件的外观，也可以在 Modelica 模型中以 annotation 语法定制自定义的动态组件。数字仪表可视化流程如图 3-109 所示。

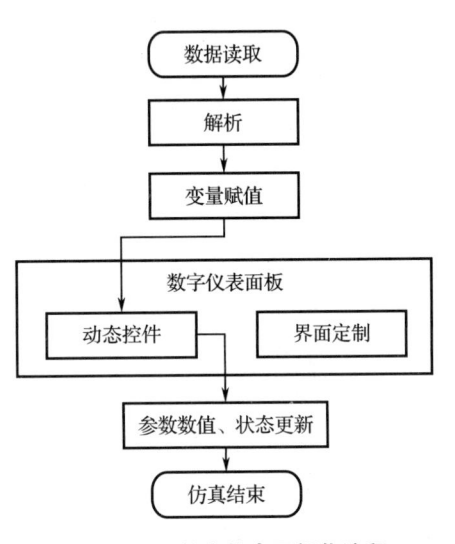

图 3-109 数字仪表可视化流程

3.4.8 三维动画工具

三维动画工具，专注于三维多体系统的可视化，通过三维动画技术有效组织仿真结果中的动画数据，实现模型的高效生成、交互式操作，以及仿真过程的实时动态展示等功能。

三维动画工具的主要功能如下。

（1）三维动画显示功能。

（2）动画播放控制功能。

（3）动画视图操作功能。

如图 3-110 所示，依据系统几何数据构建三维模型并显示，在动画数据的驱动下，驱动实时动画仿真。ACIS 和 HOOPS 是动画模块两个重要的支撑系统：ACIS 是几何生成引擎，负责模型的创建；HOOPS 是三维模型的显示引擎，负责模型的渲染。

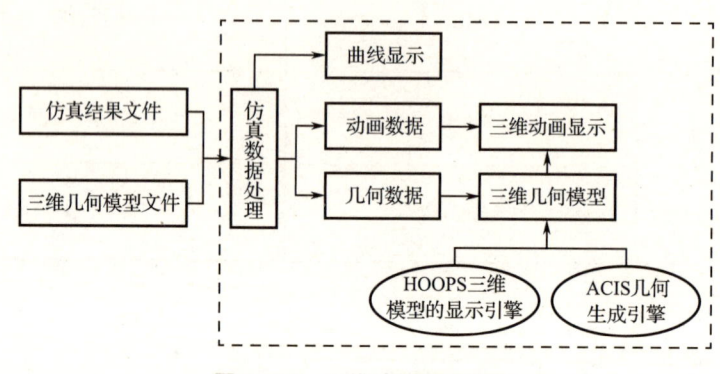

图 3-110　三维动画显示原理

3.5　物理模型的代码生成

MWORKS.Sysplorer 可将图形化的多领域模型转换为适应特定目标硬件系统的可执行仿真代码，主要功能如下。

（1）标准 C 代码生成。

① 支持对模型进行实时化处理，包括模型结构优化、模型方程优化、模型粒度优化等。

② 支持将多领域模型转化生成与平台无关的标准 C 代码。

（2）目标仿真程序生成。

支持将标准 C 代码进行交叉编译生成特定目标硬件系统的二进制机器语言。

支持常用的目标硬件实时操作系统，如 Linux、VxWorks、Phalap 等。

基于 Modelica 模型的代码生成技术主要包括：由 Modelica 模型代码转换成方程系统的转换技术和方法、构建通用 Modelica 模型代码框架的技术分析和研究。具体实现途径如下。

首先需要将 Modelica 陈述式模型转换为可顺序求解的过程式表达形式，即将 Modelica 模型进行编译处理，包括词法分析、语法分析、语义分析和平坦化处理等。

然后进行相容性分析、模型分析和指标约减分析，以确保平坦化的方程为恰约束系统（即方程变量数相等），从而生成过程式方程子集序列。

配合所构建的通用模型代码框架对方程子集序列进行分析，并为方程配置相应的数值求解器，求解器依据实时代码框架，将方程转换为具有系统独立的标准 C 代码。

对于目标机，只需对该 C 代码进行相应的程序编译，即可生成与目标机操作系统环境相对应的可执行程序。

Modelica 模型实时代码生成流程如图 3-111 所示。

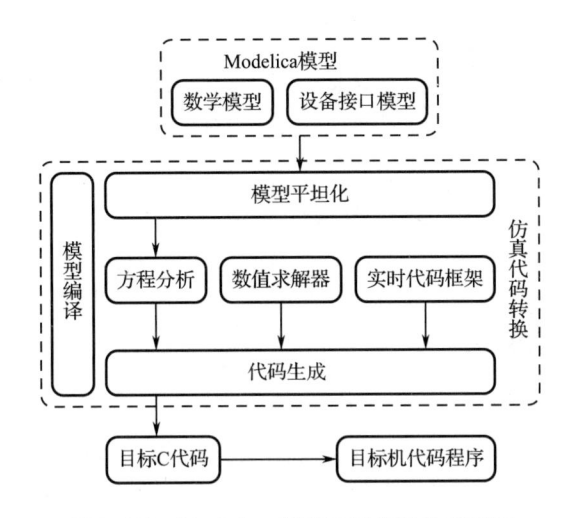

图 3-111　Modelica 模型实时代码生成流程

物理模型通过编译器实现代码生成，具体实现步骤如下。

（1）设置编译器。

在工具→环境中单击选项按钮，弹出选项对话框，切换到仿真→C 编译器，设置编译器，如图 3-112 所示。

图 3-112　设置编译器

（2）物理模型代码生成。

打开模型，单击建模→编译→翻译，即可完成代码生成，如图 3-113、图 3-114 所示。

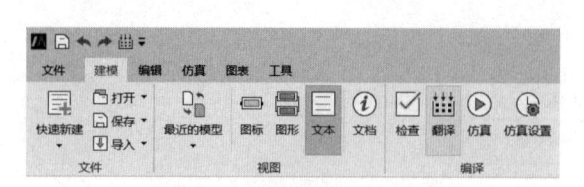

图 3-113　模型翻译图标

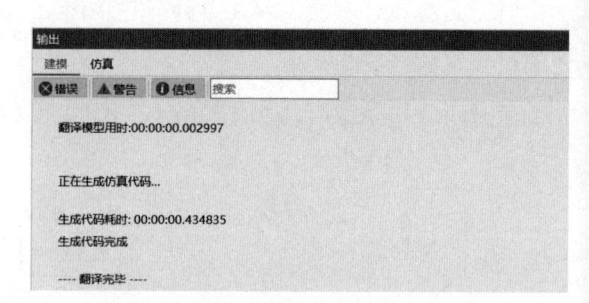

图 3-114　代码生成输出信息

3.6　自动化脚本建模

MWORKS.Sysplorer 命令窗口支持 Python 界面功能命令、编译器命令等接口。

3.6.1　基本命令

1. 命令交互输入

在命令窗口"＞＞"标识后输入命令，键盘"↑"和"↓"方向键可以在历史输入记录中前后查找，输入完毕后按回车键执行命令，如图 3-115 所示。

2. 脚本执行

可以将命令脚本文件（.mos、.scr 或 .py）用鼠标拖拽到命令窗口中执行脚本，如图 3-116 所示。

图 3-115　输入命令

图 3-116　导入脚本文件

3. 命令输出

执行命令后，根据命令的定义，返回相应的值，例如：

Boolean CheckModel(String model_name="")

检查模型，若命令执行正确则返回 True，执行错误则返回 False，并说明错误的可能原因。命令输出如图 3-117 所示。

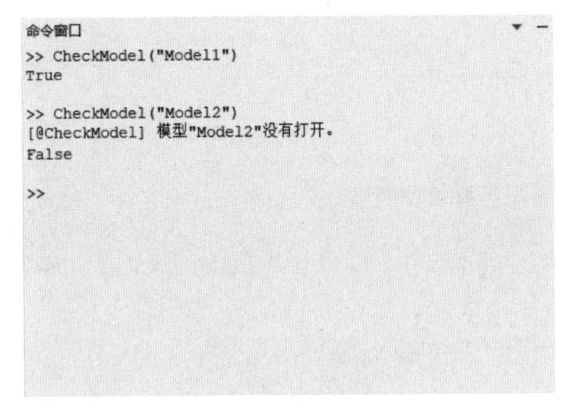

图 3-117 命令输出

4. 数据类型说明

命令接口与选项的参数 / 返回值类型如下。

（1）关键字 "void" 表示无返回值。

（2）布尔类型 bool，按照 Python 语法，输入 / 返回 True/False。

（3）整型 int 和浮点数 double 无须特别解释。

（4）字符串类型 string 作为参数输入时使用单引号或双引号表示，如 CheckModel('Simple') 或 CheckModel("Simple")。

（5）集合类型 list 表示数组。

5. 默认参数

如果某个命令接口带有默认参数，则调用时可以不给出实参，这时系统自动取其默认值。下面以命令接口 SimulateModel() 为例进行说明。

接口原型：

```
boolean SimulateModel(string model_name, /* 模型名称 */
double start_time= 0, /* 开始时间 */ double stop_time = 1, /* 终止时间 */
int number_of_intervals=500, /* 输出步数 */ string algo='Dassl', /* 算法 */
double tolerance=0.0001, /* 精度 */ double integral_step= 0.002, /* 积分步长 */
double store_double=False, /* 结果是否保存为 double*/
double store_event =False /* 是否保存事件点 */)
```

在命令窗口中输入：

SimulateModel("Simple")

这表示仿真模型 Simple，仿真开始时间为 0，终止时间为 1，输出步数为 500，选用 'Dassl' 算法，精度为 0.0001，积分步长为 0.002，结果保存为 float 精度，不保存事件点，将结果文件保存在仿真目录下。

对于路径参数，若为空，则表示默认为工作目录或仿真目录。

3.6.2 使用方法

1. 通过 Python 编辑器运行脚本文件

在工具→应用中单击运行脚本按钮，即可打开 Python 编辑器，如图 3-118 所示。

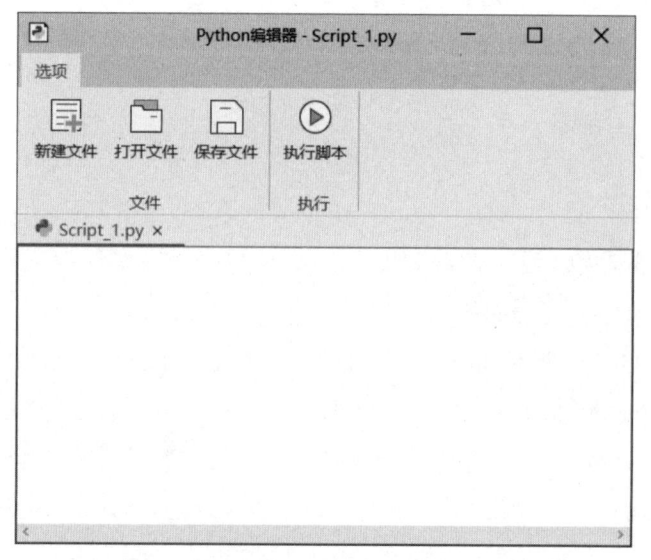

图 3-118 Python 编辑器

Python 编辑器界面功能如下。

（1）新建文件：单击它后新建空白的 Python 脚本。

（2）打开文件：从本地打开 .py 文件至编辑器，此时脚本内容将显示在下方的文本编辑区内。

（3）保存文件：将当前脚本保存至本地。

（4）执行脚本：执行当前脚本。

新建文件或打开文件后，可在文本编辑区内对当前脚本进行编辑，编辑器提供了编码助手功能，提高了编辑效率，如图 3-119 所示。

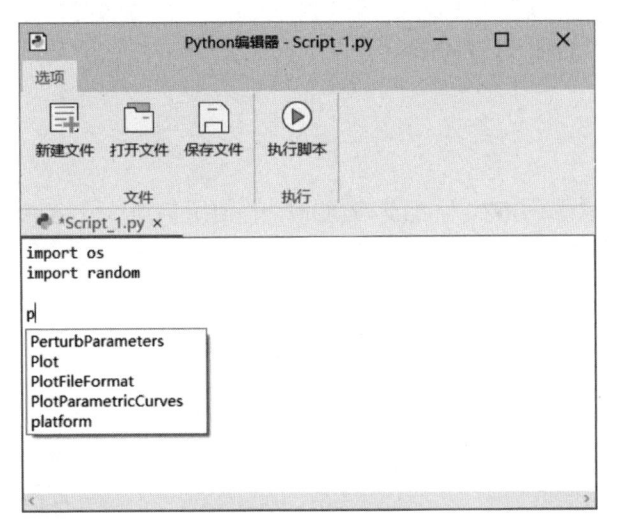

图 3-119 编码助手

2. 将 Python 脚本拖拽到 MWORKS.Sysplorer 中

打开 MWORKS.Sysplorer，将 Python 脚本拖拽到命令窗口中即可执行，如图 3-120 所示。

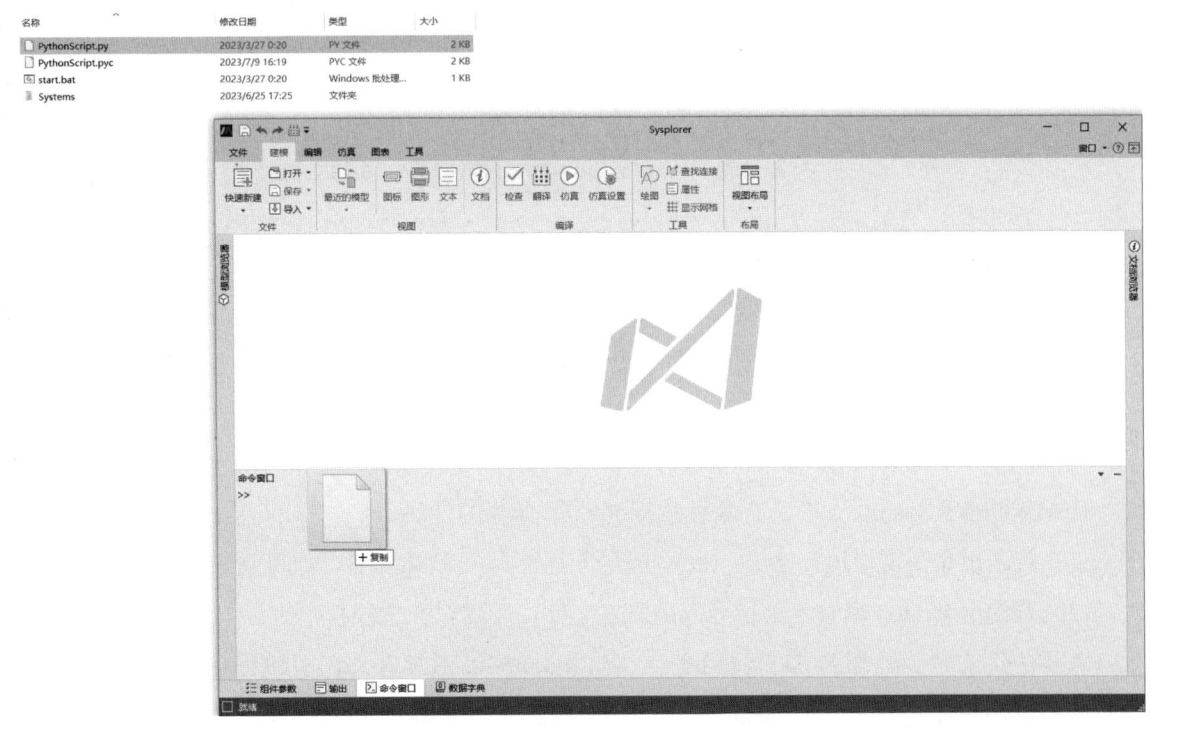

图 3-120 拖拽导入 Python 脚本

3.6.3 Python 脚本导入限制

1. 默认编码格式

Python 编辑器的默认编码格式为 UTF-8-BOM，若使用其他格式可能会出现中文乱码等情况。保存为指定编码格式的方法如下。

（1）使用记事本打开脚本文件。

（2）单击文件→另存为，选择编码为带有 BOM 的 UTF-8。

（3）单击保存按钮。

保存为指定编码格式如图 3-121 所示。

图 3-121　保存为指定编码格式

2. 外部 GUI 调用

在 MWORKS.Sysplorer 中，有多种执行 Python 命令的方法。

（1）若通过命令窗口运行 Python 命令或导入的 Python 脚本文件，则默认在子线程中执行。

（2）若使用 Python 编辑器运行导入的脚本文件，则默认在主线程中执行。

需要注意的是，外部的 GUI 调用命令（如 Matplotlib 工具库）在子线程中无法正确运行，此时需要将命令保存到 .py 格式的脚本文件中，需要使用 RunInMainThread() 执行该脚本文件，或者通过 Python 编辑器执行该脚本文件。

第4章 控制策略建模环境 MWORKS.Sysblock

4.1 控制算法建模

4.1.1 常用模块

1. AutoInput 模块

输入连接器,用户可以自行选择端口的数据类型(定点、浮点、布尔量)。

输入端口参数对话框如图 4-1 所示,端口数据类型有定点、浮点、布尔量三种,同时可以指定端口维度。默认写法"[]"代表标量,指定数组为"[数字]",指定矩阵为"[数字,数字]"。

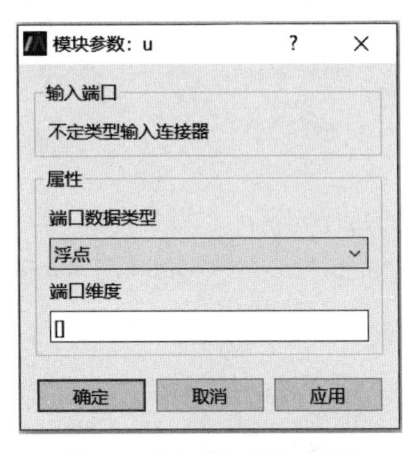

图 4-1 输入端口参数对话框

例如,长度为 3 的数组,指定端口维度为"[3]";指定 3 行 ×4 列的矩阵为"[3,4]"。

同时,该模块支持端口自动排布功能,可以通过模块上自定义的数字,变更端口在模型中的位置排序。

2. AutoOutput 模块

输出连接器，用户可以自行选择端口的数据类型（定点、浮点、布尔量）。

输出端口参数对话框如图 4-2 所示，端口数据类型有定点、浮点、布尔量三种，同时可以指定端口维度。默认写法"[]"代表标量，指定数组为"[数字]"，指定矩阵为"[数字 , 数字]"。

例如，长度为 3 的数组，指定端口维度为"[3]"；指定 3 行 ×4 列的矩阵为"[3,4]"。

同时，该模块支持端口自动排布功能，可以通过模块上自定义的数字，变更端口在模型中的位置排序。

3. Mux（向量构造器）

向量构造器，用户能够自行设置输入端口的数量，最终由一根信号线输出，其数据类型必须相同（定点、浮点、布尔量）。Mux 模块参数对话框如图 4-3 所示。

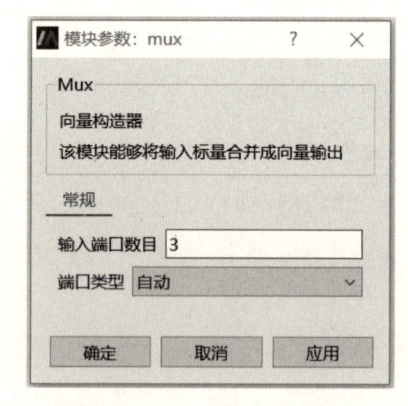

图 4-2　输出端口参数对话框　　　　图 4-3　Mux 模块参数对话框

4. DeMux（向量解构器）

向量解构器，用户能够自行设置输出端口的数量，由一根信号线输入，其数据类型必须相同（定点、浮点、布尔量）。DeMux 模块参数对话框如图 4-4 所示。

5. busCreator（总线构造器）

总线构造器，将输入端口的数据合并成总线进行输出。busCreator 模块可将一组输入元素合并成一条总线。busCreator 模块如图 4-5 所示。

输入：内置类型，结构体，可以是多维的。

输出：由各输入端口的类型组成的结构体。

图 4-4　DeMux 模块参数对话框 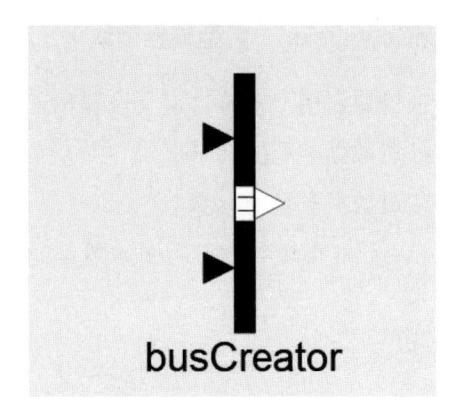　　　　图 4-5　busCreator 模块

6. busSelector（总线解构器）

总线解构器，将总线数据拆分进行输出。busSelector 模块如图 4-6 所示。

输入：结构体类型的数据，不能为数组。

输出：拆分后的数据。

7. Switch（条件输出器）

模型中间的输入接口与自身阈值进行逻辑比较，比较的结果为真时输出 u1 的值，否则输出 u2 的值。模型接口数据类型均为浮点，下拉框选项中有三种模式：u>=Threshold、u>Threshold、u!=0。Switch 模块参数对话框如图 4-7 所示。

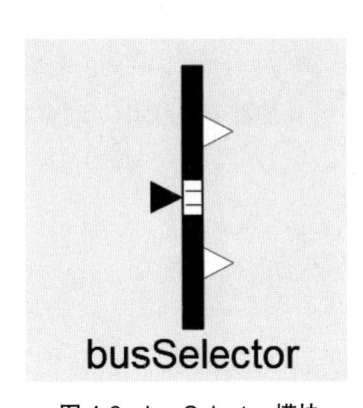

图 4-6　busSelector 模块 　　　　图 4-7　Switch 模块参数对话框

8. BoolSwitch（布尔条件输出器）

当 u 为真时输出 u1 的值，否则输出 u2 的值，中间接口为布尔类型，其余均为浮点类型。BoolSwitch 模块参数对话框如图 4-8 所示。

9. TypeConversion（类型转换模块）

类型转换模块，用户能够自定义设置输入、输出的数据类型。

输入：任意数据类型的标量。

输出：任意数据类型的标量。

TypeConversion 模块参数对话框如图 4-9 所示。

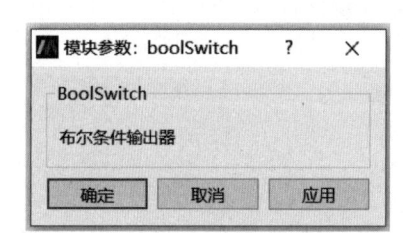

图 4-8　BoolSwitch 模块参数对话框

图 4-9　TypeConversion 模块参数对话框

4.1.2　计算模块

1. MathOperation 族

MathOperation 族中的模块为与数学运算相关的模块，包含加减乘除模块、取整模块、与三角函数相关的模块、特定的数学运算函数模块。

1）Rounding Function（取整）

取整模块的功能为对输入的值进行取整，它提供了四种不同的取整方式。

（1）Floor（向下取整）。

该方式将对输入的值朝负无穷方向舍入到最接近的整数值。

例：输入为 1.5 时，输出为 1；输入为 -1.5 时，输出为 -2。

（2）Ceil（向上取整）。

该方式将对输入的值朝正无穷方向舍入到最接近的整数值。

例：输入为 1.5 时，输出为 2；输入为 -1.5 时，输出为 -1。

（3）Round（四舍五入）。

该方式用来对输入的值进行四舍五入运算得到最接近的整数。

例：输入为 1.5 时，输出为 2；输入为 -1.5 时，输出为 -2。

（4）Fix（朝零方向取整得到最接近的整数）。

该方式将对输入的值朝零方向得到最接近的整数。

例：输入为 1.5 时，输出为 1；输入为 -1.5 时，输出为 -1。

2）Math Function（数学函数）

（1）Exp（以 e 为底数的幂运算）。

以 e 为底数，以输入的值为指数，进行幂运算。

（2）Log（求自然对数值）。

该函数用来返回输入数据 x 中每个元素的自然对数 $\ln(x)$。

（3）Log10（求常用对数值）。

该函数主要用来输出输入数据 x 中每个元素的常用对数。

（4）Square（求平方）。

该函数用来求出输入数据的平方值。

（5）Pow（幂运算）。

该函数主要用来输出输入数据的指定幂指数值。

（6）Reciprocal（求倒数）。

该函数主要用来输出输入数据的倒数值。

（7）Rem（求 u 除以 v 的余数，支持对浮点数求余）。

该函数主要用来输出两个输入数据相除后得到的余数。

（8）Mod（求模）。

该函数主要用来输出两个输入数据相除后得到的余数，作为其模值。

（9）PowerOfTen（求以 10 为底的幂）。

该函数主要返回输入数据中每个元素以 10 为底的幂运算结果。

3）Trigonometric Function（三角函数）

（1）Sin（求弧度的正弦值）。

该函数返回输入数据的正弦值。

（2）Cos（求弧度的余弦值）。

该函数返回输入数据的余弦值。

（3）Tan（求弧度的正切值）。

该函数返回输入数据的正切值。

（4）Asin（求反正弦值，输出为弧度单位）。

该函数返回输入数据的反正弦值。

(5) Acos（求反余弦值，输出为弧度单位）。

该函数返回输入数据的反余弦值。

(6) Atan（求反正切值，输出为弧度单位）。

该函数返回输入数据的反正切值。

(7) Atan2（四象限反正切）。

该函数返回两个输入数据的四象限反正切值。

(8) Sinh（双曲正弦函数）。

该函数返回输入数据的双曲正弦值。

(9) Cosh（双曲余弦函数）。

该函数返回输入数据的双曲余弦值。

(10) Tanh（双曲正切函数）。

该函数返回输入数据的双曲正切值。

(11) Sincos（求输入的正弦和余弦值）。

该函数返回输入数据的正弦和余弦值。

4) Add（加法器）

加法器模块可以根据参数对话框中输入的"+"或"-"符号，自动生成加减法的端口。

Add 模块参数对话框如图 4-10 所示。

输入：标量。

输出：标量。

5) Gain（将输入乘以常量）

将输入乘以常量，在其参数对话框中可以输入常量值。Gain 模块参数对话框如图 4-11 所示。

图 4-10 Add 模块参数对话框

图 4-11 Gain 模块参数对话框

输入：标量。

输出：标量。

6）Product（乘法）

该模块执行乘法算法。

输入：标量。

输出：标量。

7）Divide（除法）

该模块执行除法算法。

输入：标量。

输出：标量。

8）Abs（求绝对值）

输出输入数据的绝对值。

输入：标量。

输出：标量。

9）Bias（为输入添加偏差）

为输入添加偏差。u 为信号输入，y 为信号输出，Bias 根据以下公式为输入信号添加偏差或偏移量：$y = u + \text{Bias}$。

输入：标量。

输出：标量。

10）Sign（输出输入数据的符号）

该模块主要用来输出输入数据的符号。

输入：标量。

输出：标量。

11）Sqrt（开平方根）

该模块主要用来输出输入数据的开平方根值。

输入：标量。

输出：标量。

2. Discrete 族

1）DiscreteTransferFunc（离散传递函数）

实现 z 变换传递函数，以 z 的降幂指定分子系数和分母系数，分母的阶数必须大于或等于分子的阶数。

输入：标量。

输出：标量。

2）Difference（计算本次输入值与上一次输入值的差）

计算本次输入值与上一次输入值的差。

输入：标量。

输出：标量。

3）ZeroOrderHold（零阶保持器）

零阶保持器。

输入：标量。

输出：标量。

4）PID_P（比例环节）

比例控制。使用此模块时，可以双击模块开启参数对话框，自定义设置比例系数与采样周期的值。PID_P 模块参数对话框如图 4-12 所示。

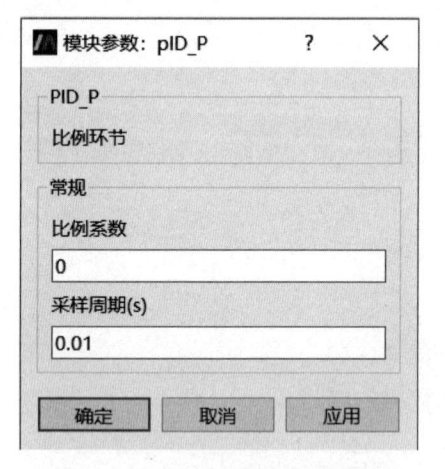

图 4-12　PID_P 模块参数对话框

输入：标量。

输出：标量。

5）PID_I（积分环节）

积分控制。使用此模块时，可以双击模块开启参数对话框，自定义设置积分系数的初值与终值，以及采样周期的值。PID_I 模块参数对话框如图 4-13 所示。此模块目前支持三种积分方法，分别是 Forward Euler、Backward Euler 及 Trapezoidal 方法，如图 4-14 所示。

输入：标量。

输出：标量。

6）PID_D（微分环节）

微分控制。使用此模块时，可以双击模块开启参数对话框，自定义设置微分系数的初值与终值，以及采样周期的值。PID_D 模块参数对话框如图 4-15 所示。

图 4-13　PID_I 模块参数对话框

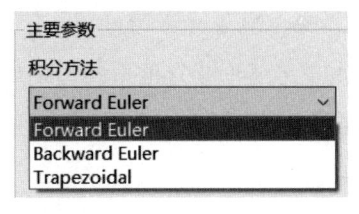

图 4-14　PID_I 模块积分方法选择

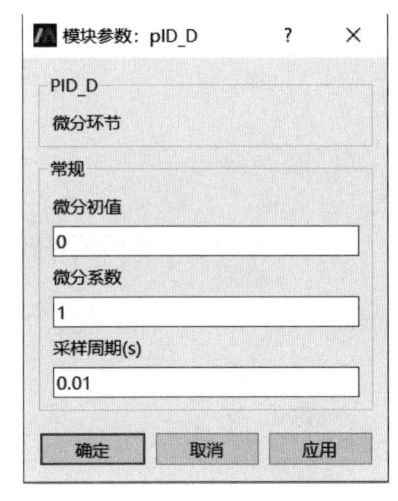

图 4-15　PID_D 模块参数对话框

输入：标量。

输出：标量。

7）PID_I ReSet（可重置的积分环节）

可重置的微分控制器。

输入：标量、布尔量。

输出：标量。

8）UnitDelay（将输入信号延迟一个采样周期后输出）

将输入信号延迟一个采样周期后输出。

输入：标量。

输出：标量。

9）UnitDelayReSet（将输入信号延迟一个采样周期后输出）

相比 UnitDelay，UnitDelayReset 模块增加了一个重置功能。它包含一个额外的输入端口，当此重置输入端口接收到特定条件（如一个触发信号）时，会将延时模块的内部状态重置为初始值或指定的重置值。

输入：标量。

输出：标量。

10）Delay（将输入信号延迟指定的采样周期后输出）

将输入信号延迟指定的采样周期后输出。Delay 模块参数对话框如图 4-16 所示。

输入：标量。

输出：标量。

11）TrappedDelay（缓存器）

缓存器。TrappedDelay 模块参数对话框如图 4-17 所示。

图 4-16　Delay 模块参数对话框

图 4-17　TrappedDelay 模块参数对话框

12）DiscreteTimeIntegrator（离散时间积分）

对输入进行离散时间积分。

输入：浮点型标量。

输出：浮点型标量。

13）DiscreteTimeIntegrator reset（可重置的离散时间积分模块）

对输入进行离散时间积分，并可重置积分值。其中第二个端口"rst"为重置端口（鼠标指针悬停在端口上可显示端口名），当其输入的布尔量为"真"时，此模块的输出会重新从设定的初值开始积分。

输入：浮点型标量、布尔量。

输出：浮点型标量。

3. Discontinuities 族

1）RateLimiter（限变化速率模块）

限制信号变化速率的模块。

输入：标量。

输出：标量。

RateLimiter 模块参数对话框如图 4-18 所示。

2）Relay（输出在两个指定值之间切换）

输出在两个指定值之间切换的模块。通过将输入与指定的阈值进行比较，输出指定的"on"或"off"值。Relay 模块参数对话框如图 4-19 所示。

图 4-18　RateLimiter 模块参数对话框

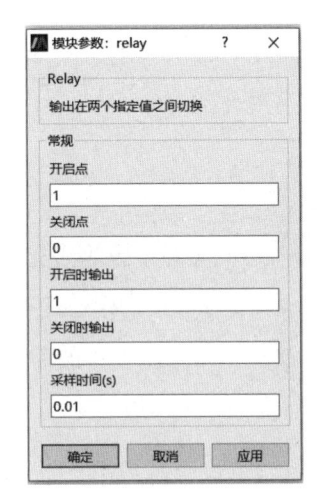

图 4-19　Relay 模块参数对话框

输入：标量。

输出：标量。

3）Quantizer（离散模块）

按给定间隔将输入离散化。Quantizer 模块参数对话框如图 4-20 所示。

输入：标量。

输出：标量。

4）DeadZone（死区模块）

输入位于死区内时输出零，超出死区时，按死区上下限对输入信号进行偏移，可通过参数对话框设置死区的上下限。DeadZone 模块参数对话框如图 4-21 所示。

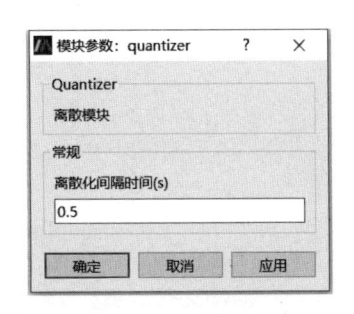

图 4-20　Quantizer 模块参数对话框

图 4-21　DeadZone 模块参数对话框

输入：标量。

输出：标量。

5）SaturationDynamic（动态限幅）

将输入信号限制在动态饱和上界值和下界值之间，上界值、下界值由输入端口提供。

输入：标量。

输出：标量。

6）RateLimiterDynamic（动态限变化速率）

动态限制信号变化的速率。

输入：标量。

输出：标量。

7）Backlash（对间隙系统行为进行建模）

"死区宽度"w指定了以 0 为中心的对称区，因此其下限为负值（$-0.5*w$），上限为正值（$0.5*w$）。此模块会计算本次输入与上次输出的差值（$s = u - previous\_y$）：

当差值小于下限时（$s < -0.5*w$），本次输出为输入加上死区宽度的一半（$y = u + 0.5*w$）；

当差值大于下限且小于上限时（$-0.5*w \leqslant s \leqslant 0.5*w$），本次输出使用上一次的输出值（$y = pre\_y$）；

当差值大于上限时（$s > 0.5*w$），本次输出为输入减去死区宽度的一半（$y = u - 0.5*w$）。

Backlash 模块参数对话框如图 4-22 所示。

输入：标量。

输出：标量。

8）WrapToZero（如果输入高于阈值，则输出为零，否则输出等于输入）

如果输入高于阈值，则输出为零，否则输出等于输入。WrapToZero 模块参数对话框如图 4-23 所示。

图 4-22　Backlash 模块参数对话框

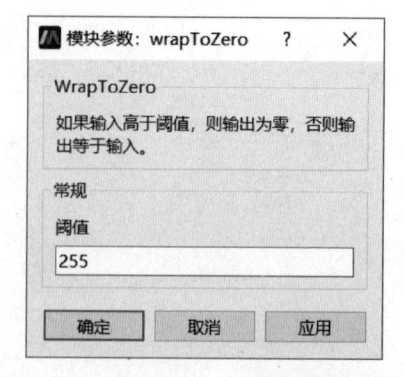

图 4-23　WrapToZero 模块参数对话框

输入：标量。

输出：标量。

9）DeadZoneDynamic（输入位于死区时输出零；超出死区时，按起始值或结束值对输入信号进行偏移）

该模块根据指定的上限和下限的动态输入信号生成零输出区域。模块的输出取决于输入 u，以及输入信号 up 和 lo 的值。

输入：标量。

输出：标量。

4. LookupTable 族

该族目前支持一维线性查表和二维线性查表。

1）LookupTable1D（一维线性查表模块）

该模块的算法为插值算法，需要通过参数对话框输入查表模块的值域、定义域。LookupTable1D 模块参数对话框如图 4-24 所示。

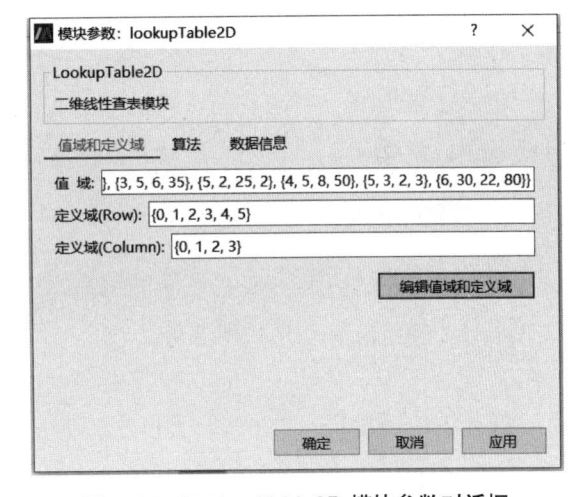

2）LookupTable2D（二维线性查表模块）

该模块需要在参数对话框中编辑值域、行和列的定义域。单击编辑值域和定义域按钮，会弹出表格形式的编辑框，方便设置查表信息。LookupTable2D 模块参数对话框如图 4-25 所示。

图 4-24 LookupTable1D 模块参数对话框   图 4-25 LookupTable2D 模块参数对话框

4.1.3 逻辑与关系比较模块

1. LogicOperator

LogicOperator（逻辑运算比较模块）主要用于比较输入的逻辑关系，功能包含与、或、与非、或非、异或、非。

1）LogicalOperator（逻辑运算符）

该模块主要是用来对其输入执行指定的逻辑运算，根据选择的关系运算符对输入信号进行逻辑判断，下拉框中提供了与、或、非三种逻辑关系。LogicalOperator 模块参数对话框如图 4-26 所示。

输入：数组/信号

输出：布尔量。

2）Bitwise Operator（对输入执行指定的按位运算）

对输入的两个整型数据进行二进制按位操作，功能包含与、或、与非、或非、异或、非。Bitwise Operator 模块参数对话框如图 4-27 所示。

注意：输入数值会按照有符号的 16 位二进制整数进行运算，即 fixdt(1,16,0)。

图 4-26　LogicalOperator 模块参数对话框

图 4-27　Bitwise Operator 模块参数对话框

输入：整型。

输出：整型。

2. Comparator

比较两个输入（u1、u2）之间的关系，下拉框中可以选择大于号、等于号、小于号、大于或等于号、小于或等于号、不等号。

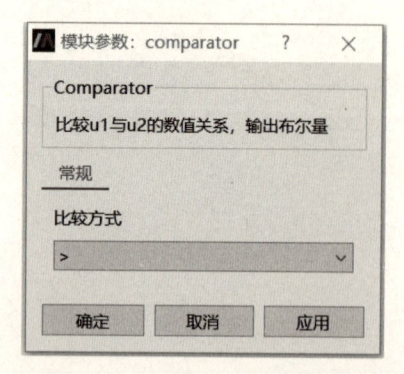

该模块主要用来比较两个输入信号的大小，根据下拉框选择的比较方式返回 true 或 false。Comparator 模块参数对话框如图 4-28 所示。

输入：标量。

输出：布尔量。

3. 信号检测族

信号检测族包括检测越过零点的下降沿、检测越过零点的上升沿、检测输入值是否在指定区间、

图 4-28　Comparator 模块参数对话框

检测信号是否越界、检测信号是否为非法数等功能模块，该组模块主要用来对信号进行检测。

  1）DetectFallNegative（检测越过零点的下降沿）

  当上一时刻输入大于或等于 0，本次采样小于 0 时，输出为 true，否则为 false。

  输入：连续 / 离散信号。

  输出：布尔量。

  2）DetectFallNonpositive（检测越过或抵达零点的下降沿）

  当上一时刻输入大于 0，本次采样小于或等于 0 时，输出为 true，否则为 false。

  输入：连续 / 离散信号。

  输出：布尔量。

  3）DetectRiseNonnegative（检测越过或抵达零点的上升沿）

  当上一时刻输入小于 0，本次采样大于或等于 0 时，输出为 true，否则为 false。

  输入：连续 / 离散信号。

  输出：布尔量。

  4）DetectRisePositive（检测越过零点的上升沿）

  当上一时刻输入小于或等于 0，本次采样大于 0 时，输出为 true，否则为 false。

  输入：连续 / 离散信号。

  输出：布尔量。

  5）DetectChange（检测信号值的变化）

  检测信号值的变化。

  输入：连续 / 离散信号。

  输出：布尔量。

  6）DetectDecrease（检测信号值的下降）

  检测信号值的下降。

  输入：连续 / 离散信号。

  输出：布尔量。

  7）DetectIncrease（检测信号值的增长）

  检测信号值的增长。

  输入：连续 / 离散信号。

  输出：布尔量。

  8）IntervalTest（检测输入值是否在指定区间）

  目前仅支持左右都为开区间。

  输入：连续 / 离散信号。

  输出：布尔量。

9）IntervalTestDynamic（检测输入值是否在指定区间，区间值由输入决定）

目前仅支持左右都为开区间。

输入：离散/连续信号。

输出：布尔量。

10）IsInf（检测信号是否越界）

检测信号是否越界。

输入：标量。

输出：布尔量。

11）IsNaN（检测信号是否为非法数）

检测信号是否为非法数。

输入：标量。

输出：标量。

4.2 状态机建模

状态机是一种描述系统行为的模型，能够清晰地表示系统中的状态和状态之间的转换关系，从而使开发者能够更加精确地描述系统行为和逻辑，对于提升系统的正确性和可靠性具有重要的作用。此外，状态机还可以用于分析系统性能、生成测试用例等，具有广泛的应用价值。

状态机全称为有限状态自动机（Finite Automaton，FA），也称有限状态机（Finite State Machine，FSM）或有限状态转换机（Finite State Transition Machine，FSTM），它不是一个实际的机器设备，而是一种常见的计算模型。

状态机有两大特点：一是离散的；二是有限的。描述事物的有限状态机模型的元素由以下部分组成。

（1）状态（State）：表示系统可能处于的状态，可以用方块或圆形表示。

（2）事件（Event）：触发状态转移的事件，可以用标签表示。

（3）动作（Action）：状态转移时执行的动作，可以用标签表示。

（4）转移（Transition）：表示状态之间的转换关系，可以用箭头表示。

状态机通过定义状态、转移、事件和动作来描述系统的行为，是一种非常有效的行为建模工具。生活中有很多状态机的例子，下面以图 4-29 所示的交通信号灯状

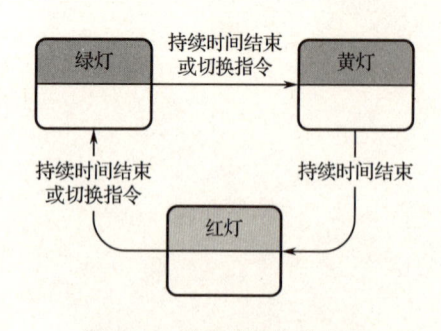

图 4-29 交通信号灯状态机

态机为例进行介绍。可以通行时它为绿灯，不能通行时它为红灯，转换条件为一种状态的持续时间结束，或者主动切换指令。对应到状态机，状态为灯的颜色，转移为通行状态的转换，事件为状态的持续时间结束或主动发送切换指令，动作为颜色的切换。

4.2.1 使用流程

1. 新建包含状态机的模型

SysplorerEmbeddedCoder 库中的 StateMachine 模块提供了与状态机有关的模型。其中 Chart 是状态机模型，State 是状态模型，它们在用户模型中实例化后被称为"组件"。

首先建立控制策略模型，然后从模型库中选中 SysplorerEmbeddedCoder → StateMachine → Chart 拖入图形视图创建状态机组件，如图 4-30 所示。

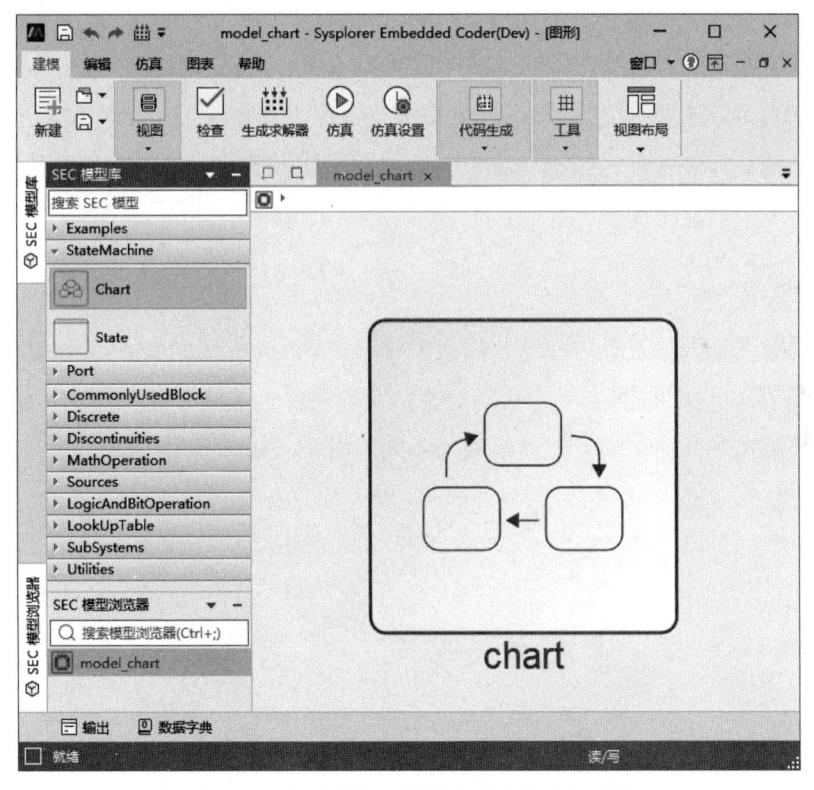

图 4-30　向控制策略模型中创建状态机组件

2. 编辑状态机变量

双击状态机组件进入状态机内部，在空白处右击，在弹出的上下文菜单中选择"编辑状态机变量"选项后系统弹出状态机变量管理界面（见图 4-31），从中定义一个输入变量和一个输出变量。

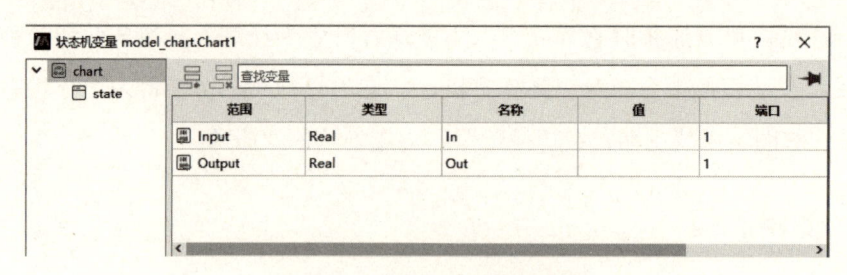

图 4-31 状态机变量管理界面

单击状态机变量面板左上角的新增变量 按钮，即可在表格中添加数据行，新添加数据行包括范围、类型、名称、值、端口 5 个属性。

（1）范围：表明数据的传递属性，包括 Input（从外部输入）、Local（内部数据）、Output（向外部输出）、Parameter（参数）、Constant（常量）。

（2）类型：数据类型包括 Real、Integer、Boolean 三种类型。

（3）名称：状态机变量的名字，须为合法字符。

（4）值：变量的初值。

（5）端口：当范围选择为 Input、Output 时，会在父层 Chart 组件上产生对应数据类型和数目的端口，此处端口号表示父层排列的顺序，通过端口 Input、Output 可以将状态机与其他组件连接起来共同构成模型来仿真。

3. 编辑状态

双击状态机组件进入状态机内部，从模型库中选中 SysplorerEmbeddedCoder → StateMachine → State 拖入到状态机内部视图，形成状态组件，重复添加形成两个状态组件；通过双击状态组件进入指令编辑模式，分别在状态组件中输入不同的指令，如图 4-32 所示。

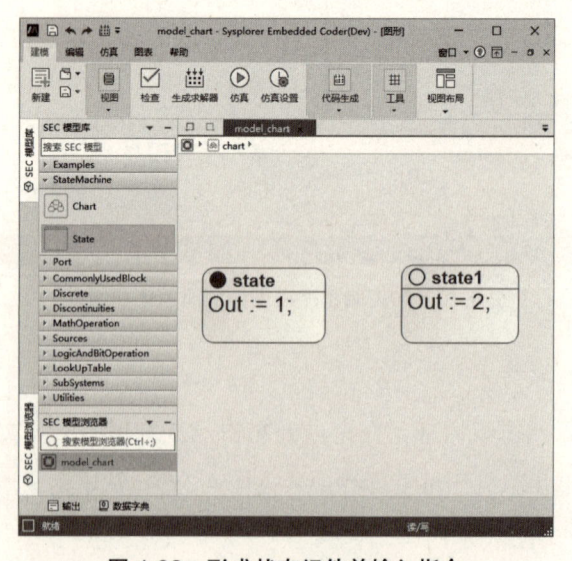

图 4-32 形成状态组件并输入指令

4. 编辑转移线

从名为"state"的状态边缘按下左键向外拖动，从而添加转移线组件，在"state1"上释放左键即建立了一个从"state"到"state1"的转移线，如图 4-33 所示。

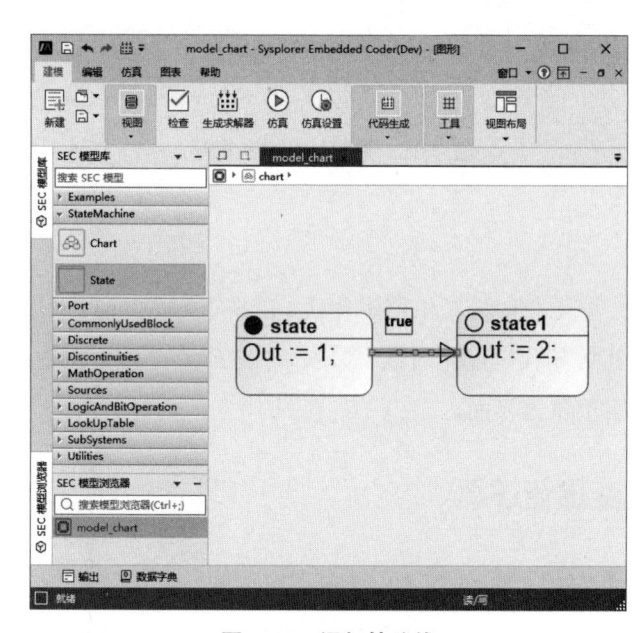

图 4-33　添加转移线

双击转移线后弹出编辑界面，在"条件"框中输入逻辑表达式作为判定条件，如图 4-34 所示。

图 4-34　转移线属性编辑界面

同理，再建立一个从"state1"到"state"的转移线，最终的状态机模型如图 4-35 所示。

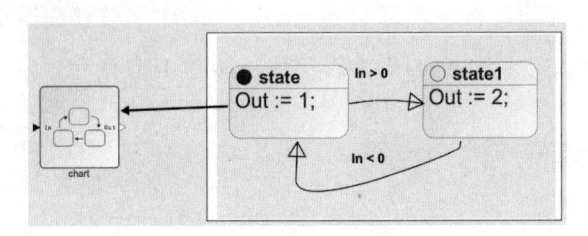

图 4-35　最终的状态机模型

5. 执行仿真

给状态机组件连接一个正弦信号发生器组件后，在画布空白处右击后选择"代码配置"选项，完成配置后单击确定按钮关闭代码配置对话框，按 F5 键或单击仿真按钮即可开始仿真，仿真结束后系统自动跳转到仿真浏览器界面。

4.2.2　状态机变量管理器

状态机变量管理器是为状态机模型定义各类变量的独立界面功能，可以在状态机组件或状态组件的画布空白处右击选择"编辑状态机变量"选项，打开状态机变量管理界面，如图 4-36 所示。

状态机变量管理界面主要分为三个区域：左侧为树形图区域、右侧下部为变量列表、右侧上部为功能区。

1. 树形图区域

树形图区域展示了状态机及其内部状态的隶属关系结构，并且具有展开和折叠功能，选中状态或状态机后，变量列表会显示隶属于此状态或状态机的变量，如图 4-37 所示。

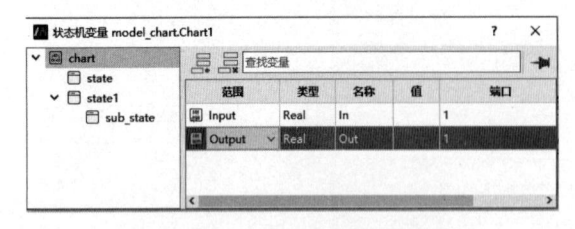

图 4-36　状态机变量管理界面　　　　　　　图 4-37　树形图区域

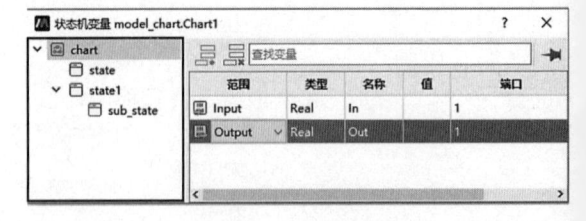

2. 变量列表

变量列表以列表的形式提供显示和管理变量的功能，每一列表示变量的一个属性，具体包括"范围""类型""名称""值""端口",如图 4-38 所示。

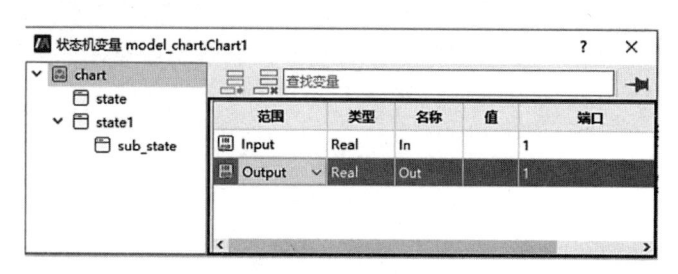

图 4-38 变量列表

（1）范围：变量的作用范围，以下拉框的形式进行选择。

① Input：变量作为状态机组件的输入端口，仅当用户在树形图区域选择状态机组件时可用。

② Output：变量作为状态机组件的输出端口，仅当用户在树形图区域选择状态机组件时可用。

③ Local：变量隶属于当前选中的状态机组件或状态组件，仅其本身及其子层组件能访问此变量。

④ Parameter：变量作为组件参数。

⑤ Constant：变量作为常量，可通过状态机变量管理界面来修改值。

（2）类型：变量的数据类型，其中"Real"表示浮点型，在仿真时通过"代码配置"来决定将其映射为 C 语言中的"double"还是"float"；"Integer"表示整型，对应 C 语言的"int"类型；"Boolean"为布尔类型。

（3）名称：变量的标识符。

（4）值：变量的数值。

（5）端口："Input"和"Output"类型的变量在状态机组件上的端口顺序。

3. 功能区

功能区如图 4-39 所示。

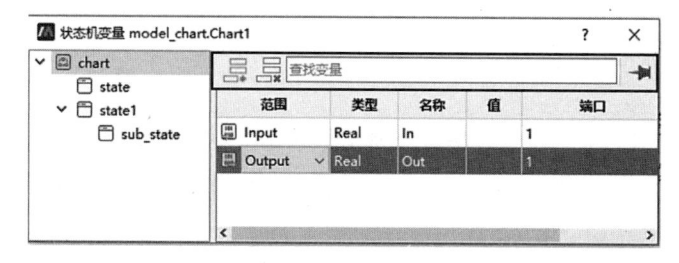

图 4-39 功能区

（1）新增变量：单击该按钮后在变量列表中新增一个变量，次变量隶属于在树形图区域中选中的状态机或状态。

（2）![删除]删除变量：单击该按钮后会删除在变量列表中选中的所有变量。

（3）![查找变量]查找变量功能编辑框：将变量列表中各变量的所有属性值均作为字符处理并与用户在编辑框中输入的内容匹配，只要存在能匹配的内容，则此变量将在列表中显示，否则不显示。

（4）![图钉]图钉：当其为水平时，状态机变量管理界面会被其他界面遮挡；当其为倾斜状态时，则状态机变量管理界面总是显示在最前面，不会被其他界面遮挡。

4. 变量批量操作

状态机变量管理器支持对变量的批量复制和粘贴功能，在管理器中还可以使用快捷键，如表 4-1 所示。

表 4-1　状态机变量管理器快捷键

功能	快捷键
复制	Ctrl+C
粘贴	Ctrl+V
全选	Ctrl+A
取消全选	Ctrl+U
剪切	Ctrl+X
删除	Delete

在执行上述功能前可通过按下键盘中的 Shift 键或 Ctrl 键实现多选。需要注意的是，系统不支持框选，用户无论单击哪一个框格都相当于选中框格所在行的变量。

执行粘贴操作时，粘贴的变量均会追加到变量列表最后，对于重名变量则自动增加数字后缀，由于状态组件没有"Input"和"Output"类型的变量，因此在状态机变量管理器的树形图区域选中状态时执行"粘贴"操作，剪贴板中的这两类变量会被忽略。

4.2.3　State 状态模块

状态组件由状态名、内部动作语句以及代表初始状态的圆形图元组成。通过双击状态名可以打开编辑框编辑状态名，状态名的正确性检测是实时的，若当前输入的状态名为空或不合法时，会以高亮编辑框告知，如图 4-40 所示。状态名要求不重复，仅支持字母、数字、下画线，且以字母或下画线开头。

双击线条下方区域会弹出编辑框编辑状态内部动作语句，状态内部动作语句的正确性检测是在完成编辑后执行的，如果状态方程不符合语法规范，则在完成编辑后，状态机的边框会变成红色并置灰方程内容，如图 4-41 所示。状态内部动作语句的语法是 Modelica 语法中的 algorithm 语法。

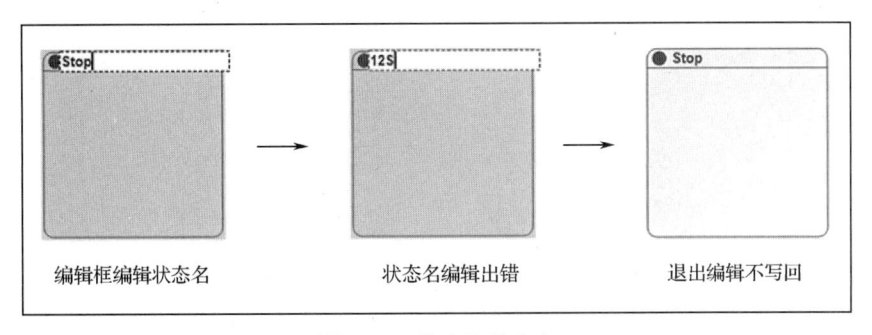

图 4-40　状态组件命名

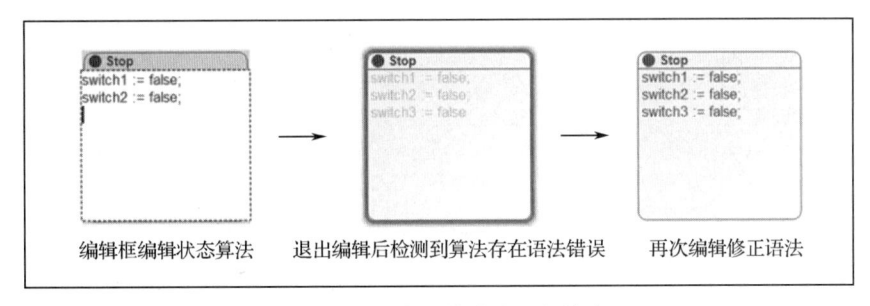

图 4-41　状态组件动作语句检查

通过状态的上下文菜单"设置初始状态"或者单击状态名左侧的圆形图元可以切换状态是否为初始状态。若为初始状态，则图元为实心圆●；否则为空心圆○。同层只允许设置一个初始状态。

当在同一个状态机中创建多个状态时，根据创建的先后顺序来看：第一个被创建的 State 左上角是实心圆，表示其为初始状态，即系统模型运行时第一个被激活的状态。需要更改初始状态时，单击其他状态左上角的空心圆，被选中的状态将变为初始状态，同时原来状态左上角的实心圆变为空心圆，自动满足同一层次下只能有一个初始状态的约束条件，如图 4-42 所示。

通过状态的上下文菜单"进入组件"可以进入状态内部视图，在内部视图中可以拖入 State 模块创建状态的子状态，如图 4-43 所示。

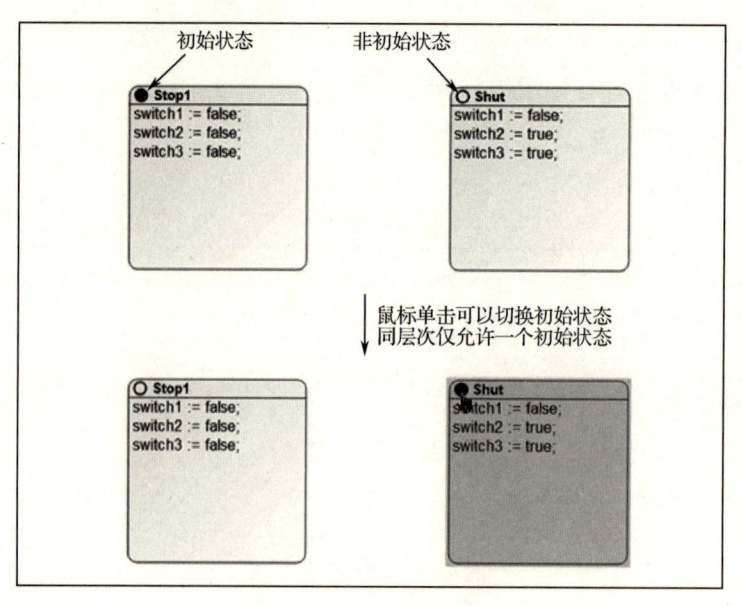

图 4-42　初始状态设置

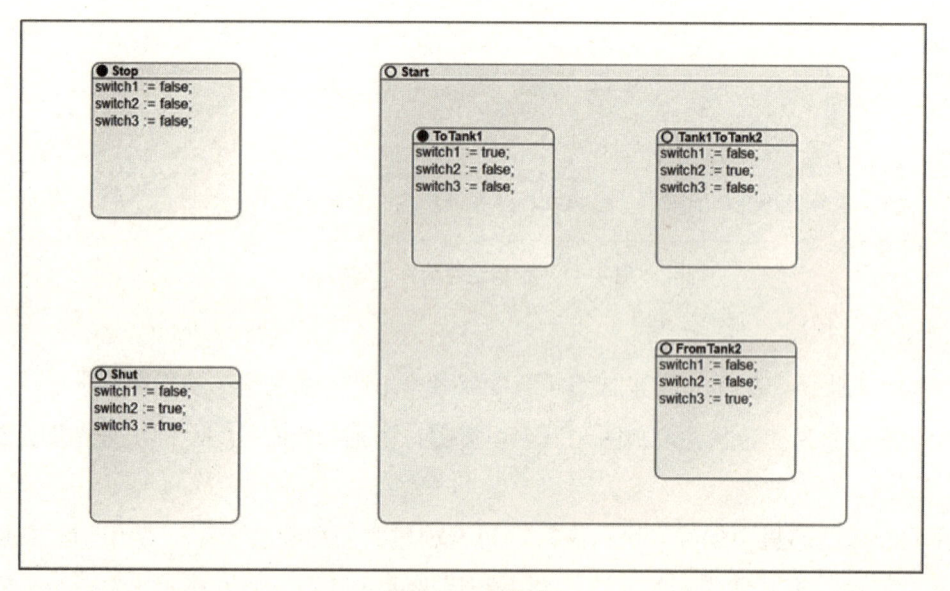

图 4-43　子状态

4.2.4　转移线

转移线用于确定状态的转移关系，并通过转移条件来约束状态的转移。转移线的创建过程如下。

将鼠标指针悬停于状态框上，等待光标变为"+"，如图 4-44 所示。

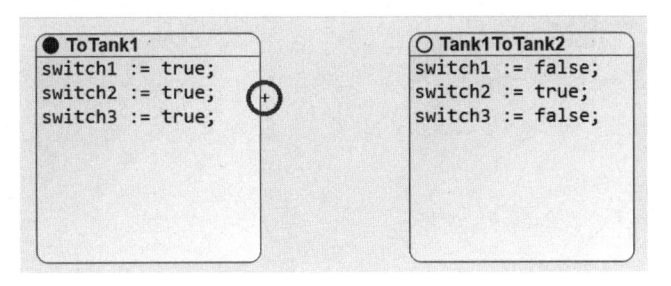

图 4-44 光标变为 "+"

按住鼠标左键并拖动鼠标，引出一条转移线，如图 4-45 所示。

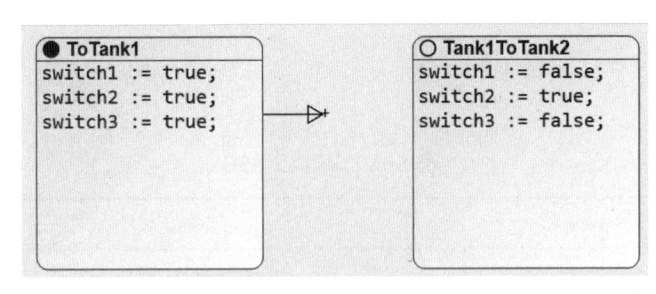

图 4-45 引出一条转移线

继续拖动鼠标，移动到另一个状态的边框上，松开鼠标或再次单击，即可建立连接两个状态的一条转移线，此时转移条件默认为"true"，如图 4-46 所示。

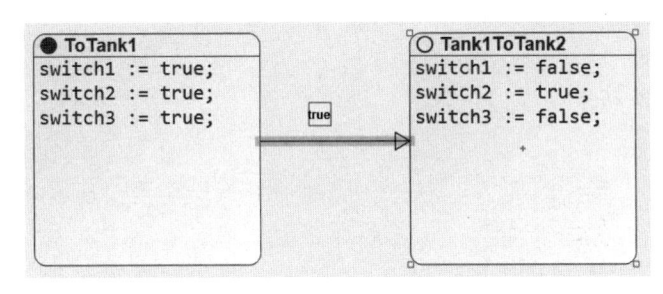

图 4-46 建立一条转移线

一个状态可以引出多条转移线，默认会根据转移线建立的先后顺序设置优先级。

当转出状态有多条转移线时，会按照优先级判断转移线条件是否满足，若满足则直接跳转，后面的转移线不进行判断，如图 4-47 所示。

双击转移线打开转移线属性对话框，该对话框可用于设置转移条件、转移属性和转移优先级等，如图 4-48 所示。

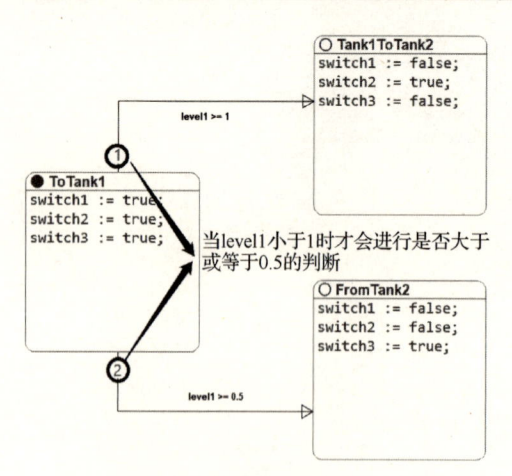

图 4-47　判断转移线条件

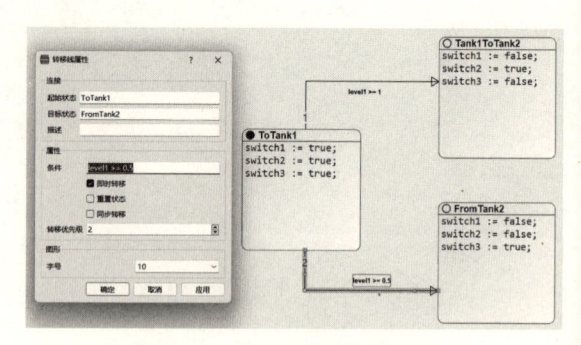

图 4-48　转移线属性对话框

转移线属性分为三种，如表 4-2 所示。

表 4-2　转移线属性

转移线属性	功能描述
即时转移	当转移线上的转移条件成立时，立即放弃执行转移线的转出状态而执行转入状态
重置状态	执行转移时，转移线的转入状态内部的所有变量重置为初值（默认为 0），且其内部子状态的初始状态被激活
同步转移	当转移线的转出状态包含子状态，且子状态包含终止状态时，需要当转出状态执行到终止子状态时才会对转移线上的条件进行判断，当所判断的条件成立时才会执行转移

详细说明如下。

① 即时转移。

图标区别如图 4-49 所示。

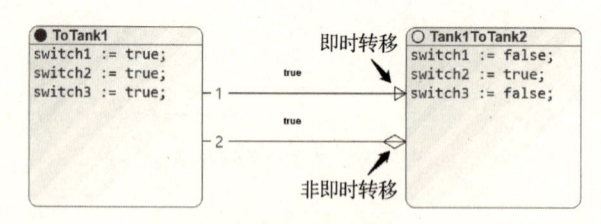

图 4-49　图标区别一

② 重置状态。

图标区别如图 4-50 所示。

③ 同步转移。

图标区别如图 4-51 所示。

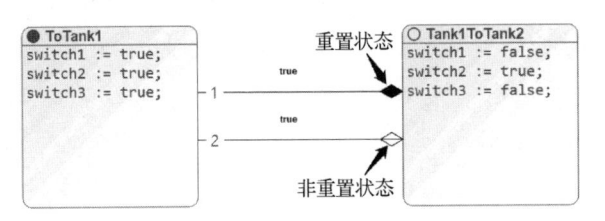

图 4-50　图标区别二

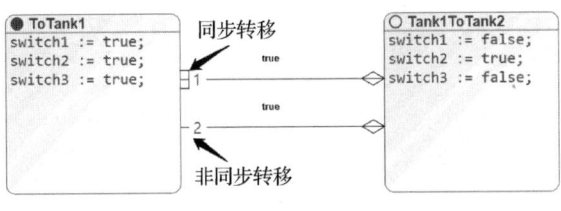

图 4-51　图标区别三

4.3　数据字典

在面向微控制器的建模过程中，控制算法是可以复用到不同型号的同类产品中的。为了提高控制算法的可移植性，需要将模型与数据分开管理。如果不将模型与数据分开管理，直接将数据保存到模型中，那么即使在非批产的工程化应用或者小型项目中，也需要逐个单击模块进行修改，效率低且易出错。通过使用数据字典，统一管理算法模型中的数据，实现算法与数据分离。

数据字典是由多个数据对象组成的，以数据对象形式存储模型中的参数、信号的详细信息的持久性数据库。数据字典与模型是多对多关系，以文件形式独立于模型存储。简单地说，数据字典就是存储模型数据的容器。

4.3.1　打开数据字典

开启 SEC 建模界面后，通过窗口→数据字典，打开数据字典。

4.3.2　面板功能介绍

数据字典的数据信息主要存放于两个表格中，分别对应模型中的参数、信号。

（1）参数：通常为需要手动设置的某些调试常量，一般情况下在仿真、运行过程中不变，是可以根据需要进行标定的数据。

（2）信号：模型根级输入/输出端口的变量，通常只需要给定初值和范围，其值由系统计算得到。

数据字典面板如图 4-52 所示。

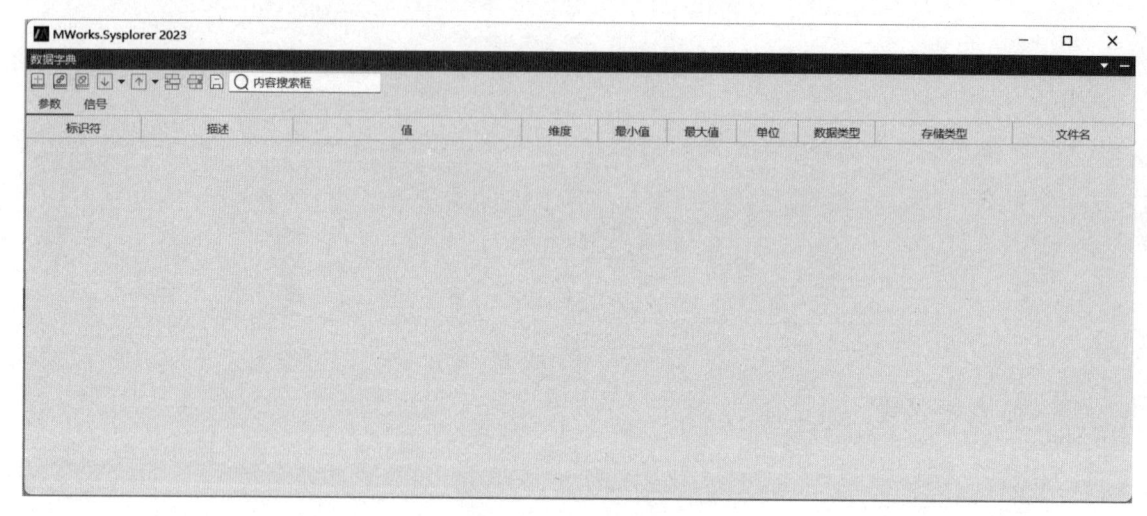

图 4-52 数据字典面板

数据字典中的每条字典记录为一个数据对象。数据对象具体内容如下。

（1）标识符：参数/信号的别名。

（2）描述：参数/信号的描述。

（3）值/初值：模型中参数/信号的值/初值。

（4）维度：参数/信号的维度。

（5）最小值：参数/信号的最小值。

（6）最大值：参数/信号的最大值。

（7）单位：参数/信号的单位。

（8）数据类型：参数/信号的数据类型，可选 int、float、bool 三种类型。

（9）存储类型：参数/信号的存储类型，可选 Auto、ExportedGlobal、ImportedExtern、ImportedExternPointer 四种类型。

① Auto：当仅使用数据字典中定义的变量为模型中的组件参数赋值时使用此类型，仿真及代码生成时直接使用相应值。

② ExportedGlobal：仿真时使用此变量的值，同时，模型生成的 C 代码中会包含此变量的声明、定义及初始化语句，集成 C 代码时可以访问并修改此变量。

③ ImportedExtern：仿真时使用此变量的值，代码生成时仅生成此变量的前置声明语句，集成 C 代码时需提供相应变量的定义代码。

④ ImportedExternPointer：仿真时使用此变量的值，代码生成时仅生成此变量的指针的前置

声明语句，集成 C 代码时需提供相应指针的定义代码。

（10）文件名：将该变量生成代码时指定到该文件中。

界面工具栏提供基本的数据字典操作按钮，从左至右依次如下。

（1）🞧新建数据字典，给当前模型创建并关联新数据字典。

（2）🞧关联字典，让当前模型与已存在的数据字典文件进行挂接。

（3）🞧解绑字典，当前模型已绑定数据字典时才可使用。

（4）🞧导入数据，当模型存在数据字典时，可以通过导入数据快速导入数据字典文件或 Excel 文件内容。其中 Excel 数据必须满足特定格式。

（5）🞧导出数据，可以将模型当前的数据字典导出，可以导出后缀名为 .modd 格式的文件，也可以导出 Excel 文件格式的数据字典。

（6）🞧新增行，在数据字典面板焦点所在行的下一行新增一行记录，默认在表格的最后一行。新增行后可进行数据编辑。

（7）🞧删除行，选中要删除的数据行，单击该按钮，则可将该行数据信息从数据字典中删除；若选中多行或选择多行中的单元格，则选中所在的行将被删除。

（8）🞧保存。

数据字典还具备如下功能。

（1）自动排序：单击数据字典面板标识符列或数据类型的表头，当前表中的内容将会自动排序，如图 4-53 所示。

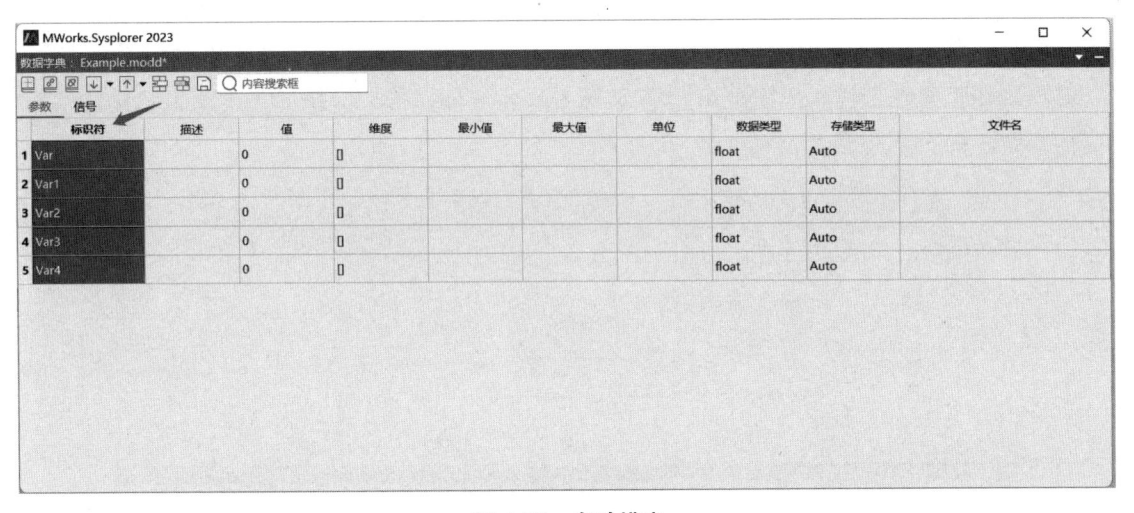

图 4-53　自动排序

（2）未使用变量操作：数据字典面板右键选择未使用变量选项，过滤出数据字典面板中未被使用的数据信息，如图 4-54 所示。

（3）绑定参数：首先在模块参数对话框中设置需要绑定的变量，如图 4-55 所示。

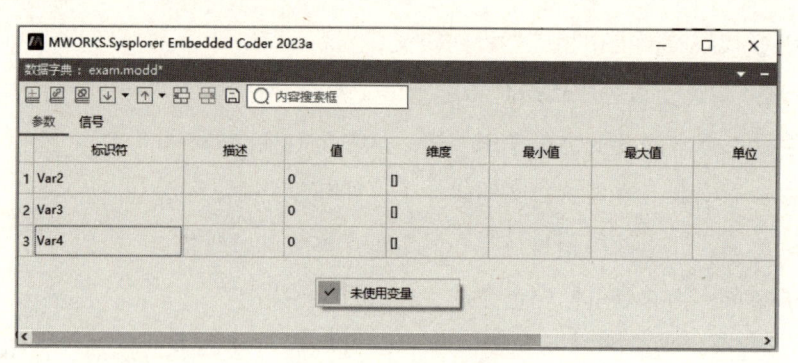

图 4-54　未使用变量

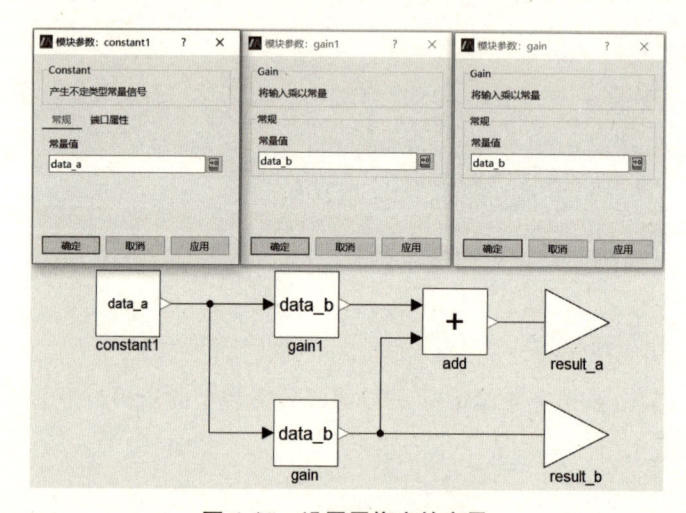

图 4-55　设置需绑定的变量

然后，在"参数"标签页中单击 添加信号，将"标识符"与模块中的变量名保持一致即可完成绑定，如图 4-56 所示。

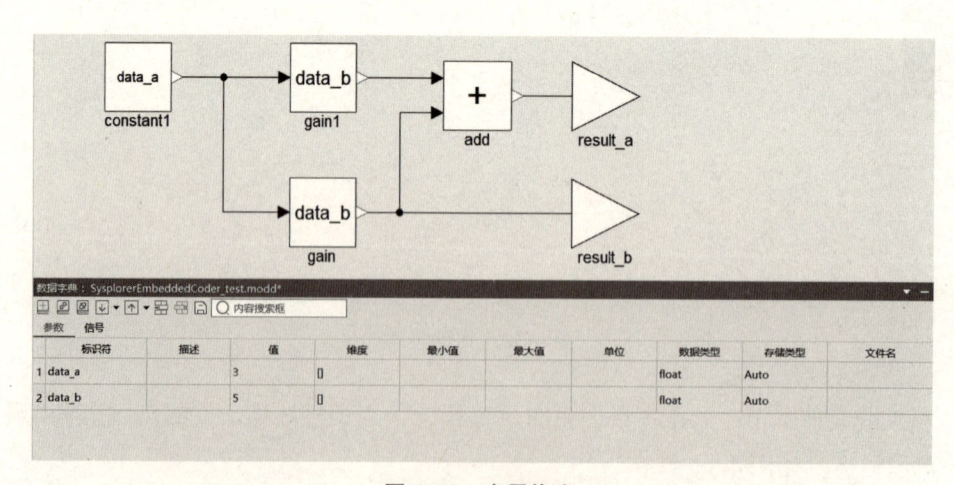

图 4-56　变量绑定

（4）生成顶层 IO：在数据字典面板的"信号"标签页中右击，在弹出的上下文菜单中选择生成顶层 IO 选项，数据字典会自动生成与模型顶层中所有 IO 同名的标识符，如图 4-57 所示。

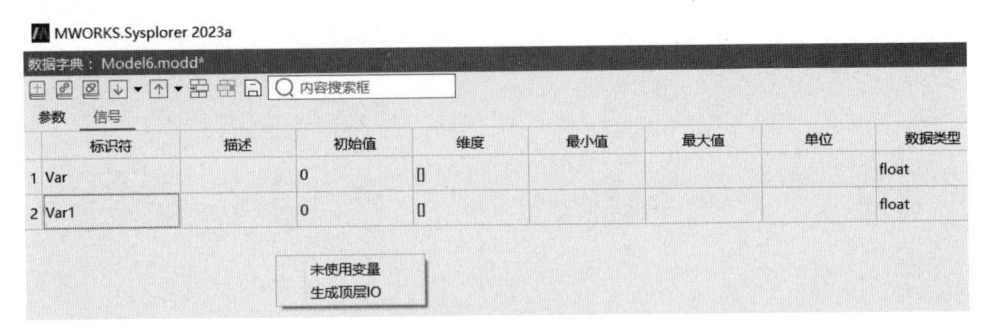

图 4-57　生成顶层 IO

（5）查找与过滤：在数据字典面板的内容搜索框中，单击图标切换至查找与过滤功能，输入搜索内容，进行查找和过滤，如图 4-58 所示。

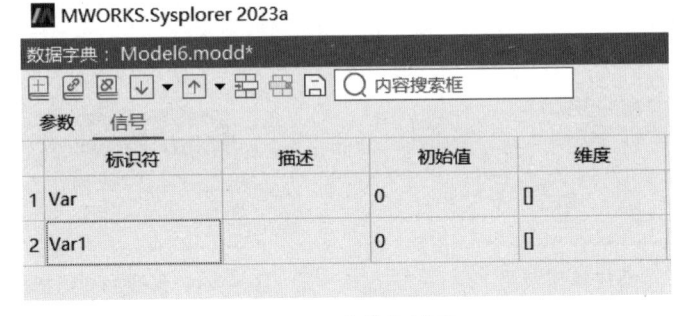

图 4-58　查找和过滤

4.3.3　使用流程

1. 新建数据字典

单击新建数据字典按钮后，会在设置的路径处生成后缀为 .modd 的数据字典。数据字典名符合命名规范，默认存储在与模型同级目录中，模型与数据字典的关系以相对路径形式存储（相对路径只支持模型文件与字典文件在相同盘符下）。若取消相对路径，则可自定义数据字典的存储路径，模型与数据字典的关系以绝对路径形式存储。

新建数据字典图标如图 4-59 所示。

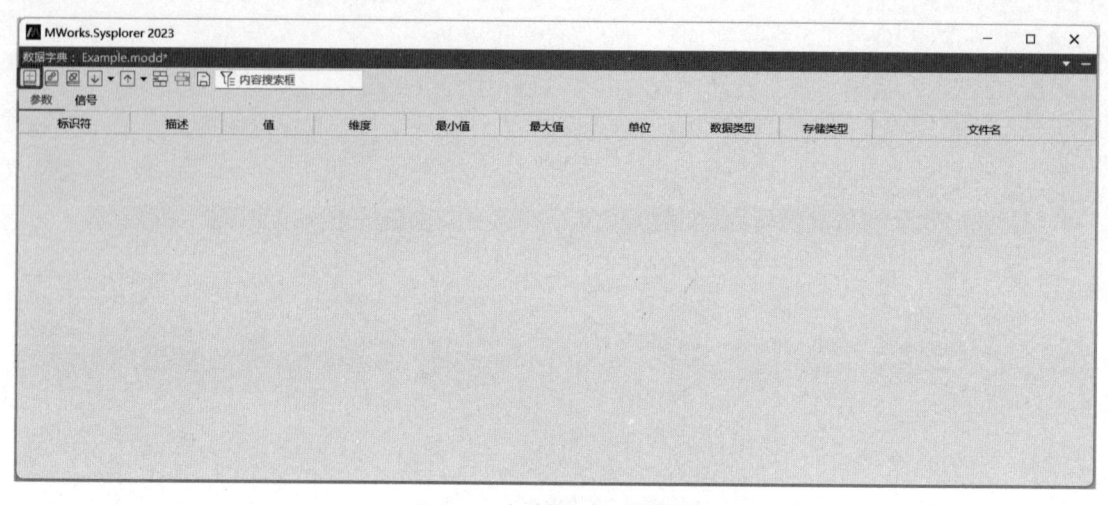

图 4-59　新建数据字典图标

若当前模型不存在数据字典，则直接进入新建数据字典界面；若已存在数据字典且未修改，则提示是否新建数据字典，如图 4-60 所示。

若存在数据字典且修改未保存，则提示是否保存后新建数据字典，如图 4-61 所示。

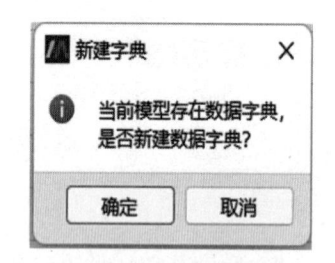

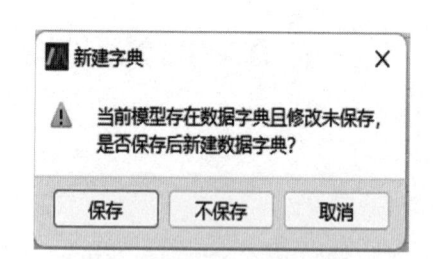

图 4-60　新建数据字典　　　　图 4-61　保存后新建数据字典

2. 关联字典

通过关联字典功能，可以让当前模型选择与已存在的数据字典文件进行挂接。如果当前模型已绑定数据字典就会提示，否则直接进入选择数据字典文件界面（与新建数据字典类似），选择要绑定的数据字典进行浏览，确认后绑定，如图 4-62 所示。

选择想要绑定的数据字典文件（后缀为 .modd 的文件），如图 4-63 所示。

选择数据字典文件后，进入数据字典预览界面，通过浏览按钮可以切换数据字典文件，确认后关联，如图 4-64 所示。

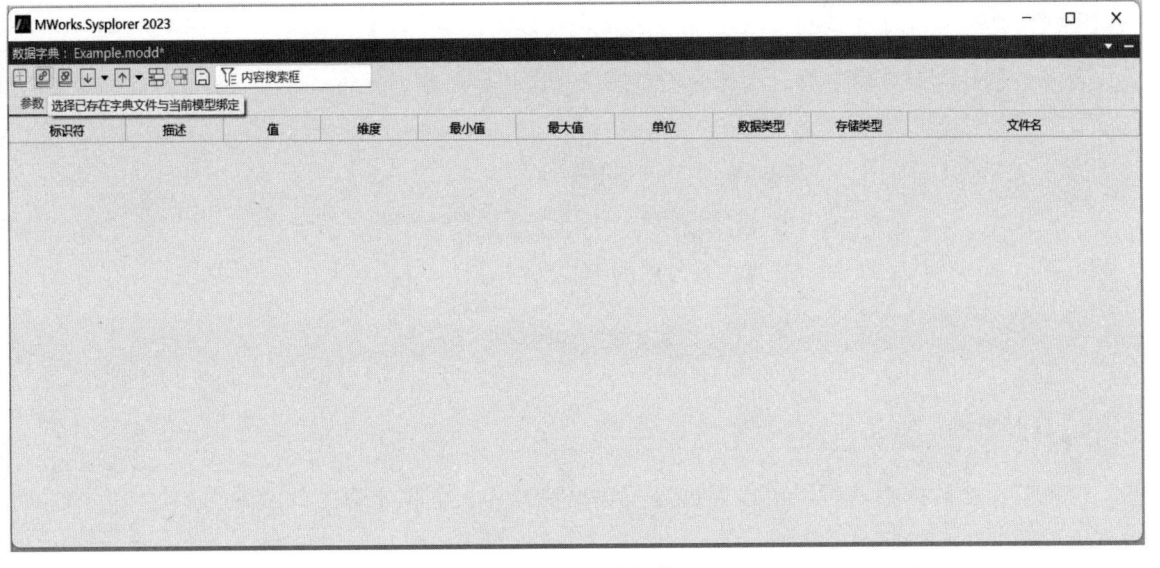

图 4-62 关联字典

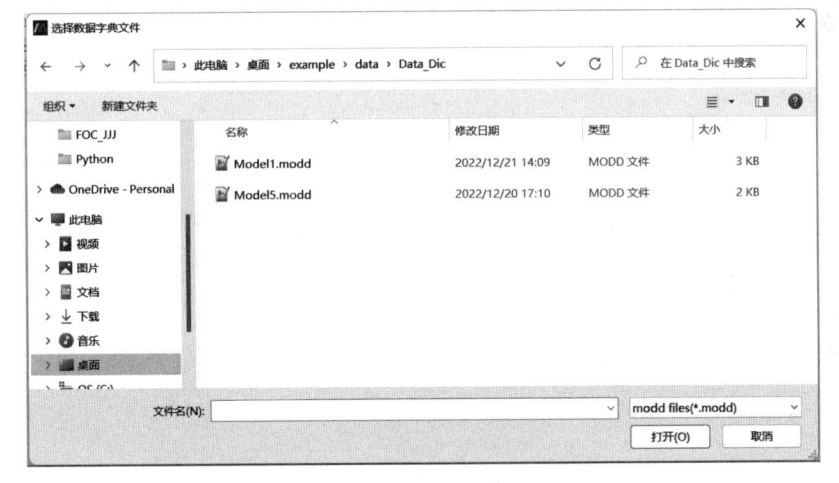

图 4-63 选择要绑定的数据字典文件

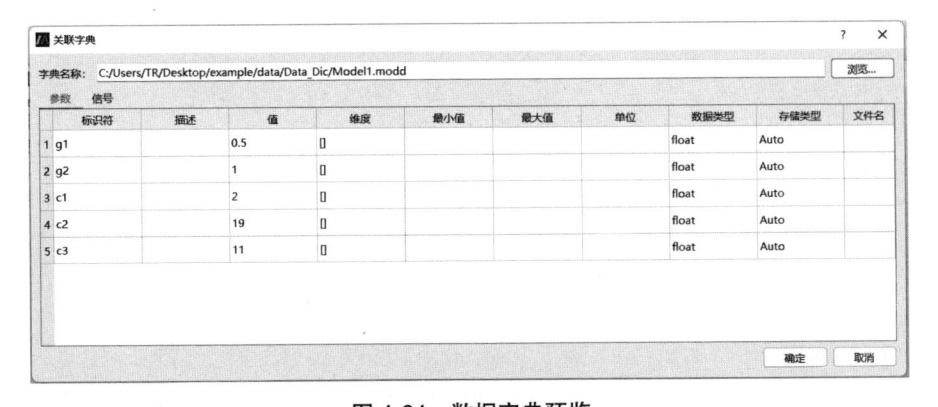

图 4-64 数据字典预览

3. 解绑字典

若模型已经绑定数据字典，则可以通过解绑功能进行解绑，如图 4-65 所示。

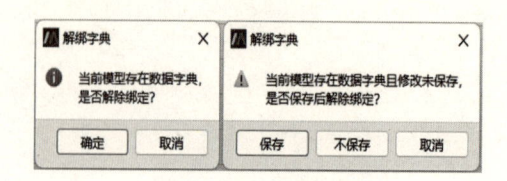

图 4-65　解绑字典

4. 导入数据

当模型存在数据字典时，可以通过导入数据快速导入数据字典文件或 Excel 文件内容，如图 4-66 所示。

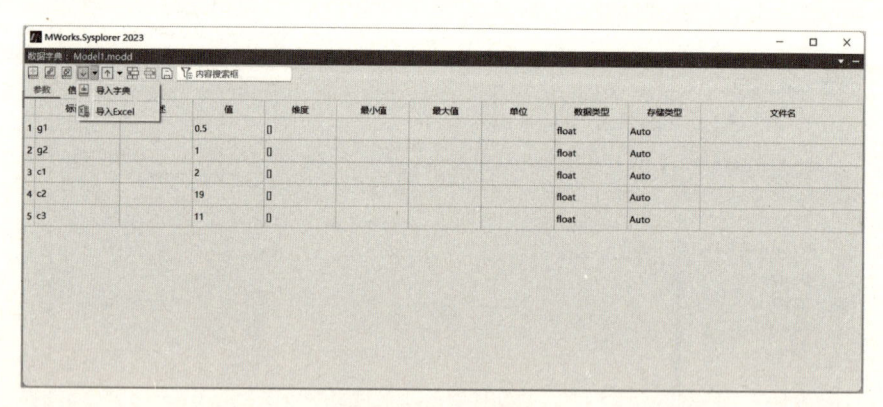

图 4-66　导入数据

单击导入字典按钮后，选择要导入的文件，进入导入字典界面，默认全部导入，勾选需要导入的数据后，单击确定按钮，勾选内容将被追加到当前数据字典面板中，同时存在问题的数据将会触发报错提示，如图 4-67 所示。

图 4-67　导入字典

5. 导出数据

可以将模型当前的数据字典导出，可以导出后缀名为 .modd 格式的文件，也可以导出 Excel 文件格式的数据字典，如图 4-68 所示。

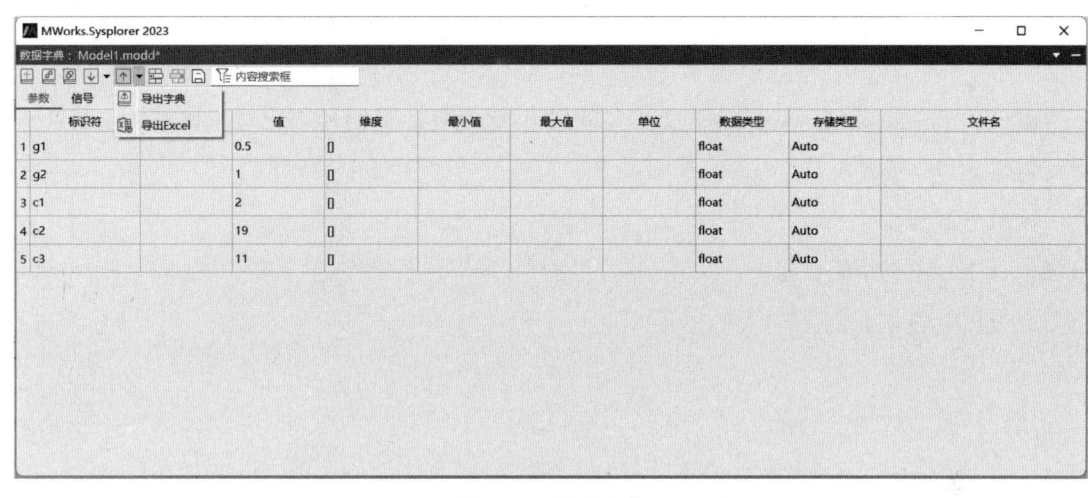

图 4-68 导出字典

导出的 Excel 内容如图 4-69 所示。

图 4-69 Excel 内容

4.4 信号源

4.4.1 信号发生器模块库

1. 正弦信号发生器

正弦信号发生器模块（见图 4-70）可以算出正弦信号的输出波形，计算公式如下：

$$y = 幅值 \times \sin\left(\frac{频率}{采样周期} + 相位\right) + 常量$$

输入：时间信号源。

输出：经过运算后的标量/向量。

2. 常量信号发生器

常量信号发生器模块（见图 4-71）可以产生不定类型常量信号，同时，该模块支持通过参数对话框输入以下类型。

（1）单个参数。

（2）{1,2,3,4} 类型的数组。

（3）{{1,2},{3,4}} 类型的向量。

输入：无。

输出：标量、数组、向量。

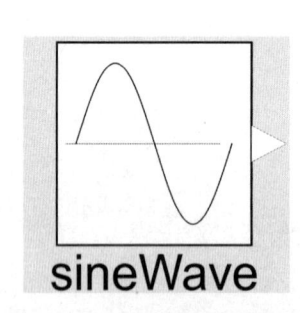

图 4-70　正弦信号发生器模块 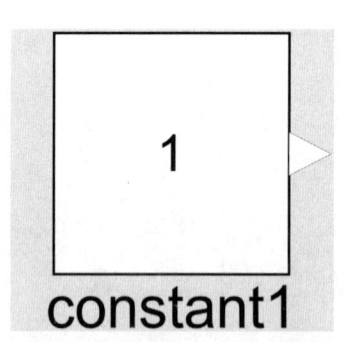　　　　图 4-71　常量信号发生器模块

3. 斜坡信号发生器

斜坡信号发生器模块（见图 4-72）用于生成从指定时间和值开始，并且以指定速率发生变化的上升或者下降的信号。

输入：标量。

输出：标量。

4. 阶跃信号发生器

阶跃信号发生器模块（见图 4-73）用于生成指定时间内两个定义的电平之间的阶跃，如果仿真时间小于阶跃时间参数值，则输出初值；如果仿真时间大于阶跃时间初值，则输出终值。

输入：标量。

输出：标量。

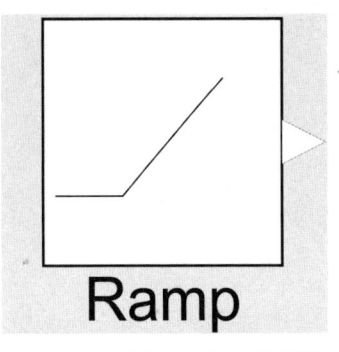

图 4-72　斜坡信号发生器模块 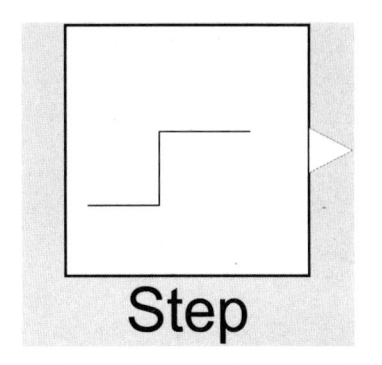　　　　　图 4-73　阶跃信号发生器模块

5. 采样累加器

采样累加器模块（见图 4-74）用于在间隔采样时间内输出值基于指定值逐步累加的过程。

输入：标量。

输出：标量。

6. 数据源周期性输出器

数据源周期性输出器模块（见图 4-75）主要用来按一定采样时间间隔，周期性地按顺序输出源数据中的元素。

输入：数组。

输出：标量。

图 4-74　采样累加器模块 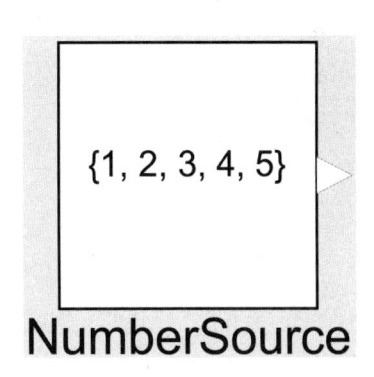　　　　　图 4-75　数据源周期性输出器模块

4.4.2　外部信号导入模块

CSV 导入模块可以将用户硬盘上以 .csv 为扩展名的表格数据导入到控制策略模型中作为模型的数据输入。

从 SEC（建模仿真工具）模型库的"Sources"中将"CSVImport"添加到控制策略模型中

形成组件，双击组件弹出 CSV 模块对话框，如图 4-76 所示。

图 4-76　CSV 模块对话框

各配置选项说明如下。

（1）文件路径：单击右侧的"…"按钮，即可打开文件管理器来添加相应的 CSV 文件。

（2）搜索变量名：当 CSV 文件导入后，识别的所有变量会显示在"变量"列表中，用户可以通过输入变量名称来快速搜索定位到需要选择的变量。

（3）变量：用户选定表格文件后，此界面会识别 CSV 文件中的所有变量并依次列出。

（4）数据类型：控制策略模型仿真默认使用"float"表示浮点数，这种情况下此处使用"float"即可，当在"代码配置"对话框中取消勾选"float 以 32 位表示"复选框时（见图 4-77），此处应选择"double"。

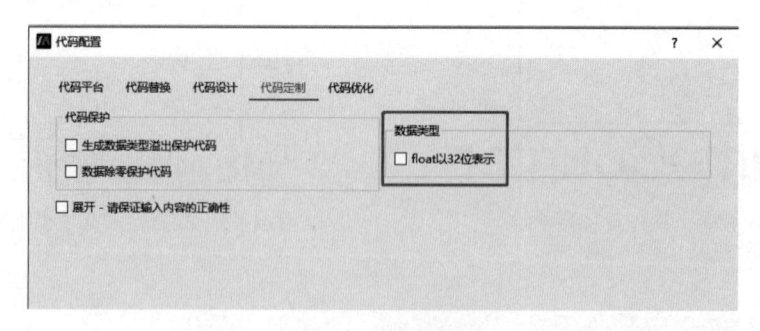

图 4-77　数据类型

（5）采样周期：用于设置数据输出的步长，此步长为 -1 时，继承模型仿真设置步长，若需要自定义此步长，则需要大于或等于当前模型的仿真步长且必须是模型仿真步长的整数倍。

例如，所选定的文件内容如表 4-3 所示。

表 4-3 文件内容

Time(s)	a	b	c	d
1	1E-1	2.3	3	4
2	4	3	1	11
3	4	5	1	3

"CSVImport"组件会识别出 Time、a、b、c、d 五个变量（带括号的单位会自动过滤）。表格内数据支持整型、浮点数以及科学计数法，但均被视为浮点数。选定此文件后并在参数对话框中选中变量 a 和 b 后单击确定按钮，相应的参数对话框及最后的组件视图如图 4-78 所示。

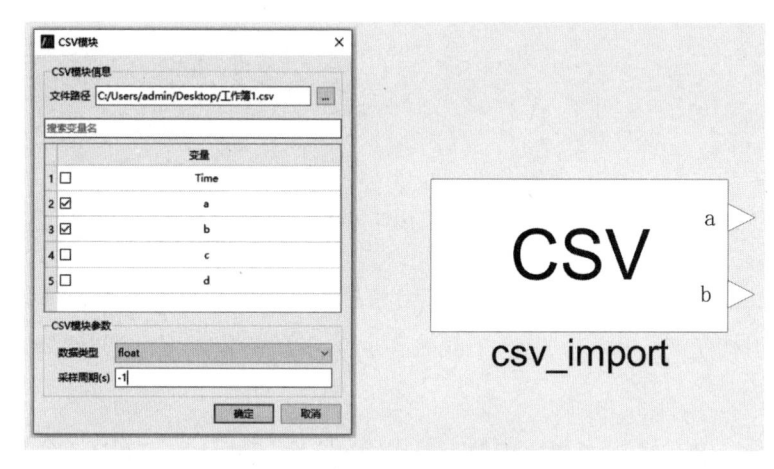

图 4-78 参数对话框及组件视图

仿真时，每个仿真步"CSVImport"组件都会从表格文件中读取新的一行数据作为端口的输出。

注意：

表格文件第一行文字会作为变量名识别，因此表头中不要含有逗号（,）、斜杠（/）等特殊字符；表头中的文字不能与 Modelica 关键词、内置类型或函数名称相同。

若输出数据全是"0"，则读取内容已超过 CSV 文件内数据长度上限；若输出数据全是"-1"，则检查文件是否损坏。

4.5 常用控制算法

4.5.1 PID 闭环控制算法

PID 闭环控制算法模型展示了 PID 反馈系统在并行模式与串行模式下的对比，如图 4-79 所示。

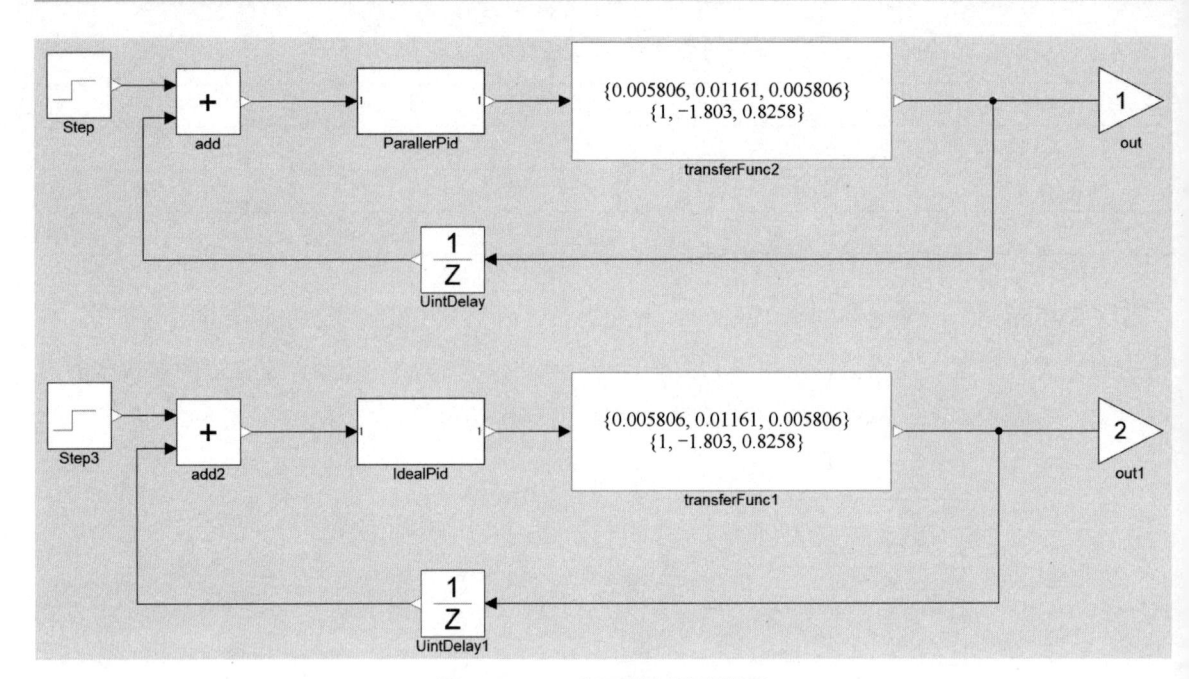

图 4-79　PID 闭环控制算法模型

TransferFunction（transferFunc）的作用是给系统加上一个模拟量去影响阶跃的输出，PID 在这个系统中的作用就是消除误差，使得 TransferFunction 的输出结果与阶跃模块稳定时达到相同的效果。

如图 4-80 所示，并行结构的 PID 模型主要由"pID_P""pID_I""pID_D""add"模块构建，并联型 PID 模型实现了比例项、积分项和微分项的完全解耦。PID 控制理论广泛应用于各行各业的控制器中。

如图 4-81 所示，串行结构的 PID 模型又称理想结构的 PID 模型，在理想型的 PID 模型中，P 值将会同时影响比例、积分、微分三项行为。

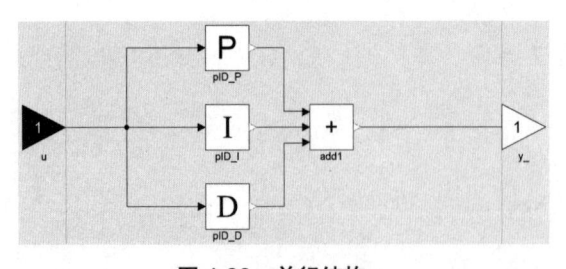

图 4-80　并行结构　　　　　　　图 4-81　串行结构

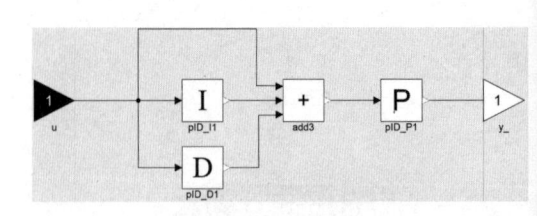

在 PID 控制理论中，比例控制的作用是根据偏差量成比例地调节系统控制量，减少偏差。比例大，系统调节快，过大会造成过调（产生振荡）；比例小，系统调节慢，过小则达不到目标值（静态误差）。若想系统响应在尽量快的情况下，不会让系统振荡，整定比例很重要。比例模块如图 4-82 所示。

积分模块的作用仅仅是消除比例作用下的误差。积分只是辅助作用，若积分项参数太大会给系统引入振荡，过小则消除不了静态误差。积分模块如图 4-83 所示。

图 4-82　比例模块　　　　　　图 4-83　积分模块

微分模块的作用是根据偏差的变化趋势调节系统控制量，在偏差发生较大变化前引入一个早期的校正。一般来说，大多数系统用到比例和积分就足够了，引入微分作用过强会引入振荡。微分模块如图 4-84 所示。

图 4-84　微分模块

在 PID 中，默认情况下的采样周期为 0.01s，可以根据自定义设置来改变采样周期的值，但是要确保三个模块的周期一致性，并且要设置为模型仿真步长的正整数倍。

4.5.2 状态转移算法

状态转移算法模型演示了一种转移判断条件的建模方法，即将状态执行的时间（或次数）作为转移的判断条件。模型中的 state_index 在不同状态下分别为 1、2、3，其值与状态名的数字后缀相对应。

状态转移算法模型如图 4-85 所示。

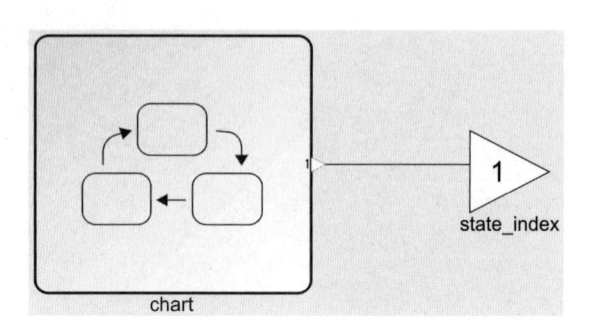

图 4-85 状态转移算法模型

状态转移算法逻辑如下。

（1）仿真开始时执行"state1"（此时 state_index:=1）。

（2）"state1"持续 1s 后转移至"state2"（此时 state_index:=2）。

（3）"state2"持续 2s 后转移至"state3"（此时 state_index:=3）。

（4）"state3"持续 3s 后转移至"state1"（此时 state_index:=1），依次循环。

状态转移算法如图 4-86 所示。

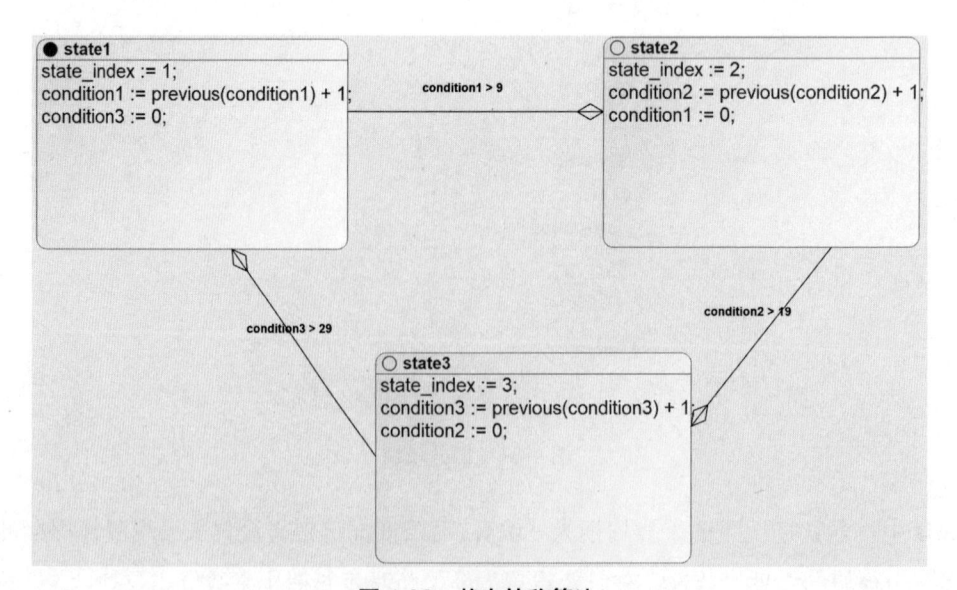

图 4-86 状态转移算法

该状态机的步长设置为 0.1s，因此设置 3 个状态转移条件分别需要完成 10 步、20 步、30 步来实现计时 1s、2s、3s 的功能，其中状态转移条件分别为"condition1""condition2""condition3"的计数值，用户需根据状态机的采样周期计算转移条件中的计数值。

转移条件中用到了源状态中访问过的变量，因此需将转移设定为"延迟转移"，这种转移在条件成立后会延迟一个仿真步执行，因此判断条件分别设置为 condition1>9、condition2>19、condition3>29。注意，使用该方法必须在下一状态中将转移上所用的变量（"condition1""condition2""condition3"）置为 0。

4.6 嵌入式代码生成

4.6.1 控制器模型的代码生成

控制器模型的代码生成与物理模型类似，具体内容如下。

"代码配置"对话框是通过在"控制器模型"空白处的上下文菜单中选择"代码配置"选项打开的，其作用是告诉 MWORKS.Sysplorer 如何将模型生成嵌入式 C 代码，从而方便用户使用模型生成的代码。

"代码生成"信息是隶属于模型的，因此再次打开模型后若无修改则不需要重复设置。

控制器代码生成配置如图 4-87 所示。

"代码配置"对话框包含五个选项卡，分别是"代码平台""代码替换""代码设计""代码定制""代码优化"。

（1）代码平台。

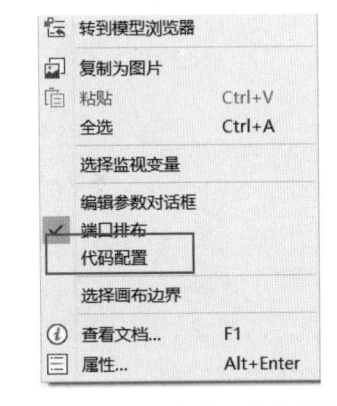

图 4-87 控制器代码生成配置

在代码平台标签页（见图 4-88）可以指定模型生成的 C 代码文件存放的目录，直接将路径信息粘贴到编辑框，也可单击编辑框后面的浏览按钮选择相应的文件夹。目前模型生成的代码文件的文件名是固定、不随模型变化且不可自定义的，因此若相应目录下存在同名文件则旧文件会被覆盖。

（2）代码替换。

代码替换标签页（见图 4-89）包括如下两个模块。

① 类型替换。勾选"替换类型"复选框会显示"数据类型"编辑框，可在相应的数据类型名后的编辑框中输入自定义的别名，则在生成的嵌入式 C 代码中会包含用户指定的数据类型别名定义，代码中的变量类型也会使用此别名。

图 4-88 代码平台标签页

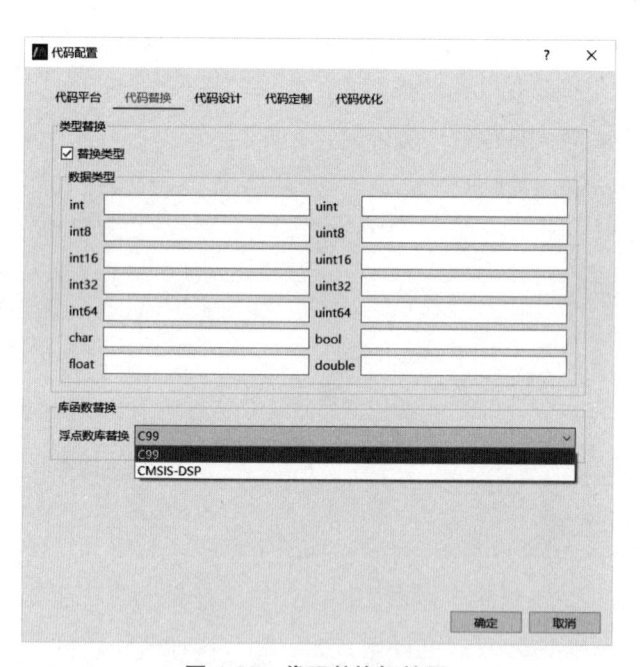

图 4-89 代码替换标签页

② 库函数替换。浮点数库替换后的编辑框目前支持"C99"和"CMSIS-DSP"两种选项，前者使用 C 语言提供的通用数学函数库来生成嵌入式 C 代码，后者则使用"DSP"库中的相应函数来替换 sin、cos、atan2、sqrt 四个函数，若需要使用上述四个函数之外的数学函数，则软件会自动使用"C99"中的数学函数。

(3) 代码设计。

代码设计标签页（见图 4-90）包含三个模块：文件组织、命名规范和逻辑运算符。

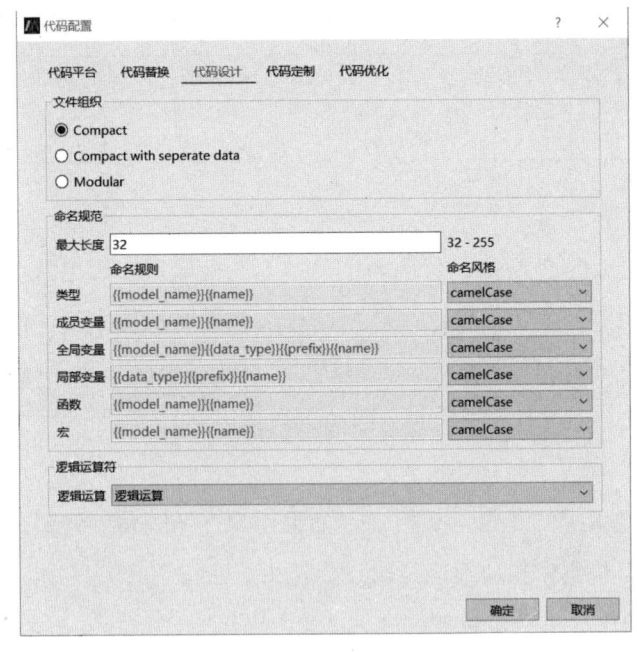

图 4-90　代码设计标签页

① 文件组织。

Sysplorer 为模型生成的嵌入式 C 代码中包含多个文件，其中 momodel.c 是一个集成模型 C 代码的案例，其余代码文件则是模型算法代码，具体会产生哪些文件取决于用户在"代码生成"中选择的选项。相应的选项有三个："Compact""Compact with separate data""Modular"，各选项与代码文件的对应关系如表 4-4 所示。

表 4-4　文件组织各选项与代码文件对应关系

文件名	Compact	Compact with separate data	Modular
momodel.c	存放函数定义以及模型仿真过程所用的各类数据的声明与定义	存放函数定义以及模型仿真过程所用的各类数据的声明与定义	存放函数定义和仿真过程数据的定义
momodel.h	存放用户定义的数据类型别名、所需的函数接口和全局变量的前置声明（需使用数据字典）	—	存放用户定义的数据类型别名、所需的函数接口和全局变量的前置声明（需使用数据字典），此外还有模型仿真过程数据的前置声明
modata.c	—	存放模型的初始化数据	—
modata.h	—	存放模型的初始化数据的前置声明	—

文件名	Compact	Compact with separate data	Modular
momodel_block.h	—	—	存放仿真过程数据的声明
momodel_extern_inc.h	存放包含外部头文件的指令，所谓外部头文件是指在模型中使用的C函数所对应的头文件	—	—

② 命名规范。

命名规范对模型生成的嵌入式C代码中的函数名、变量名、宏名等都有作用，其中"最大长度"限定了各名字的单词字符长度，命名规则目前暂不支持自定义，而命名风格可支持自定义，包括camelCase（驼峰式）、PascalCase（帕斯卡尔式）、lower_snake_case（全小写下画线式）、UPPER_SNAKE_CASE（全大写下画线式）四种命名风格。

③ 逻辑运算符。

对于Sysplorer模型库中的逻辑运算模块，如果用户在此处将"逻辑运算"选定为"逻辑运算"，则生成的嵌入式C代码中也会对应逻辑运算符（如"&&"等）；如果用户选择了"位运算"，则生成的嵌入式C代码中会生成位运算符（如"&"等）。

（4）代码定制。

代码定制标签页（见图4-91）包含三个模块：代码保护、数据类型和插入自定义代码。

① 代码保护。

当勾选"生成数据类型溢出保护代码"复选框时，生成的嵌入式C代码中会包含对整型运算结果数值的溢出判断，当超过上下限时直接以最大值（超上限）或最小值（超下限）为运算结果赋值。

当勾选"数据除零保护代码"复选框时，在C代码中进行除法运算前会首先判断除数（或分母）是否为零，从而避免出现除零运算。

② 数据类型。

当勾选"float以32位表示"复选框时，模型中所有的浮点数都会使用单精度浮点数，否则默认使用双精度浮点数（double）。

③ 插入自定义代码。

勾选"展开-请保证输入内容的正确性"复选框后会展开自定义代码编辑框，用户可根据编辑框前的提示在相应的"段"前后插入自己的代码，则在生成的代码文件（包括头文件和源文件）相应的"段"前后都会添加用户写入的代码，需要注意的是，Sysplorer不对这些代码做任何检查，请保证这些代码的正确性。

对于"段"，软件按功能将不同的C代码划分为七类，每类代码在代码文件中构成的一组代码行称为一"段"，包括"#include"指令段 include、宏定义段 macro、"typedef"指令段（定义数据类型别名）type、全局变量声明段 global_variable_declare、全局变量定义段 global_variable_define、函数声明段 function_declare、函数定义段 function_define。

图 4-91 代码定制标签页

（5）代码优化。

代码优化标签页（见图 4-92）包含三个模块：模型入口函数、数组和生成代码。

① 模型入口函数。

可在此处指定生成的用于初始化模型的 C 代码和执行模型仿真步函数的函数名，并选择是否在用户指定的函数名前自动添加模型名作为前缀。

② 数组。

当模型中包含对数组的操作时，此数值控制是否用 for 循环结构来执行对数组的访问，当数组元素大于此数值时则使用 for 循环语句，否则对数组的每个元素的访问都使用单独的 C 代码。

③ 生成代码。

该下拉框指定模型生成 C 代码时所用的优化方法，当选择"优先代码大小"选项时，则会尽量减小生成代码的大小，但运行效率可能会降低；而选择"优先代码速度"选项时，某些计算会被内联以减少函数的调用对运行效率的负面影响，但代码量可能会较大。

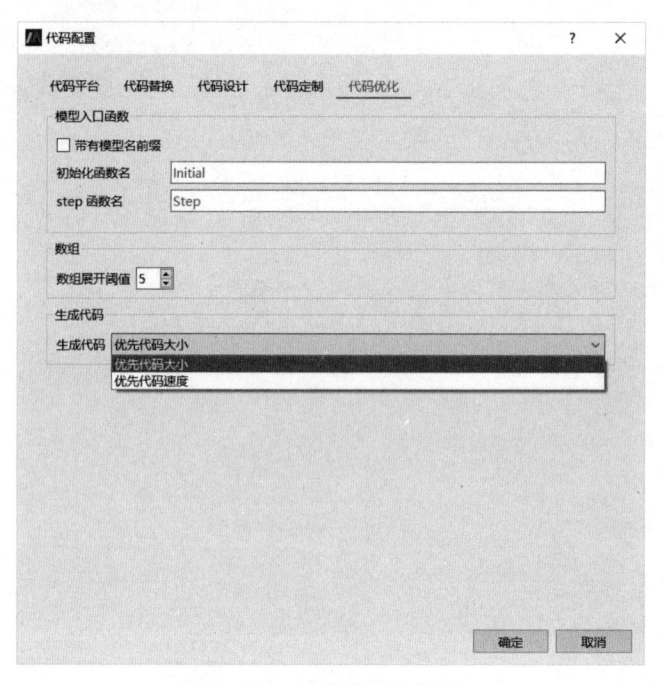

图 4-92　代码优化标签页

4.6.2　数据字典对生成代码的影响

当数据字典中变量的存储类型为"ImportedGlobal"或"ImportedExternPointer"时，模型在生成 C 代码时将不会生成此变量的定义语句，具体地说，如果相应变量的"文件名"中的内容填写了合法的文件名，则模型生成的 C 代码中会生成包含此头文件的指令，否则生成相应变量的前置声明语句。"ImportedGlobal"类型的变量会生成变量本身的前置声明语句，而"ImportedExternPointer"类型的变量则生成变量指针的前置声明。

数据字典存储类型与生成 C 代码映射关系如图 4-93 所示。

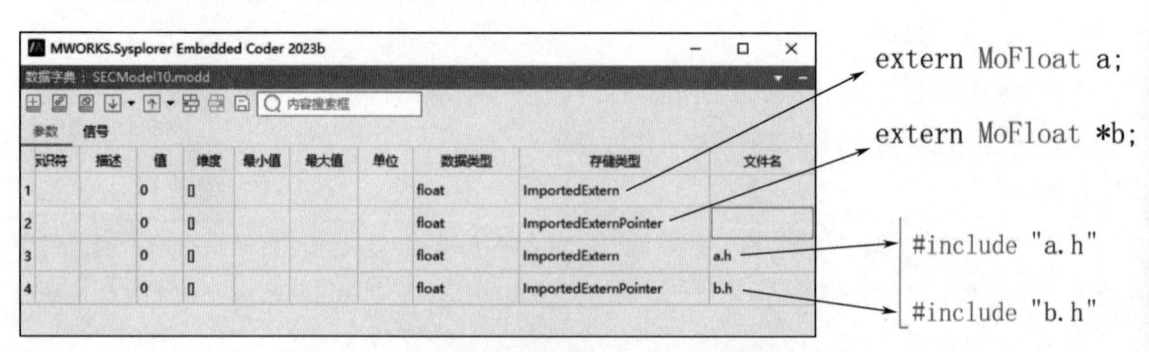

图 4-93　数据字典存储类型与生成 C 代码映射关系

第 5 章 科学计算环境 MWORKS.Syslab

MWORKS.Syslab 是新一代科学计算环境，旨在为算法开发、数值计算、数据分析和可视化、信息域计算分析等提供通用编程开发环境（其平台见图 5-1）。Syslab 基于新一代高性能科学计算语言 Julia，具有业内最高效的数值计算能力，支持与 Python、R、C/C++、Fortran、M 等编程语言的相互调用。结合其丰富的专业工具箱，Syslab 可支持不同领域的计算应用，如信号处理、通信仿真、图形图像处理、控制系统设计分析、人工智能等。Syslab 信息域计算分析与 Sysplorer 物理域建模仿真双向深度融合，可以支撑完整的信息物理融合系统（CPS）建模仿真。

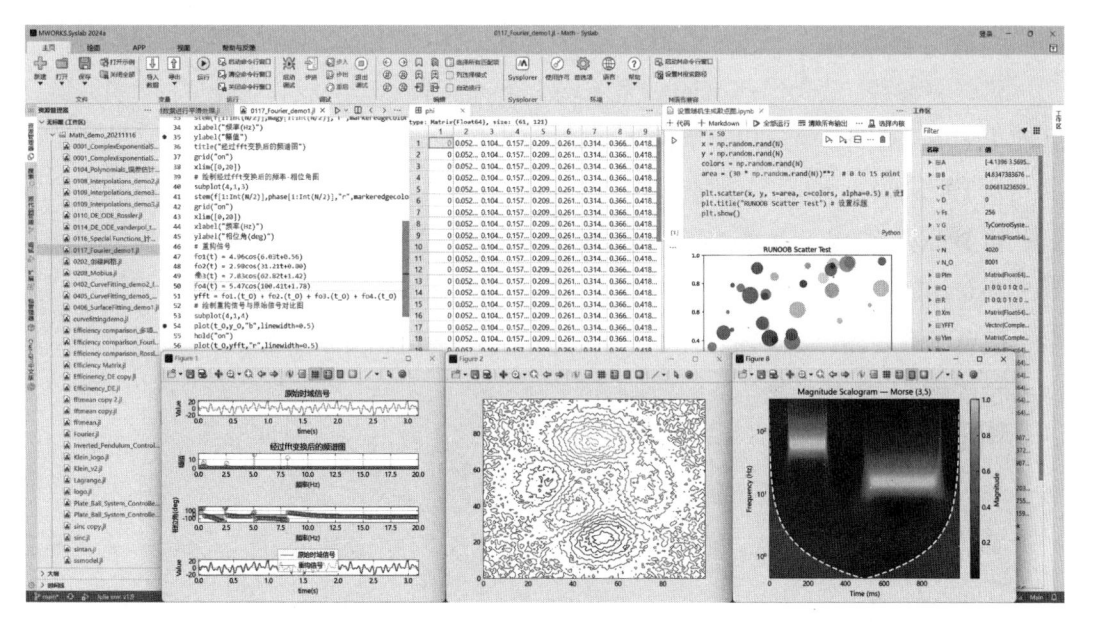

图 5-1 MWORKS.Syslab 科学计算平台

5.1 交互式编程环境

交互式编程环境是 Syslab 的基础交互模块，通过代码编辑器、交互式命令行、变量空间、工作空间、资源管理器等，提供功能完备、强大的交互式编程环境。交互式编辑界面如图5-2所示。

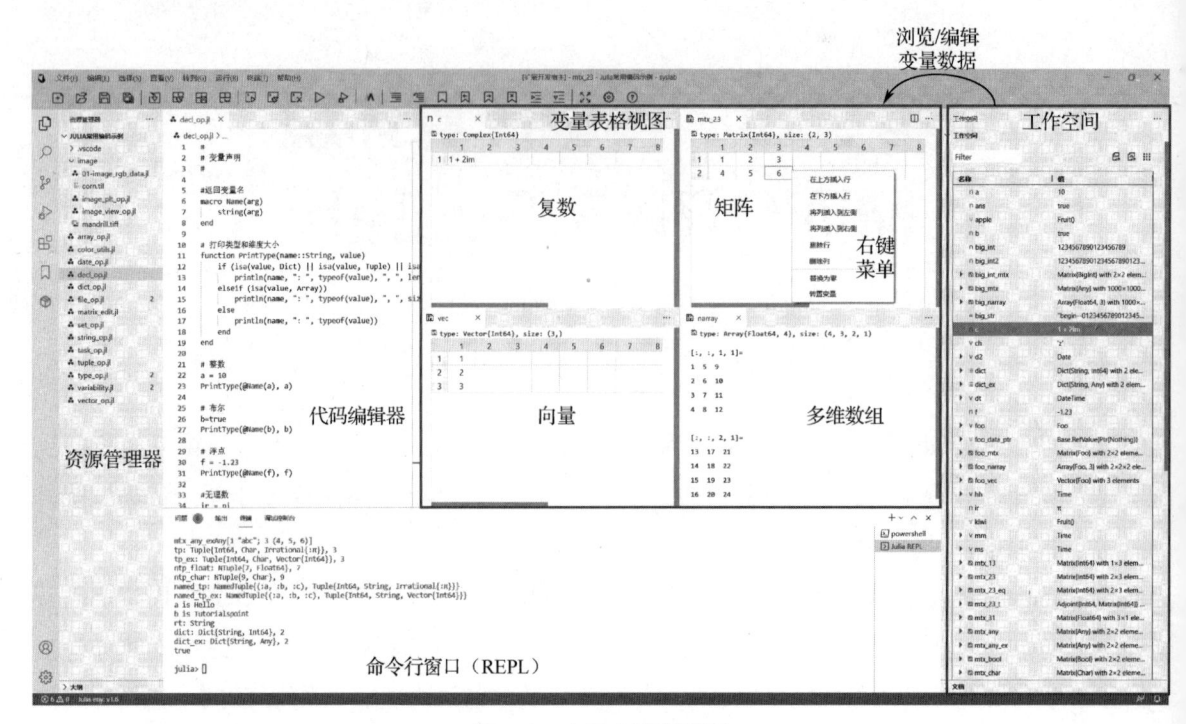

图 5-2 交互式编程界面

（1）代码编辑器：提供面向 Julia 语言的语法高亮、代码智能提示、悬停提示、转到定义、查找所有引用、重命名、格式化、显示行号等交互功能。

（2）命令行窗口：提供交互式解释器（REPL）功能，支持命令输入、执行、结果回显、错误打印、转到错误所在行等功能，可以在命令行窗口中直接输入命令，如对绘图窗口进行调整，包括调整视角、隐藏网格等。

（3）变量表格视图：提供对全局变量列表的显示与管理，支持复数、向量、矩阵、多维数组的表格视图显示与绘图功能。

（4）工作空间：可以查看变量的数据视图，包括表格视图（向量、矩阵等数据）、文本视图（多维数组）等，能够对工作空间中的变量进行快速绘图。

（5）资源管理器：提供目录结构树管理，支持对文件或文件夹的新增、删除、修改、查找等功能。

5.2 解释与调试

通过将开源 Julia 编译器、调试器，与交互式编程环境进行集成，形成解释与调试运行环境，支持解释执行、单步调试、断点调试、变量监视、调用堆栈等。

解释与调试模块提供交互式命令行窗口（Read-Eval-Print-Loop），用于在窗口输入命令并查看结果；提供代码调试器，支持以调试模式运行代码文件，方便用户跟踪程序运行过程；提供代码编辑器和调试器，支持单步调试和断点调试，方便用户跟踪程序运行过程，在调试过程中可以随时查看变量曲线，调试结束后自动将结果导出至工作空间；在调试模式运行下，通过调整控制可以增/删/改变量。解释与调试界面如图 5-3 所示。

图 5-3 解释与调试界面

（1）解释：支持科学计算脚本语言的解释执行和非调试模式运行。

（2）调试：支持启动调试、断点调试、调试期间查看变量值、添加监视变量或表达式、查看调用堆栈、单步调试等。

5.3 函数库

5.3.1 基础数学

基础数学函数提供基础数学函数库，支持初等数学、线性代数与矩阵论、随机数学、插值、优化、数值积分与微分方程、傅里叶变换（见图 5-4）及滤波、数论、稀疏矩阵的相关运算与操作，并支持基础数学的统计与分析等。

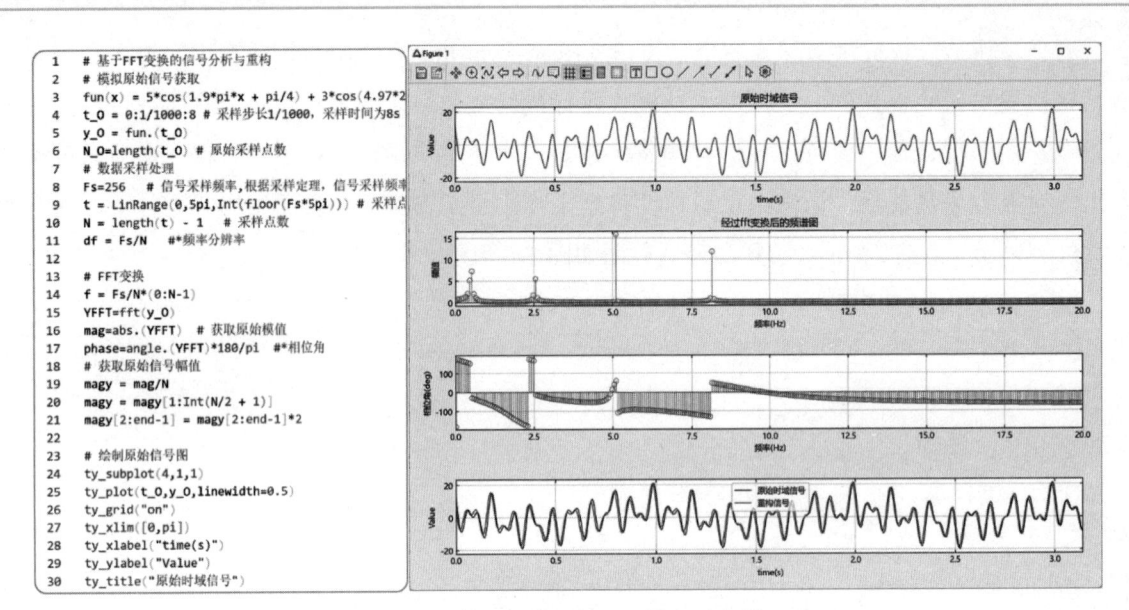

```
1   # 基于FFT变换的信号分析与重构
2   # 模拟原始信号获取
3   fun(x) = 5*cos(1.9*pi*x + pi/4) + 3*cos(4.97*2
4   t_0 = 0:1/1000:8  # 采样步长1/1000,采样时间为8s
5   y_0 = fun.(t_0)
6   N_0=length(t_0)  # 原始采样点数
7   # 数据采样处理
8   Fs=256     # 信号采样频率,根据采样定理,信号采样频率
9   t = LinRange(0,5pi,Int(floor(Fs*5pi)))  # 采样点
10  N = length(t) - 1  # 采样点数
11  df = Fs/N  #*频率分辨率
12
13  # FFT变换
14  f = Fs/N*(0:N-1)
15  YFFT=fft(y_0)
16  mag=abs.(YFFT)   # 获取原始模值
17  phase=angle.(YFFT)*180/pi  #*相位角
18  # 获取原始信号幅值
19  magy = mag/N
20  magy = magy[1:Int(N/2 + 1)]
21  magy[2:end-1] = magy[2:end-1]*2
22
23  # 绘制原始信号图
24  ty_subplot(4,1,1)
25  ty_plot(t_0,y_0,linewidth=0.5)
26  ty_grid("on")
27  ty_xlim[0,pi])
28  ty_xlabel("time(s)")
29  ty_ylabel("Value")
30  ty_title("原始时域信号")
```

图 5-4 基础数学函数——傅里叶变换

5.3.2 符号数学

符号数学工具箱支持符号计算函数、符号数学、图形相关的操作与分析,可实现符号对象的创建及转化,符号数学基本运算,符号方程系统求解,符号表达式的推导、化简、代换,主要功能包括符号表达式的运算,符号表达式的复合、化简,符号矩阵的运算,符号微积分,符号函数画图,符号代数方程求解,符号微分方程求解(见图 5-5)等。

```
1   function rossler(dx,x,p,t)
2       dx[1]=-x[2]-x[3]
3       dx[2]=x[1]+0.2*x[2]
4       dx[3]=0.2+(x[1]-5.7)*x[3]
5   end
6   tspan=(0.0,200.0)
7   x0=[0.0,0.0,1e-9]
8   prob=ODEProblem(rossler,x0,tspan)
9   sol=solve(prob,DP5(),relrol=1e-9,dtmax = 0.01)
10  plot3(sol[1,:],sol[2,:],sol[3,:],linewidth=0.5)
11  xlabel("x(1)");ylabel("x(2)");zlabel("x(3)")
12  grid("on")
13  axis("off")
```

图 5-5 符号数学——微分方程求解

5.3.3 曲线拟合

曲线拟合工具用于将曲线、曲面拟合到数据的函数集与界面 UI，具有拟合数据预处理、曲线拟合、曲面拟合、样条构造等功能。该工具箱支持数据分析、预处理和后处理，并提供线性及非线性回归分析，或者指定用户自定义方程进行拟合分析。

曲线拟合工具箱支持使用回归/插值和平滑等算法实现数据与曲线/曲面拟合（见图 5-6），也可以指定自定义函数进行数据拟合。该工具箱可以提供优化的求解器参数和起始条件，以提高拟合质量，还支持非参数建模技术，如样条、插值和平滑，同时还有效果分析功能，能够对曲线拟合或曲面拟合得到的函数效果进行评估、分析。

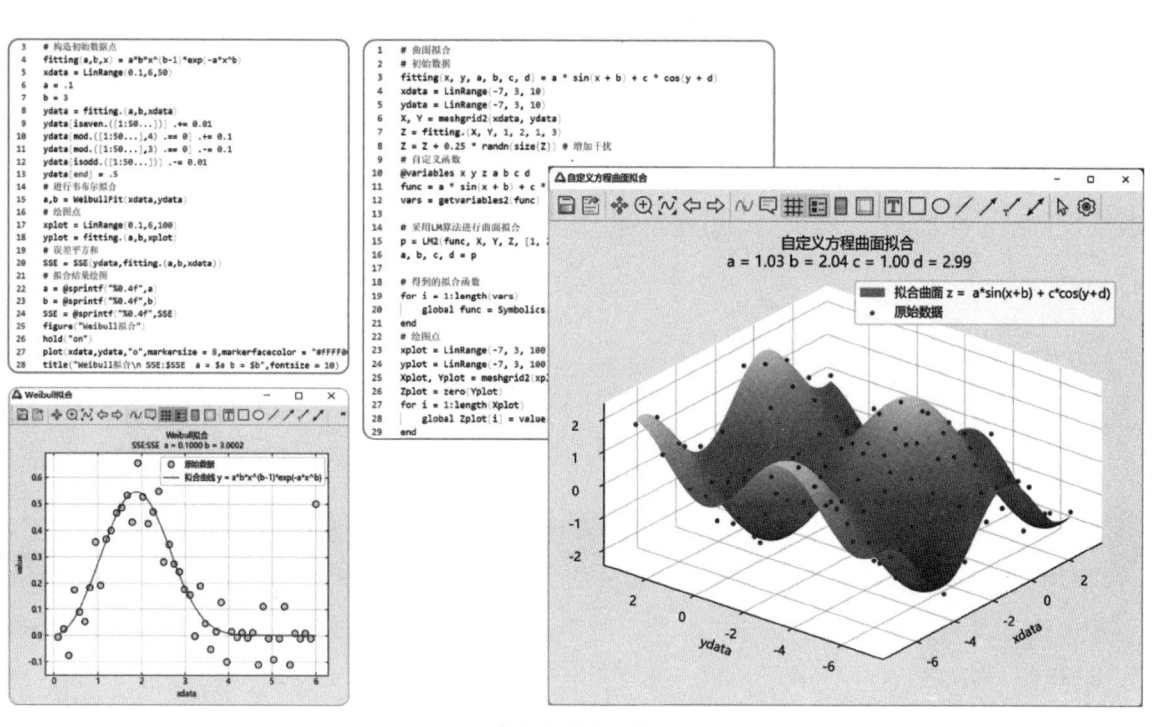

图 5-6 数据与曲线/曲面的拟合

5.3.4 优化与全局优化

优化工具箱可用于求解线性、二次、整数和非线性优化问题，提供了多个函数，这些函数可在满足约束的同时求出可最小化或最大化目标的参数。具备线性优化、二次规划和锥规划、最小二乘法、非线性优化等优化功能，可实现基于求解器的优化问题求解（见图 5-7）。

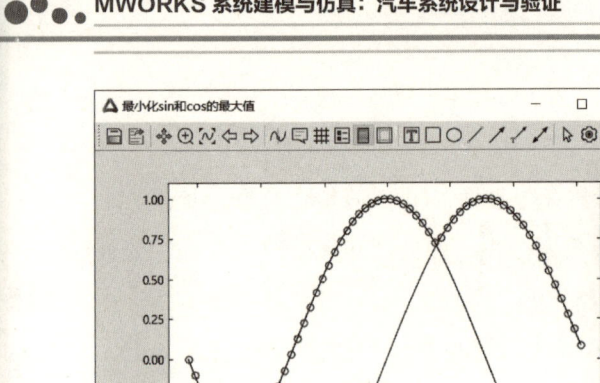

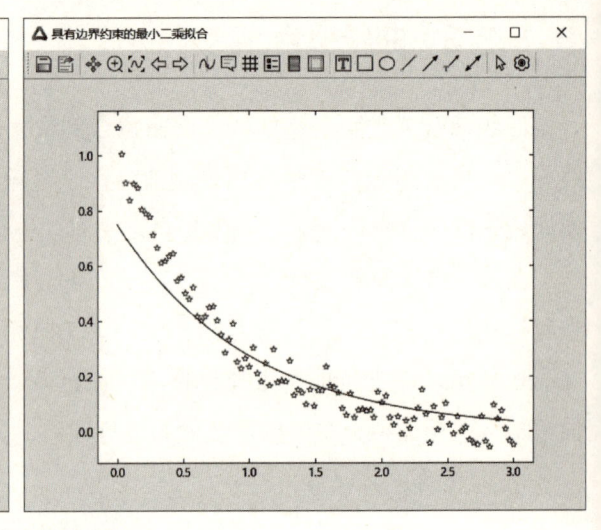

图 5-7 优化问题求解

全局优化工具箱提供了搜索包含多个极大值或极小值问题的全局解决方案的函数。工具箱求解器包括代理、模式搜索、遗传算法、粒子群、模拟退火、多起点和全局搜索。求解器可用来解决目标或约束函数是连续的、不连续的、随机的、不具有导数的、包含模拟或黑箱函数的优化问题。

5.4 图形可视化

图形可视化模块具有丰富易用的后处理可视化功能，包括图形、图像、地理图等函数库，提供多个绘图函数和多种图形（见图 5-8），易用直观的图形界面交互方便用户操作。交互图形不仅可以静态展示，也支持实时动态刷新和交互。图像库支持读取、写入、处理和显示图像。

图形可视化模块具有丰富且完备的高性能图形函数库和易用的图形界面交互，内置大量易用的二维和三维绘图函数，支持数据可视化与图形界面交互，为数据分析及可视化提供工具支持。

（1）绘图函数库：支持图表、叠加图、散点图、等高线图、气泡图、方格图、散点图矩阵、帕累托图、曲面图、线图、数据分布图、离散数据图、地理图、极坐标图、向量场图和网格图等多种图形绘制。

（2）图形界面交互：所有图形对象的属性可设置、鼠标可交互，支持添加格式与注释等操作；提供强大易用的交互界面，方便用户对图形进行调整、标注、导出等操作。

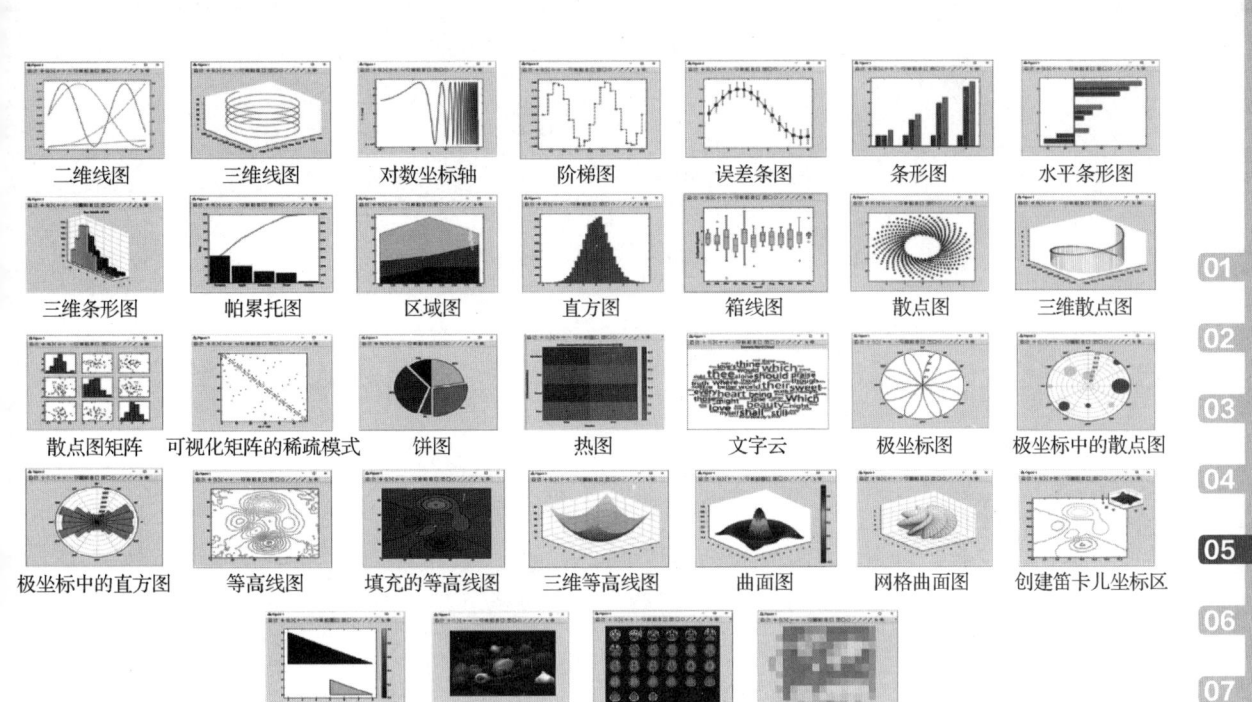

二维线图	三维线图	对数坐标轴	阶梯图	误差条图	条形图		水平条形图
三维条形图	帕累托图	区域图	直方图	箱线图	散点图		三维散点图
散点图矩阵	可视化矩阵的稀疏模式	饼图	热图	文字云	极坐标图		极坐标中的散点图
极坐标中的直方图	等高线图	填充的等高线图	三维等高线图	曲面图	网格曲面图		创建笛卡儿坐标区
填充多边形区域	从图形文件读取图像	矩形分块图	气泡图				

图 5-8 可视化图形示例

5.5 Sysplorer 双向集成

科学计算环境 Syslab 与系统建模环境 Sysplorer 之间实现了双向深度融合，实现了数据融合、接口融合，支持数据空间共享、接口相互调用、界面互操作等，形成新一代科学计算与系统建模仿真平台。

科学计算环境的数据空间与系统建模仿真环境的数据空间互通，提供两种形式。

（1）FromWorkspace 模块，实现 Sysplorer 从 Syslab 工作空间获取数据，如图 5-9 所示。

（2）ToWorkspace 模块，实现 Sysplorer 将仿真结果输出到 Syslab 工作空间，在 Syslab 中对仿真结果进行数据分析，如图 5-10 所示。

系统建模仿真环境和科学计算环境之间支持互相调用，仿真模型中支持调用科学计算函数，科学计算语言可以操作仿真模型，有如下两种调用形式。

（1）Syslab 直接调用 Sysplorer API，驱动 Sysplorer 自动运行，并能对仿真结果进行数据分析，如图 5-11 所示。

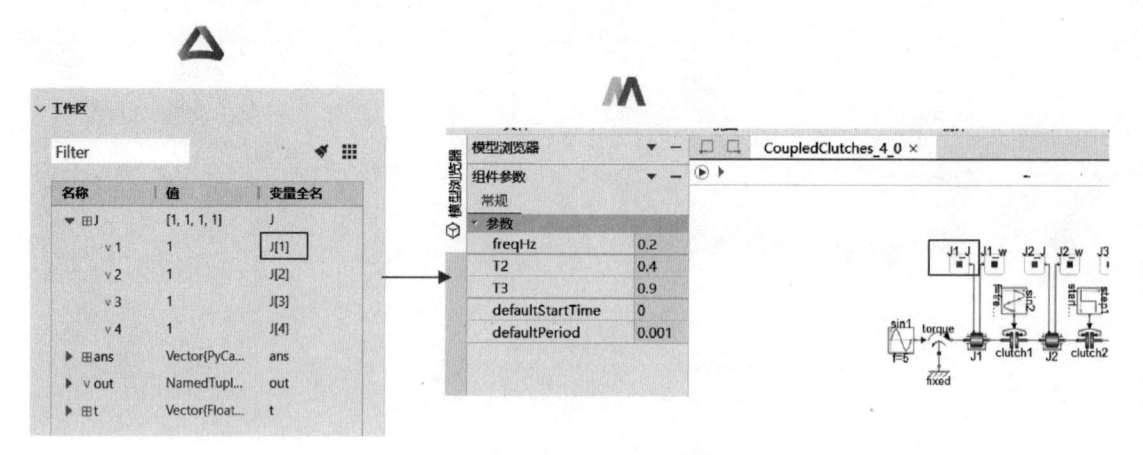

图 5-9　FromWorkspace 模块

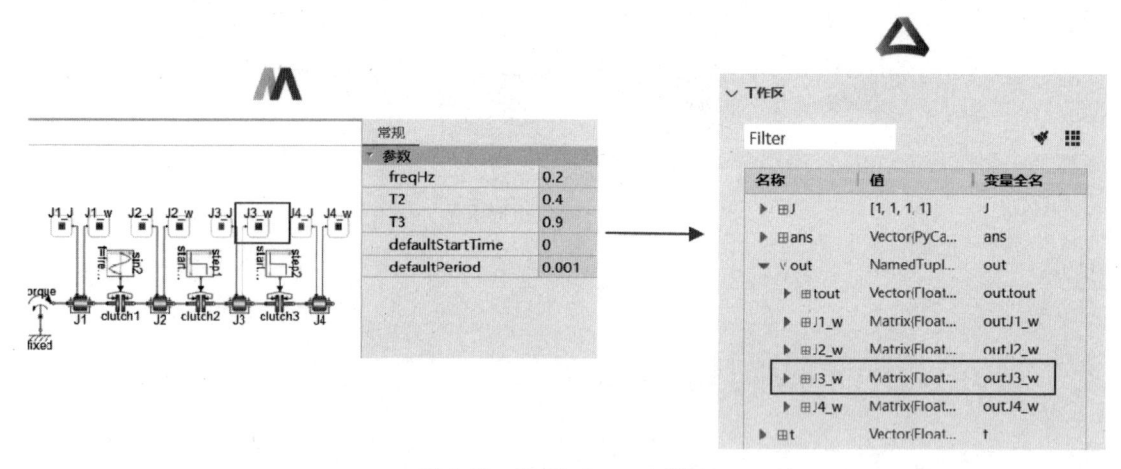

图 5-10　ToWorkspace 模块

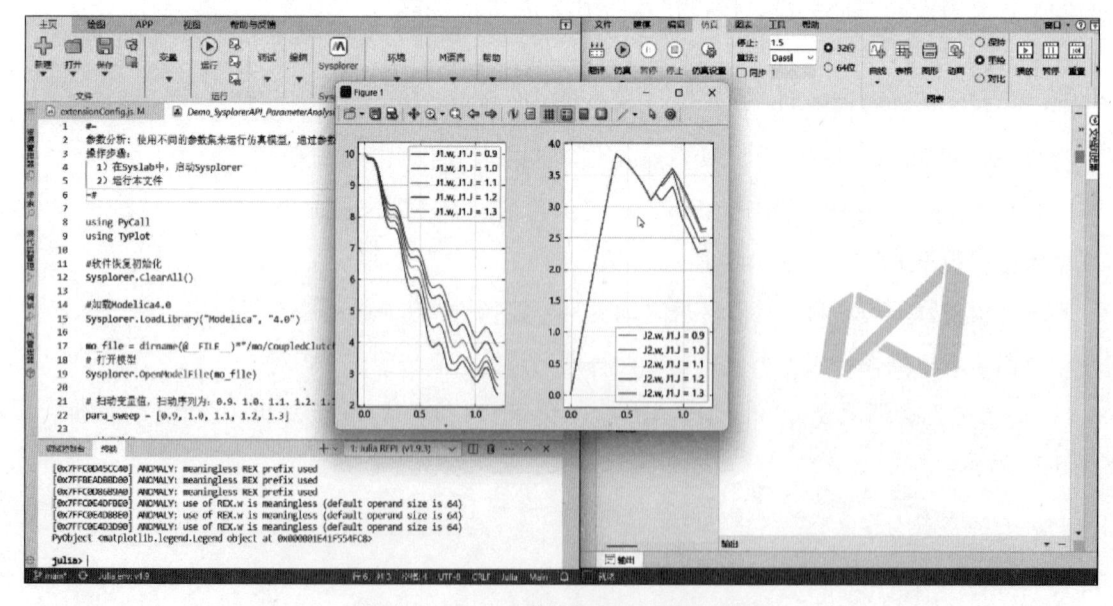

图 5-11　Syslab 直接调用 Sysplorer API

（2）Sysplorer 通过 Syslab Function 模块集成 Julia 函数进行一体化仿真计算，如图 5-12 所示。

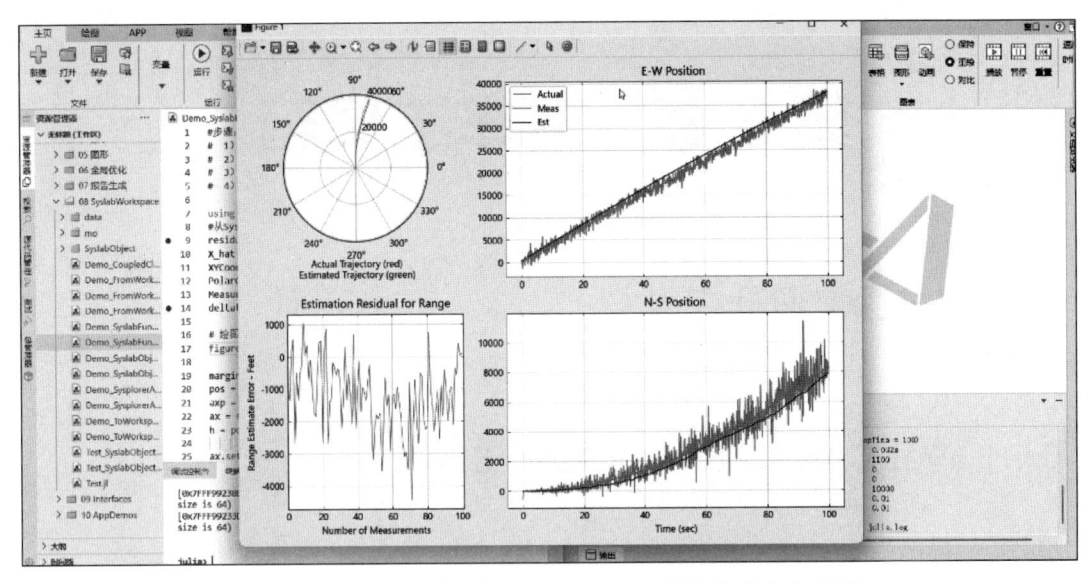

图 5-12　Sysplorer 通过 Syslab Function 模块集成 Julia 函数

科学计算环境与系统建模环境，支持界面互操作（见图 5-13），主要有以下三种形式：
（1）在科学计算环境中打开系统建模仿真环境；
（2）在系统建模仿真环境中打开科学计算环境并编辑模块代码；
（3）在系统建模仿真环境中打开科学计算环境并在仿真过程中调试模块代码。

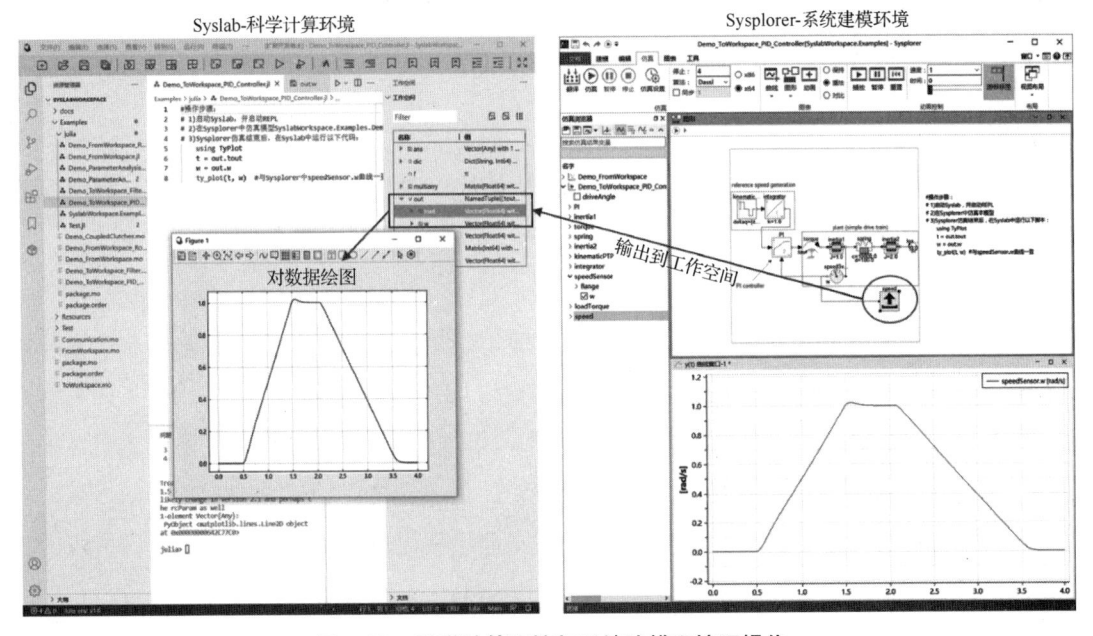

图 5-13　科学计算环境与系统建模环境互操作

第6章 汽车工具箱

6.1 信号与通信设计工具

6.1.1 车载 CAN/CANFD 总线通信工具

控制器局域网总线（Controller Area Network，CAN）协议打包/解包工具产品围绕将实时 CAN 数据导入 MWROKS 的核心功能，开发了两款工具，分别是 CANTool 和 CANDecode。其中 CANTool 以工具箱的形式集成到 MWORKS，能够以读取 DBC 文件或手动编辑信号的方式，提供 CAN 帧的描述文件信息，通过该描述文件信息生成对应的 CANDecode 模型。CANDecode 模型是一个 Modelica 模型，根据描述文件信息，为每个信号都提供了一个函数获取信号的物理值。

可变速率的 CAN（CAN with Flexible Data rate，CANFD）是 CAN 协议的升级版。它弥补了 CAN 在数据传输速率、数据域长度等方面的不足，且采用与 CAN 通信相同的事件触发模式，软件容易开发和移植。CANFD 主要应用于 EOL 程序烧写、网关、动力、底盘和安全系统及身份认证等场景，相比于 Flexray、Ethernet 等新型车载总线，CANFD 具备开发成本低的优势。

1. 功能介绍

CANFD 工具箱的功能分为分配到前端和后端的功能，以及二者中间层接口功能，如图 6-1 所示。

各功能层详细介绍如下。

（1）前端：前端主要包括 DBC 文件操作、DBC 文件编辑及设备交互功能。DBC 文件操作包括 DBC 文件的导入和保存，以及后台的格式检查。DBC 文件编辑包括对 DBC 文件中格式化内容的查看、修改及保存，支持对概要信息、信号信息、帧信息和其他附加信息的查看与编辑，与 CAN 相比，CANFDTool 数据帧最大长度可支持 64 位，支持在帧信息中查看每一帧中关联的信号信息，支持内容的增/删/改/查。设备交互功能主要是支持外部 CANFD 设备总线的信号读取与解析，支持将满足总线协议的端口定义为 CANFD 总线端口，支持总线波特率自适应功能以满足 CANFD 数据帧不同的发送速率，支持通过其他协议与 CAN 节点设备进行交互。

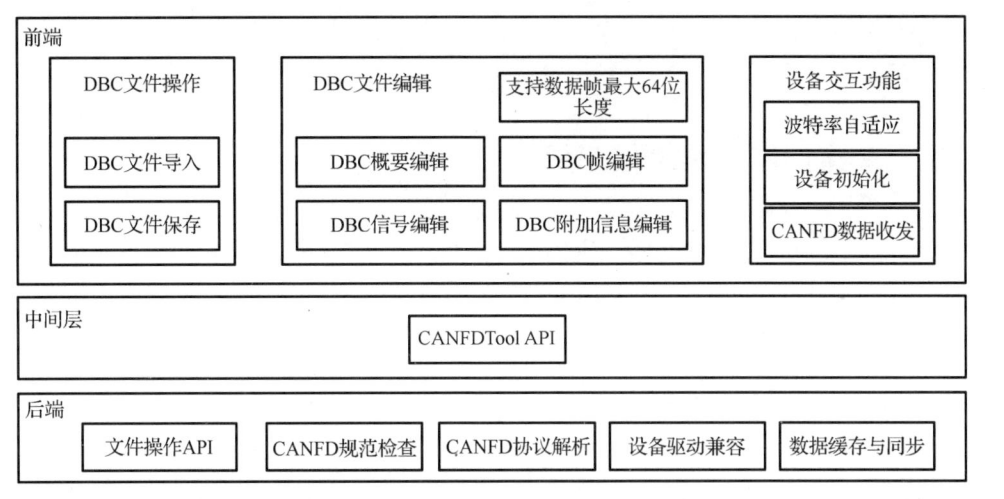

图 6-1 CANFDTool 产品功能构成图

（2）中间层：通过 CANFDTool API 将后台读取的 DBC 文件内容进行图形化显示，并将界面端用户设置的内容传输至后台进行记录及 DBC 文件修改。用户基于 CANFDTool 自定义的 CANFD 总线信息都使用接口进行写入、传输、分析并传递给后端，同时后端对传入信息进行处理，处理完再返回界面。

（3）后端：后端是支持界面完成一整套功能的内核，后端可基于操作系统的文件操作 API 进行文件操作、基于 CANFD 规范进行 DBC 文件检查、基于 DBC 文件解析 CANFD 总线信号，支持数据缓存可承载多路 CANFD 总线收发，支持数据同步可完成 CANFD 总线数据的解析，并同步显示在前端面板上。

2. 主要模块介绍

CANFD 工具箱的主要模块如下。

（1）UI 模块，细分为数据显示、数据编辑和数据交互等模块。

（2）文件操作模块，细分为文件导入、文件另存、文件解析和文件编辑等模块。

（3）数据生成模块，细分为代码生成和模型生成等模块。

（4）数据通信模块，后续阶段待实现的模块。

具体模块包括：

（1）DBC File，待解析的 CANFD 数据（DBC）文件，支持编辑与覆盖。

（2）UI Editor，UI 模块，DBC 数据的 UI 显示与编辑模块，与数据模块交互。

（3）DBC Parser，文件操作模块，DBC 文件解析模块，可基于第三方库实现。

（4）DBC Editor，文件操作模块，DBC 数据编辑模块，针对原始的解析数据编辑，编辑后数据的同步（写入文件 / 同步 UI 模块 etc）。

（5）Code/Model Generator，数据生成模块，基于 DBC 文件解析结果的代码与 Modelica 模型生成，进行协议解析与节点仿真。

(6) MWORKS Model，数据生成模块，生成 MWORKS.Sysplorer 环境可用的模块，适用于建模和仿真流程。

6.1.2 车载 LIN 总线通信工具

内部互联网络（Local Interconnect Network，LIN），是针对汽车分布式电子系统而定义的一种低成本的串行通信网络，是对 CAN 等其他汽车多路网络的一种补充，适用于对网络的带宽、性能或容错功能没有过高要求的场合。

LINTool（LIN 通信协议打包/解包工具箱）基于 LDF（LIN 描述性文件）的解析，以工具箱的形式集成到 MWORKS，用户自定义的 LIN 通信协议能够通过该工具箱导入到 MWORKS，以读取 LDF 或手动编辑信号、编码的方式，提供 LIN 帧的描述文件信息，并生成对应的 LIN Decode 模块。

1. 功能介绍

LIN 工具箱的功能分为分配到前端和后端的功能，以及二者中间层接口功能。如图 6-2 所示。

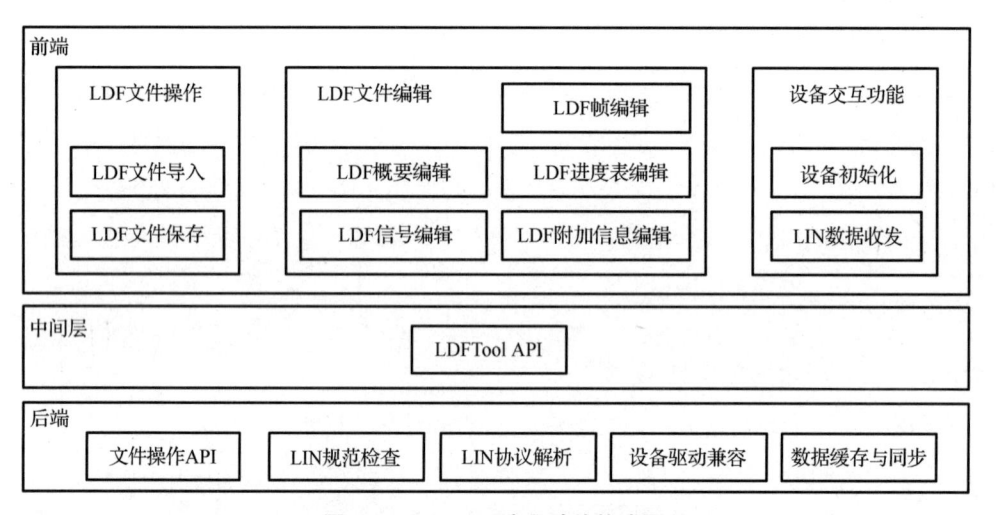

图 6-2　LDFTool 产品功能构成图

各功能层详细介绍如下。

（1）前端：前端主要包括 LDF 文件操作、LDF 文件编辑及设备交互功能。LDF 文件操作包括 LDF 文件的导入和保存，以及后台的格式检查。LDF 文件编辑包括对 LDF 文件中格式化内容的查看、修改及保存，支持对概要信息、信号信息、帧信息、进度表信息和其他附加信息的查看与编辑，支持在帧信息中查看每一帧中关联的信号信息，支持内容的增/删/改/查。设备交互功能主要是支持外部 LIN 设备的总线信号读取与解析，支持将满足总线协议的端口定义为 LIN 总线端口，支持通过其他协议与 LIN 节点设备进行交互。

（2）中间层：通过 LDFTool API 将后台读取的 LDF 文件内容进行图形化显示，并将界面端用户设置的内容传输至后台进行记录及 LDF 文件修改，用户基于 LDFTool 自定义的 LIN 总线信息都使用接口进行写入、传输、分析并传递给后端，同时后端对传入信息进行处理，处理完再返回界面。

（3）后端：后端是支持界面完成一整套功能的内核，后端可基于操作系统的文件操作 API 进行文件操作、基于 LIN 规范进行 LDF 文件检查、基于 LDF 文件解析 LIN 总线信号，支持数据缓存可承载多路 LIN 总线收发，支持数据同步可完成 LIN 总线数据的解析，并同步显示在前端面板上。

2. 主要模块介绍

LIN 工具箱的主要模块如下。

（1）UI 模块，细分为管理页面、时间表页面、编码页面和预览页面。

（2）文件操作模块，细分为文件导入、文件解析、文件保存等。

（3）数据生成模块，细分为代码生成和模型生成等。

具体模块包括：

（1）LDF，待解析的 LIN 协议描述性文件，支持编辑与覆盖。

（2）UI Editor，UI 模块，LIN 数据的 UI 显示与编辑模块，与数据模块进行交互。

（3）LDF Parser，文件操作模块，LIN 文件解析模块。

（4）LDF Struct，文件信息储存模块，对解析、编辑后的 LIN 信息进行保存。

（5）LDF Generator，数据生成模块，基于 LIN 文件解析结果的代码生成，进行协议解析与节点仿真。

（6）MWORKS Model，数据生成模块，生成 MWORKS.Sysplorer 环境可用的模块，适用于建模和仿真流程。

6.2 设计检查工具

设计检查工具包括控制策略建模规范检查工具箱和静态代码检查工具箱，可以分别实现对模型代码进行检查。

6.2.1 控制策略建模规范检查工具箱

1. 功能简介

控制策略建模规范检查工具箱（Control Modeling Guideline，CMG）是一个对 MWORKS.

Sysplorer 控制器模型进行规范检查的功能插件。CMG 可以依据既定规则或添加的自定义规则自动扫描模型的合规性，在模型建立过程的早期发现模型的设计违规点，以修正和提升模型质量。

用户也可以根据自身的需要自定义规则。自定义规则目前仅支持导入 Python 文件。若导入 Python 脚本不符合规范，会提示"Python 代码运行异常"。

2．建模规范

建模规范是让不同团队、不同工程师所建立的模型按照统一的规范设计出来。所有模型的表观和设计模式都是相同的，易于集成，易于构成公司研发资产的可维护性。

《同元软控控制策略建模规范》主要包括以下内容：

（1）命名规则；

（2）MWORKS.Sysplorer 建模规范；

（3）StateMachine 建模规范。

3．操作流程

使用 CMG 进行建模规范检查的操作流程如下。

（1）导入模型：将待检查模型导入 MWORKS.Sysplorer 中。

（2）打开工具箱：如图 6-3 所示，在"工具"选项卡下工具功能区里，单击"模型检查"按钮即可打开 CMG。

图 6-3 启动 CMG 的界面

（3）规则选择：如图 6-4 和图 6-5 所示，在左侧的框内选择需要进行检查的模型或子系统，CMG 会自动导入当前已加载的模型，可以单击"导入模型"更新列表。在右侧框内选择检查规则的条目，在框内空白区域右击，可以进行全选或反选操作；再单击 按钮进行模型检查。

（4）模型检查：单击"模型检查"按钮，开始进行模型检查，如图 6-6 所示。

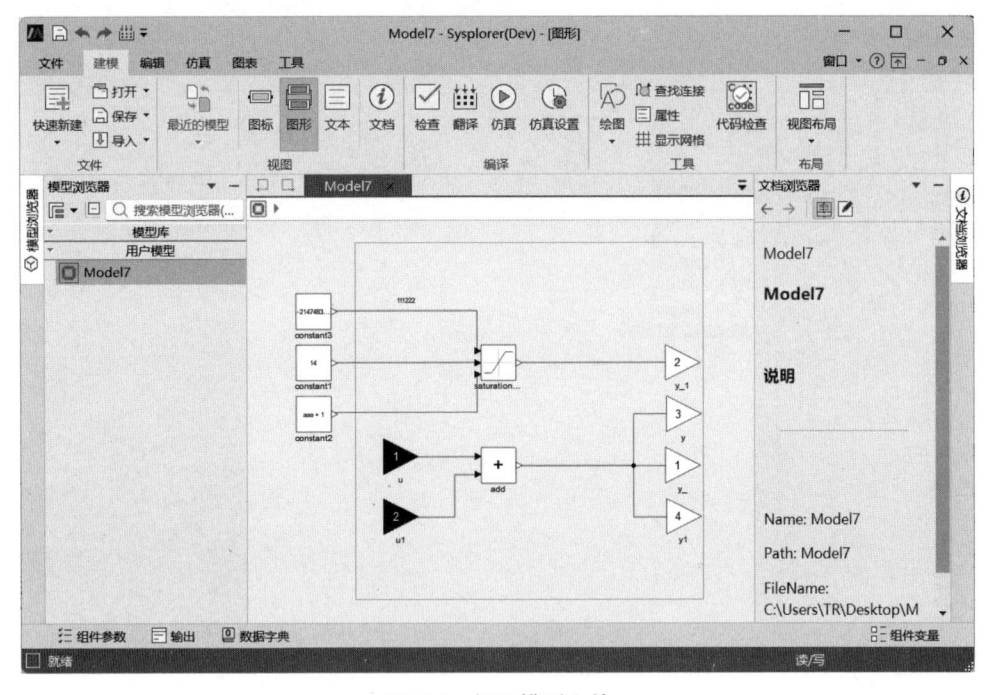

图 6-4 打开模型文件

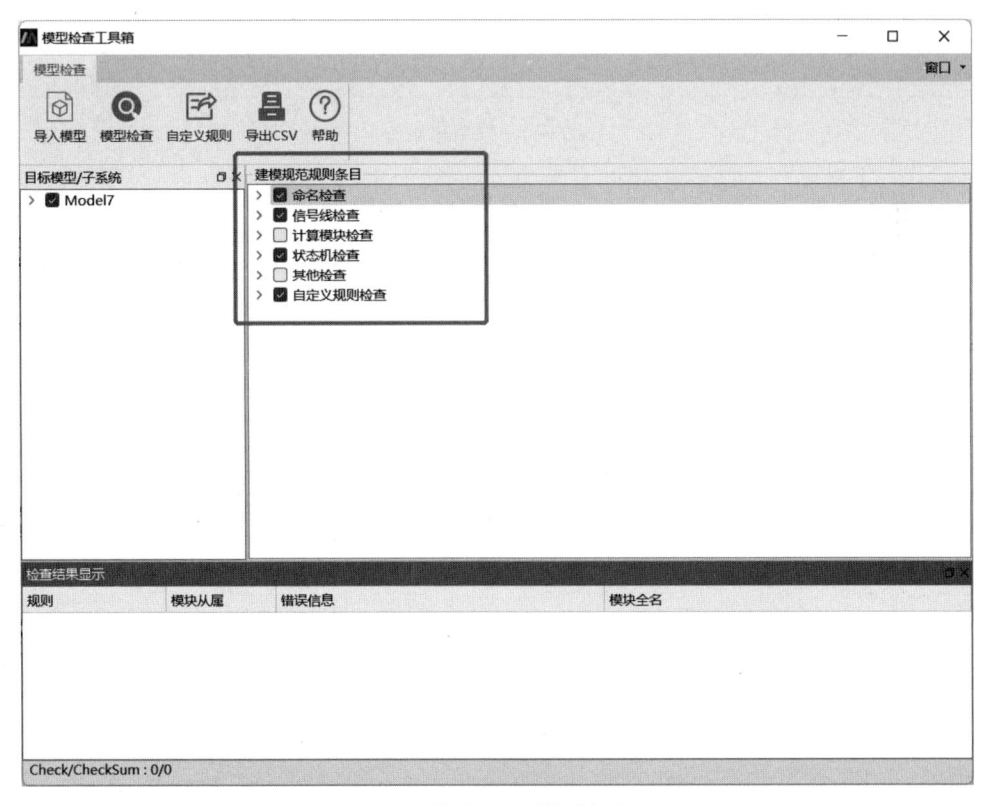

图 6-5 模型和规则的选择界面

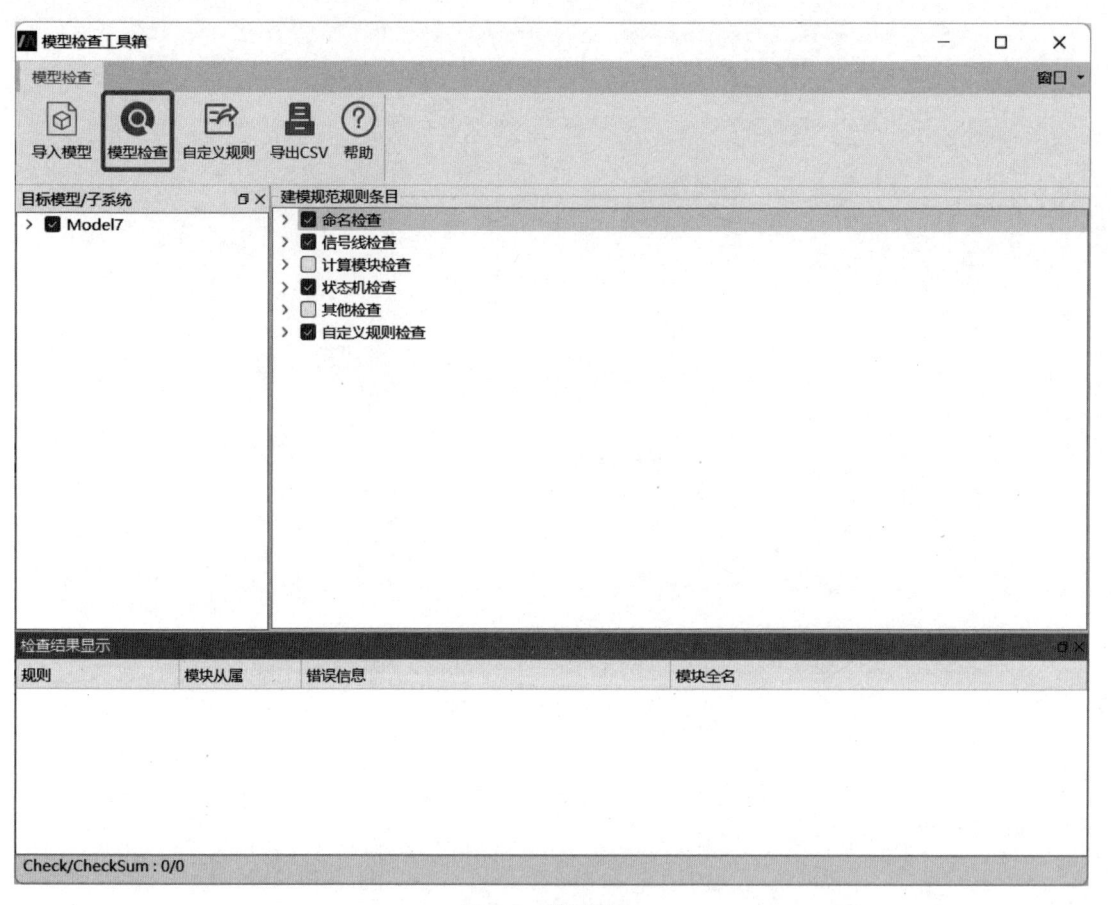

图 6-6 模型检查

（5）检查结果：开始检查后会在窗口的左下角显示检查进度，表示方式为已检查的条目数/规则的条目总数，并在下方的检查结果展示框中显示不符合的条目，显示的信息包含规则、模块从属、错误信息和模块全名，双击违例条目可跳转到问题所在的模型组件，如图 6-7 和图 6-8 所示。当结果文本较长时，可以通过右侧滑动块进行拖动。

图 6-7 检查结果的展示界面

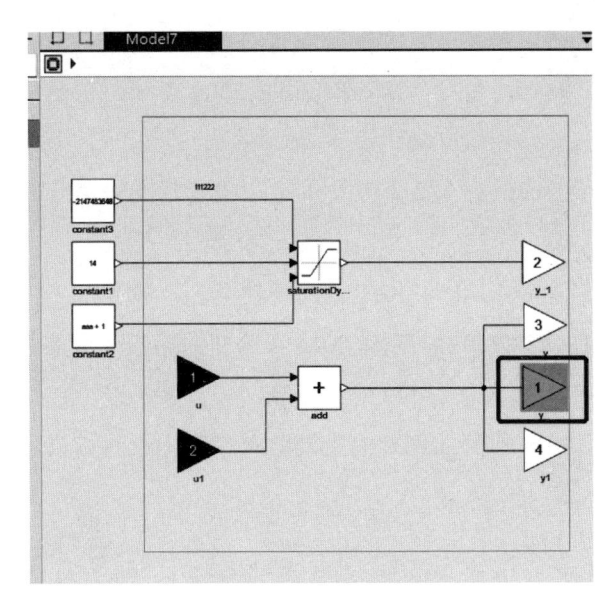

图 6-8 双击跳转到模型

（6）导出 CSV：单击"导出 CSV"按钮，选择导出文件路径即可导出，如图 6-9 所示。

图 6-9 导出 CSV

CSV 文件目录包含了自定义规则、模块从属、错误信息、模块全名和索引信息。

6.2.2 静态代码检查工具箱

1. 功能简介

静态代码检查（Static Code Check，SCC），依据 C 和 C++ 编码规则自动检测代码对相应规则的违背，可以在早期开发过程中用作缺陷检测，检查软件代码的编程规范，分析程序的静态结构，对软件的质量进行度量。借助静态检查技术，可以使软件代码更加规范，结构更加清晰。

SCC 不仅支持对 MWORKS 模型生成代码的检查，也支持用户对 MWORKS 外部 C 或 C++ 代码进行代码规范检查与分析，并以 Plugin 形式集成至 MWORKS.Sysplorer 环境，支持对 MWORKS 模型生成代码的检查，与 MWORKS.Sysplorer 产生一定的交互。

2. 检查规范

SCC 支持检查的规范如下。

（1）C89：ISO/IEC 9899，ANSI 于 1989 年发布的 C 语言标准的第一版。

（2）C99：ISO / IEC 9899:1999，1999 年推出，2000 年 3 月被 ANSI 采用的 C 语言标准的第二版。

（3）C11： ISO/IEC 9899:2011， 2011 年发布的 C 语言标准的第三版。

（4）C++03：ISO/IEC 14882:2003，2003 年提出的第二版标准。

（5）C++11：ISO/IEC 14882:2011，2011 年出版的第三版标准。

（6）C++14：ISO/IEC 14882:2014（E），2014 年公布的第四版标准。

（7）C++20：ISO/IEC 14882:2020，2020 年发布的第五版标准。

（8）MISRA C 2012：2012 年开始制定的主要针对汽车行业的 C 语言开发标准。

3. 外部代码检查

（1）打开工具箱：如图 6-10 所示，在"工具"选项卡下工具功能区里，单击"代码检查"按钮即可打开 SCC。

（2）选择文件：启动 SCC 后，会跳出工程向导界面，此界面会显示最近打开的项目，如图 6-11 所示。如需检测的代码已生成 .scc 文件可以通过单击"选择"按钮打开 .scc 文件或在"最近打开项目"中双击该文件，可以跳过步骤（3）和步骤（4）。

图 6-10　启动 SCC 的界面　　　　　　　图 6-11　工程向导界面

（3）路径设置：单击"新建"按钮，会弹出如图 6-12 所示的对话框。在该对话框中填写对应文件的路径信息，然后单击"下一步"按钮。

（4）规则选择：如图 6-13 所示，在弹出的"规则设置"对话框中，通过勾选的方式选择检查规则，所选规则在下方展示栏中显示，选择完成后单击"确定"按钮，完成工程的新建。此项设置在完成后可以在"项目"选项卡下的"　工程配置"或"工程管理"的"　Config"中进行修改。

（5）结果显示：在"分析"选项卡下单击"开始"按钮，开始检查代码文件，在界面的左下方可以查看检查进程。如图 6-14 所示，检查结束后，在"输出结果"窗口中输出对应的检查结果，其报错信息包含错误类型、违反规则、出错代码所在文件、出错位置等。单击报错信息，代码浏览器自动打开报错项所在的代码文件，并跳转至报错信息对应的代码行，且对应代码行高亮显示。

图 6-12 工程文件路径设置

图 6-13 检查规则的选择

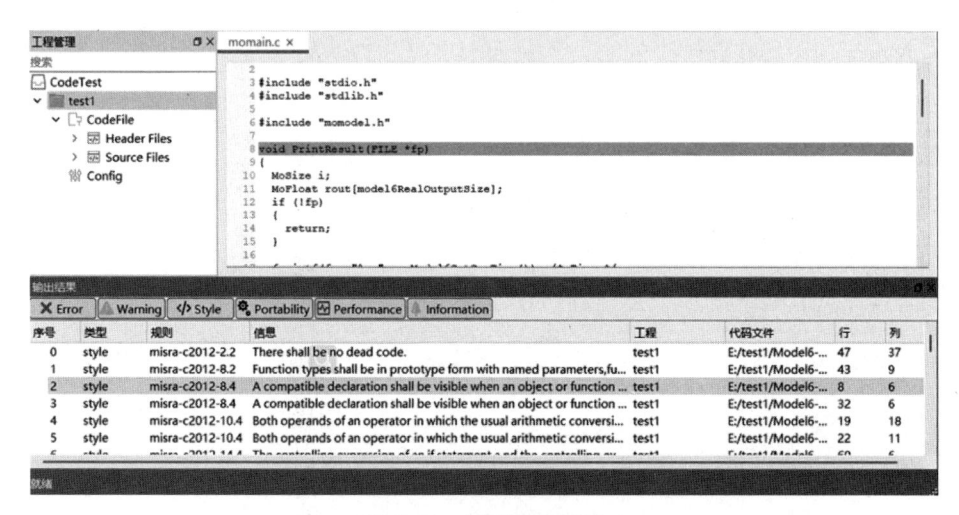

图 6-14 检查结果显示

（6）导出 CSV：如图 6-15 所示，检查完成后，对应的工程文件夹中同步生成 CSV 格式的检查结果表。工程的每一次检查都会输出对应的检查结果表，检查结果表按照检查的时间持续生成，不会被覆盖，支持对多次检查结果进行对比。

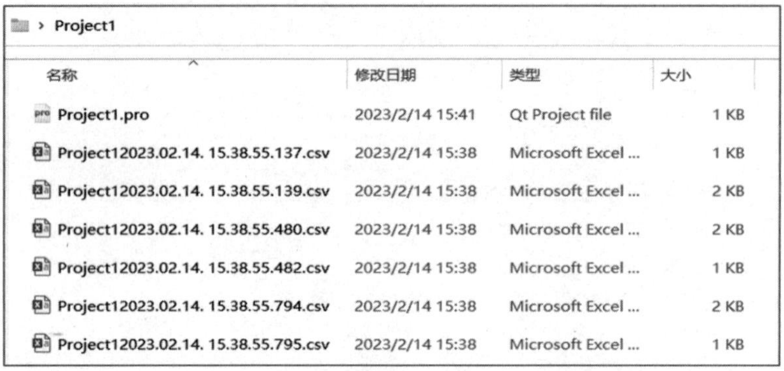

› Project1

名称	修改日期	类型	大小
Project1.pro	2023/2/14 15:41	Qt Project file	1 KB
Project12023.02.14. 15.38.55.137.csv	2023/2/14 15:38	Microsoft Excel ...	1 KB
Project12023.02.14. 15.38.55.139.csv	2023/2/14 15:38	Microsoft Excel ...	2 KB
Project12023.02.14. 15.38.55.480.csv	2023/2/14 15:38	Microsoft Excel ...	2 KB
Project12023.02.14. 15.38.55.482.csv	2023/2/14 15:38	Microsoft Excel ...	1 KB
Project12023.02.14. 15.38.55.794.csv	2023/2/14 15:38	Microsoft Excel ...	2 KB
Project12023.02.14. 15.38.55.795.csv	2023/2/14 15:38	Microsoft Excel ...	1 KB

图 6-15　工程文件夹下的检查结果表

4. 模型生成代码检查

在进行控制器模型代码检查前，需要先生成控制策略模型仿真代码。具体操作流程如下；

（1）仿真代码生成完成后，主界面切换至“工具”选项卡，单击“代码检查”按钮，进入“代码检查”窗口，弹出“模型代码”对话框，询问是否对最近的模型进行代码检查。

（2）单击“是”按钮，SCC 会在工程管理栏中自动打开控制器模型生成的仿真代码文件。

（3）后续操作与检查外部代码相同。

5. 结果筛选

输出结果窗口将报错信息划分为 Error、Warning、Style、Portability、Performance、Information 六个等级，支持对报错信息的筛选。当按钮高亮时，表示筛选存在此等级的错误；若等级按钮未高亮，则表示筛选不存在此等级的错误。对六个等级的说明如下。

（1）Error：错误，指定代码中的错误项。

（2）Warning：警告，为避免 bug 而提供的编码改进意见。

（3）Style：风格警告，编码风格及代码规范提示。

（4）Portability：可移植性警告，指出跨平台时容易出现的问题。

（5）Performance：性能警告，给出代码优化建议。

（6）Information：配置问题，给出配置改进意见。

6.3 半物理仿真工具

6.3.1 半物理仿真接口工具 HIL Export

1. 功能介绍

根据 HIL Export 产品在上述应用场景中应该具有的功能,将其总结归类分配到后端应该具备的功能和前端应该具备的功能。

如图 6-16 所示,HIL Export 产品分为两个层次。

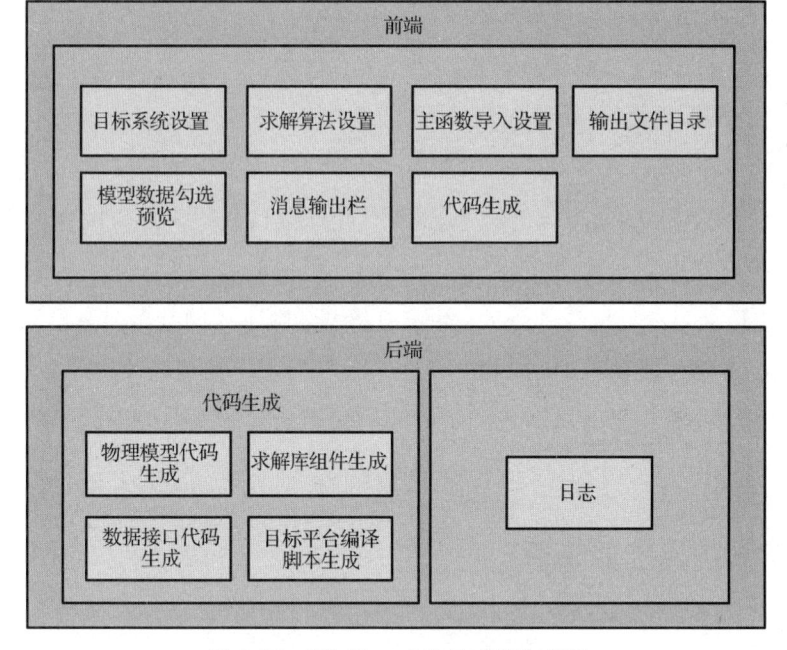

图 6-16 HIL Export 产品功能构成图

(1)前端提供界面让用户设置目标系统、设置求解算法和步长、是否导入主函数、设置输出文件目录,以及从模型变量树中勾选输入/输出变量及参数,在用户配置完上述信息后生成代码。消息输出栏主要显示界面诊断信息及模型编译信息、代码生成的进度信息,并在代码生成结束后展示生成代码的位置信息。

(2)后端支持物理模型代码生成和数据接口代码生成,并根据用户配置的目标系统将相应的求解库及编译脚本生成到输出文件目录。

2. 主要模块介绍

HIL Export 工具整体由三部分组成,如图 6-17 所示。

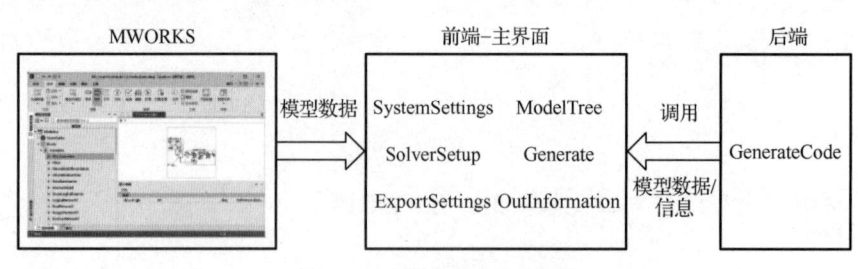

图 6-17　系统模块组成图

（1）SystemSettings：用户对生成代码的目标系统进行选择。

（2）SolverSetup：前端主界面中用户可设置求解器的算法步长。

（3）ExportSettings：前端主界面中用户可设置保存路径及是否导入主函数。

（4）ModelTree：可从 MWORKS 打开的当前模型中获取的模型数据在 HIL Export 主界面以模型树的形式显示，并且可以勾选预览。

（5）Generate：用户可在界面中进行代码生成操作。

（6）GenerateCode：定义了用户进行代码生成操作后，根据模型数据及用户设置的信息调用生成代码的接口。

生成代码包括目标平台求解器组件、模型源代码、接口代码、导入的主函数、目标平台编译脚本。其中，接口代码包含两个文件：autogetset.c 和 autogetset.h。调用接口代码包含运行仿真需要的求解器调用接口和勾选过的输入/输出变量及参数生成的全局变量。勾选的输入、输出及参数在 autogetset.h 中生成单独的结构体。

（7）OutInformation：在界面展示代码生成时的界面诊断信息、模型编译信息，以及模型生成代码信息。

6.3.2　实时仿真工具箱 RT

面对日益激烈的市场竞争，新产品的开发和面市遇到更高的要求和挑战，对其可靠性和稳定性的要求也日益提高。完全基于软件仿真的开发过程只是实现了系统结构及原理、算法的验证，易出现最终样机硬件系统不能通过仿真测试及软件代码或其硬件运行环境不可靠，导致研发时间和成本增加。为解决以上问题，半物理仿真技术逐渐得到应用。

半物理仿真技术以真实物理模型为基础，从系统开发初期到系统验证，将实时软硬件环境引入仿真回路，可减小虚拟系统与真实设备之间的误差，满足现代控制系统、电子系统和复杂机电系统高效、精确、快速、充分的设计要求，从而最大限度地减少样机系统的试制次数，提高设计、开发和试验效率，降低成本。随着计算机控制技术的发展及仿真系统的广泛集成，半物理仿真的应用越来越受到企业单位的重视，在航天、航空、能源、汽车、机器人、核动力等多个领域获得广泛认可，行业需求如图 6-18 所示。

图 6-18　行业需求

　　MWORKS Real Time 工具箱是对汽车物理模型进行实时仿真控制的工具箱。将一台计算机（目标机）与实际的控制器连接后，在目标机上以实际工作时的速度运行由 MWORKS.Sysplorer 所设计的物理模型，此时目标机充当被控对象的角色，以此来验证物理模型及控制算法的性能。相比于使用实际物理对象运行，这种方法灵活性更高、可以快速地更改设计方案、监控并记录数据，进而根据对数据的分析改进设计，并且可以验证一些极端情况下的物理对象及控制算法的性能。MWORKS Real Time 工具界面如图 6-19 所示。

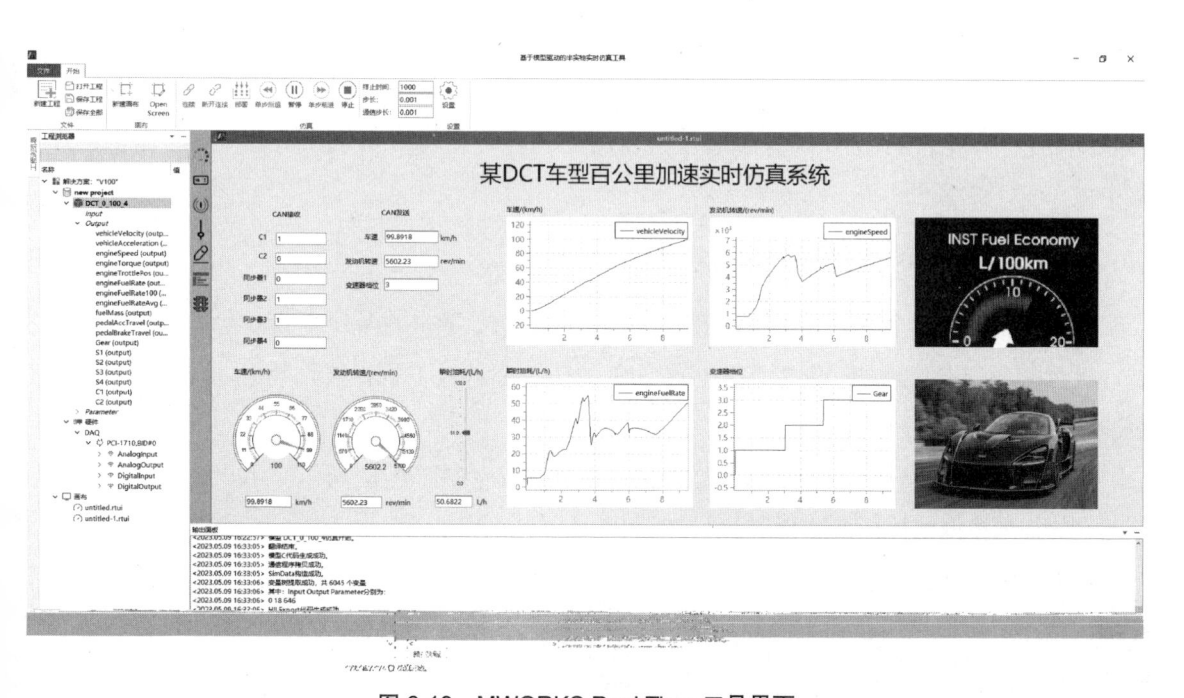

图 6-19　MWORKS Real Time 工具界面

半实物实时仿真系统由实时仿真软件和实时仿真硬件两部分构成（见图6-20），实时仿真软件主要负责模型构建、编译、部署至目标机，以及实时仿真过程中变量的观测和参数在线标定；实时仿真硬件负责对模型生成代码进行求解、仿真数据回传等。

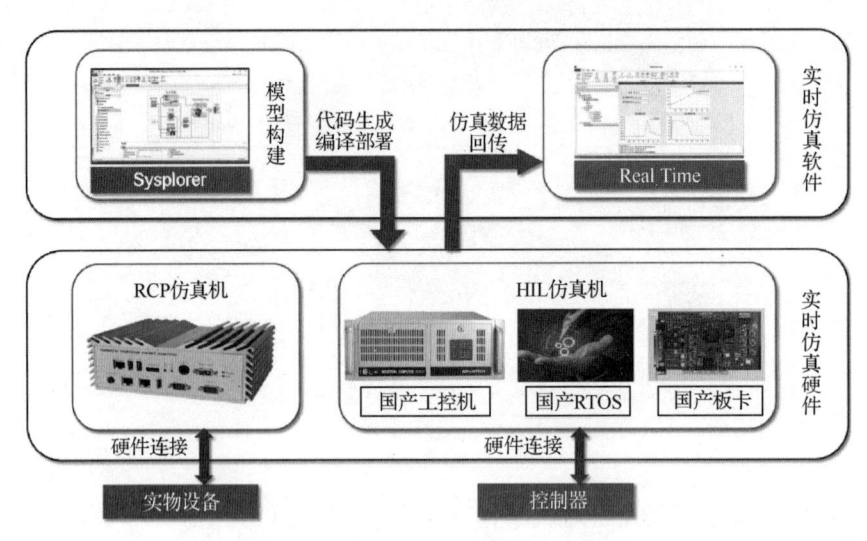

图 6-20 半实物实时仿真系统的构成

该系统有快速控制原型与硬件在环系统两种类型。快速控制原型系统使用RCP仿真机作为实时仿真机，进行快速控制原型时在RCP仿真机中运行控制算法模型，该仿真机与实物设备相连，在教学中实物可以是真实的PMSM电机、BLDC电机等；硬件在环系统使用HIL仿真机作为实时仿真机，HIL仿真机中运行被控物理对象模型，该仿真机与真实的控制器相连，在教学中，HIL仿真机中可以是车辆动力学模型等。

根据上述应用方式中应该具有的功能，将半物理仿真系统功能整体划分到基于模型的实时硬件连接与驱动、多层次编译部署全链自动化，实时化仿真引擎及仿真控制与监测四个模块中。

1. 基于模型的实时硬件连接与驱动模块

基于模型的实时硬件连接与驱动模块为用户在图形化建模过程中提供对仿真机上所安装的硬件板卡的各项操作功能，包括各种板卡的初始化、驱动板卡执行接收数据、发送数据及数据缓冲功能。

MWORKS.Sysplorer平台建立的硬件板卡驱动模型库如图6-21所示，用户可以建立关联硬件驱动的物理模型或控制算法模型。

基于硬件驱动程序构建接口驱动模块，并与模型输入/输出端口相连，即代表模型与实际物理端口相连，接口模块自动检测端口信号类型及流向，接口模块支持对硬件端口部分参数进行配置，共同构成接口驱动模型，如图6-22所示。

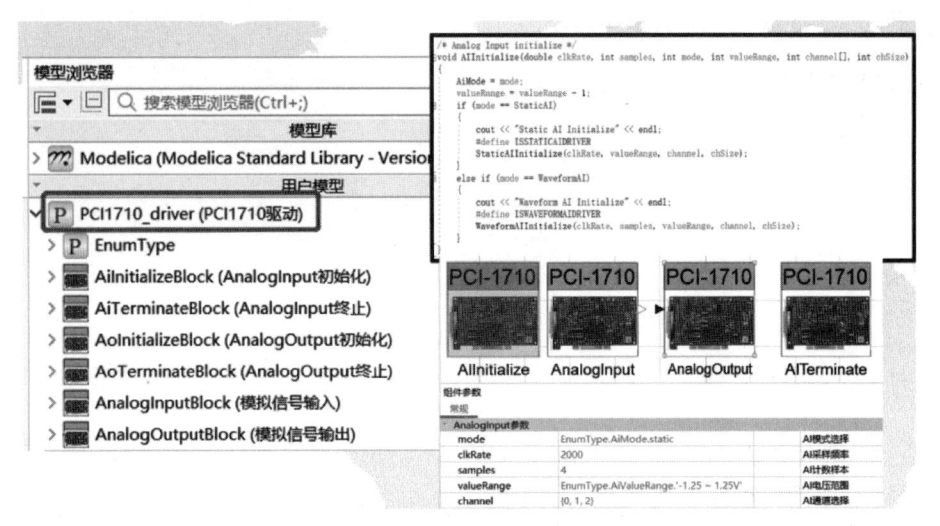

图 6-21 硬件板卡驱动模型库

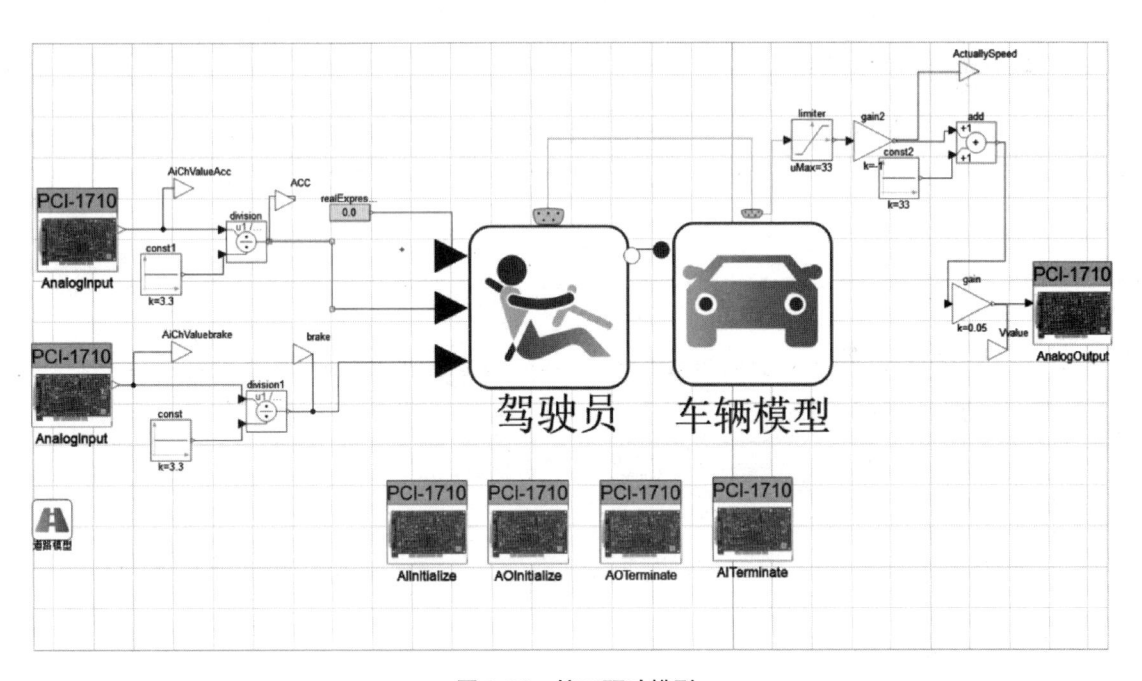

图 6-22 接口驱动模型

2. 多层次编译部署运行全链自动化模块

软件构成包括上位机端、实时机下位机端组件。分别负责发送模型实例及代码文件模块、下载实时代码模块和回复成功的通知模块。上位机端，通过在界面上，单击编译控件，将编译命令发送至仿真机端的管理端，管理端收到编译命令，向上位机端发送回复信息，然后管理端再向实时机的求解器端发送编译命令，求解器端执行编译命令。

MWORKS Real Time 界面的工具栏中提供"Connect"按钮和"Deploy"按钮（见图 6-23），

将方程系统与方程求解器编译后的 C 源码文件与静态库文件，下载至目标仿真机中，同时进行编译，生成目标方程求解程序。

图 6-23 模型编译部署按钮

3. 实时化仿真引擎模块

实时化仿真引擎模块为模型提供实时运行环境，负责实时任务管理，包括创建、激活、挂起、删除、设置运行周期、设置优先级等。实时化仿真引擎作为中转站，统一接收上位机发送的仿真控制命令及模型求解回传的数据、消息通知，对模型求解的实时仿真过程进行控制，并将仿真数据发送至上位机。

4. 仿真控制与监测模块

仿真控制与监测模块对运行在实时目标机中的仿真代码进行仿真控制，并提供多元化的控件与变量绑定，方便用户在仿真过程中观测仿真数据，仿真控制与监测上位机界面如图 6-24 所示。

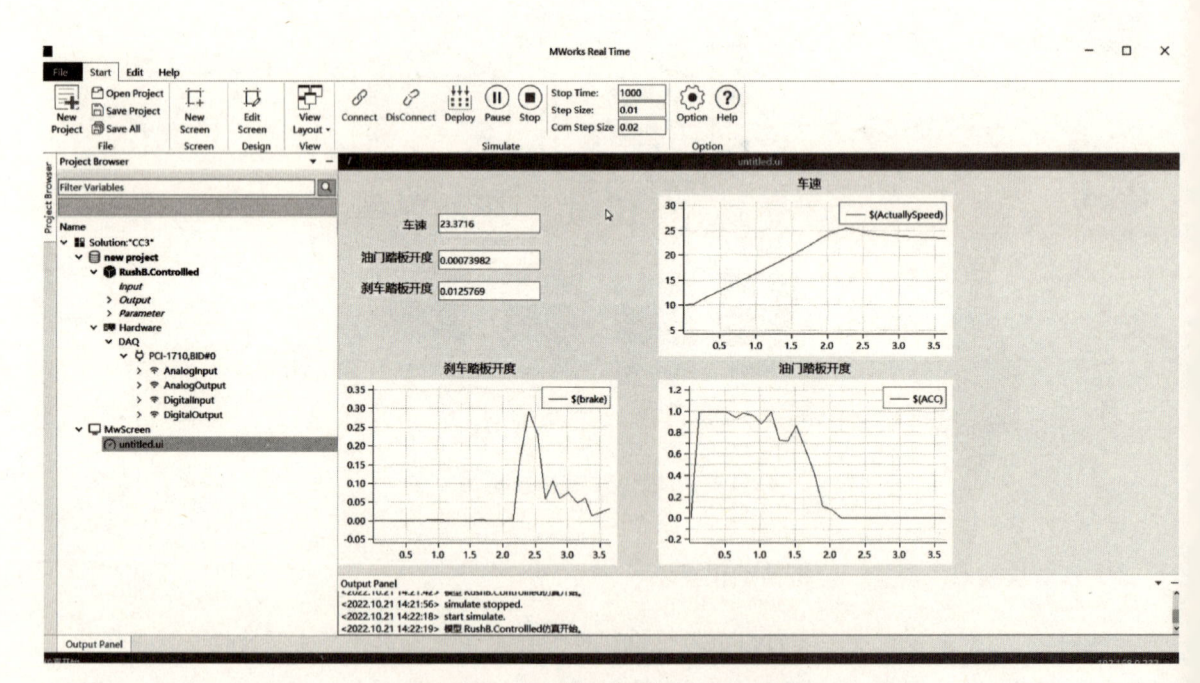

图 6-24 仿真控制与监测上位机界面

在 MWORKS Real Time 界面中提供半物理仿真控制功能，如设置物理模型的运行周期及运行停止时间，并提供"启动"与"停止"按钮供用户对实时仿真过程进行控制，同时也提供半物理仿真检测功能，包含仿真器、曲线示波器、高速数据同步、自动数据记录、数据标定，数据可视化及通信数据打包与解析等。

半实物仿真系统基于多领域统一建模仿真平台的拓展，系统包含离线建模仿真与半实物实时仿真，基础平台 Sysplorer 用于数字建模仿真及半实物模型构建，拓展出新工具箱 RT 用于半实物实时仿真。实时仿真软件使用流程如图 6-25 所示。

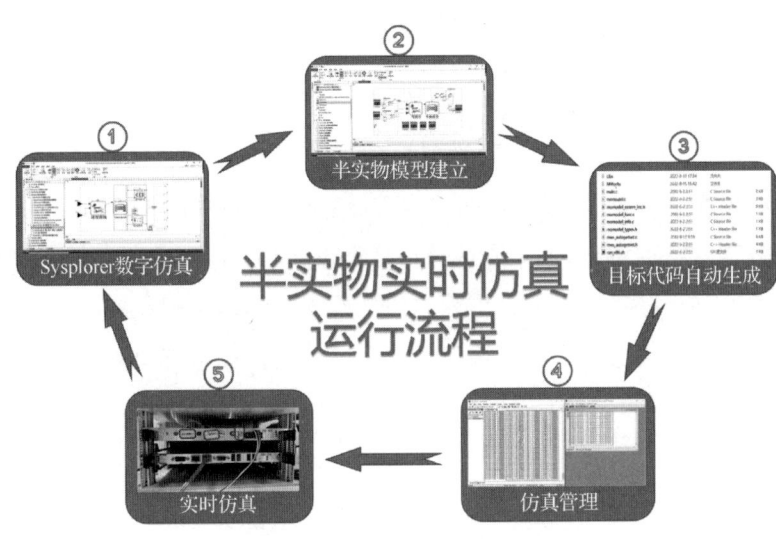

图 6-25　实时仿真软件使用流程

（1）数字仿真：在 Sysplorer 环境下构建模型，通过在 Sysplorer 下的离线仿真，初步验证模型及算法。

（2）半实物模型建立：对数字仿真模型进行修改，加入硬件 I/O 模块，建立半实物仿真模型。

（3）目标代码自动生成：在完成半实物模型相关的参数设置后，对模型进行代码生成，将 Sysplorer 模型转换为 C 代码，调用实时目标平台编译器，将代码编译成目标平台下的可执行程序。

（4）仿真管理：在 MWORKS Real Time 软件中建立仿真工程，设置仿真目标机属性，通过多元化控件绑定待监测变量，连接目标机并将编译后的可执行程序远程下载至实时目标机，准备实时仿真。

（5）实时仿真：在 MWORKS Real Time 软件中，通过单击"启动""停止"等按钮对整个实时仿真过程进行仿真控制，仿真代码在实时仿真机中通过 I/O 接口与实物设备进行交互；上位机的 MWORKS Real Time 软件通过以太网监视实时仿真机状态，并支持在线修改参数、实时数据存储等功能。

（6）仿真数据后处理：仿真结束后，MWORKS Real Time 软件进行实时存储数据上传、数据回放等，能够与 Sysplorer、Excel 等工具无缝集成，并能够进行简单的数据处理。

实时仿真具体步骤如下。

1)数字仿真

首先在 MWORKS.Sysplorer 环境下构建模型,通过在 Sysplorer 下的离线仿真,初步验证模型及算法。

Sysplorer 同时支持控制算法和被控对象物理模型建模、可视化建模,支持多专业(机、电、液、控、热)、多层级(系统、子系统、部件、框图模块)、多尺度(零维指标、一维系统功能/行为、三维性能参数)数学模型构建,支持组件拖拽、模型翻译、模型仿真、数据可视化。

2)半实物模型建立

对数字仿真模型进行修改,加入硬件 I/O 模块,建立半实物模型。

半实物模型需要硬件驱动模块将物理模型的 I/O 接口与物理通信接口进行连接。硬件驱动模块由通信协议参数配置、初始化配置、I/O 接口构成,通常根据硬件在环仿真目标机系统配合使用,包括 ADC/DAC 接口、数字 I/O 接口、总线接口(CAN、1553B)等。硬件驱动模块提供外部函数编辑器,将硬件驱动程序封装成库,进而以模块形式与物理模型相连,即代表物理模型与实际物理端口相连,接口模块自动检测端口信号类型及流向,接口模块支持对硬件端口部分参数进行配置,共同构成完整的硬件在环仿真半实物模型(见图 6-26)。

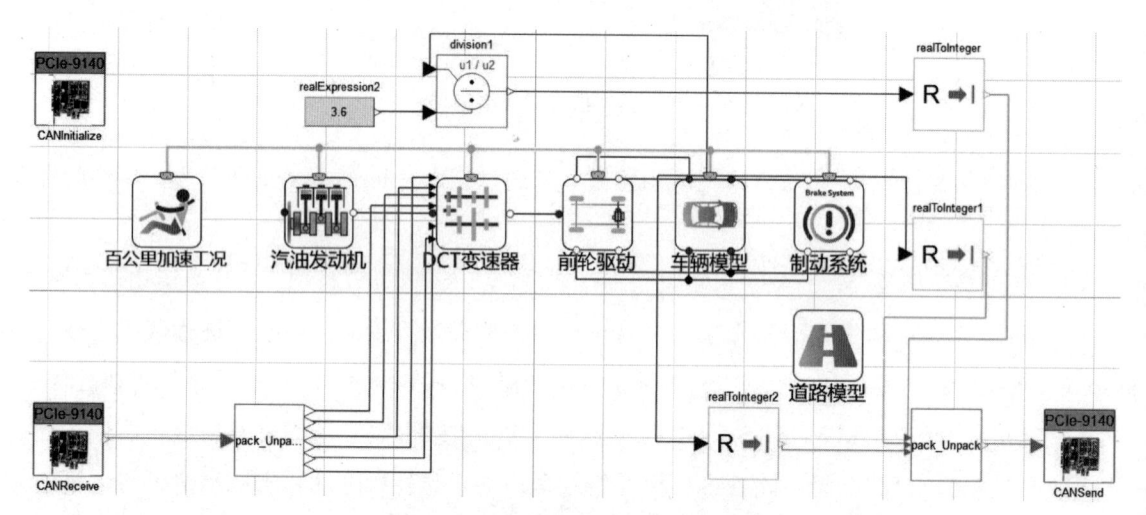

图 6-26 硬件在环仿真半实物模型

3)目标代码自动生成

在完成半实物模型相关的参数设置后,对模型进行代码生成,将 Sysplorer 模型转换为 C 代码,调用实时目标平台编译器,将代码编译成为目标平台下的可执行程序。

代码生成技术与求解器联合可以将被控对象物理模型部署到半实物仿真机中运行,再与复杂系统控制器闭环协作做到实时功能性验证,为验证物理对象和电控单元的可靠性和安全性提供数字化的闭环环境。

由物理模型形成的方程系统与 Sysplorer 提供的方程求解器,经编译后分别形成 C 源码文件和目标系统静态库，下载至目标仿真机中，经过编译形成目标仿真机的求解程序（见图6-27）。物理模型的方程系统和方程求解器自此可以在任何支持C语言的平台部署运行。

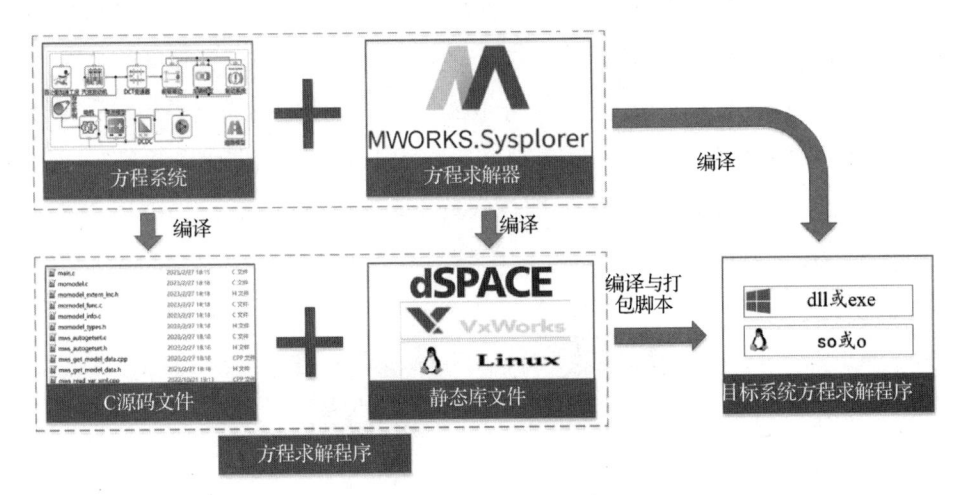

图6-27 目标代码生成

4）仿真管理

在MWORKS Real Time软件中建立仿真工程，设置仿真目标机属性，通过多元化控件绑定待监测变量，连接目标机并将编译后的可执行程序远程下载至实时目标机，准备实时仿真。

仿真控制与监测模块具有仿真器、曲线示波器、高速数据同步、自动数据记录、数据标定、数据可视化及通信数据打包与解析等功能。

（1）仿真器：支持设置模型运行周期、停止时间及通信周期，并提供启动、暂停、继续、停止等实时仿真控制功能。

（2）曲线示波器：实时显示数据，支持扫频、滚屏和刷屏显示等多种刷新模式，并支持坐标轴放大/缩小。

（3）高速数据同步：通过异步通信，单向通道，以最快刷新速率10kHz进行显示。

（4）自动数据记录：记录保存仿真过程中的各种仿真结果数据，支持多种文件格式并有可选时间戳功能。

（5）数据可视化：提供一系列可绑变量或参数的控件，以观测关键节点数据变化。

（6）数据标定：支持在实时仿真过程中通过修改物理模型内可调参数绑定的控件的在线调参。

（7）通信数据打包与解析：利用挂载协议解析文件对总线协议信号进行解包，配合曲线工具可对协议变量实时监测，并打包后发送。

5）实时仿真

在MWORKS Real Time软件中对整个实时仿真过程进行仿真控制，仿真代码在实时仿真机中通过I/O接口与实物设备进行交互；上位机的MWORKS Real Time软件通过以太网监视实时仿真机状态，并支持在线修改参数、实时数据存储等功能。

半实物仿真系统采用了硬件合作伙伴提供的工控机，其性能优良，拥有Intel十代I7处理器、32GB内存、240GB固态+2TB机械硬盘；拥有可扩展接口，可安装多种板卡（实时仿真机见图6-28）；可支持多种实时操作系统，搭载实时仿真引擎，为模型提供实时运行环境，负责实时任务管理，包括创建、激活、挂起、删除、设置运行周期、设置优先级等。它作为中转站，统一管理上位机的仿真控制命令及求解器回传的数据、消息通知等，进而实现文件传输、数据通信、数据存储、模型调度等服务。

图 6-28 实时仿真机

仿真结束后，通过MWORKS Real Time工具箱进行实时存储数据上传、数据回放等，并能够与Sysplorer、Excel等工具无缝集成进行数据处理。

第 7 章　车载控制器应用

随着汽车行业的飞速发展，车载控制器在提升车辆性能、安全性及智能化水平方面起着至关重要的作用。本章将详细探讨车载控制器的应用案例，包括其软件开发流程、基于特定工具平台的开发实践，以及在实际车辆控制中的具体应用。通过对车载控制器在汽车行业中的实际应用进行剖析，读者可以更加深入地理解车载控制器的核心技术及其在车辆设计中的重要作用。

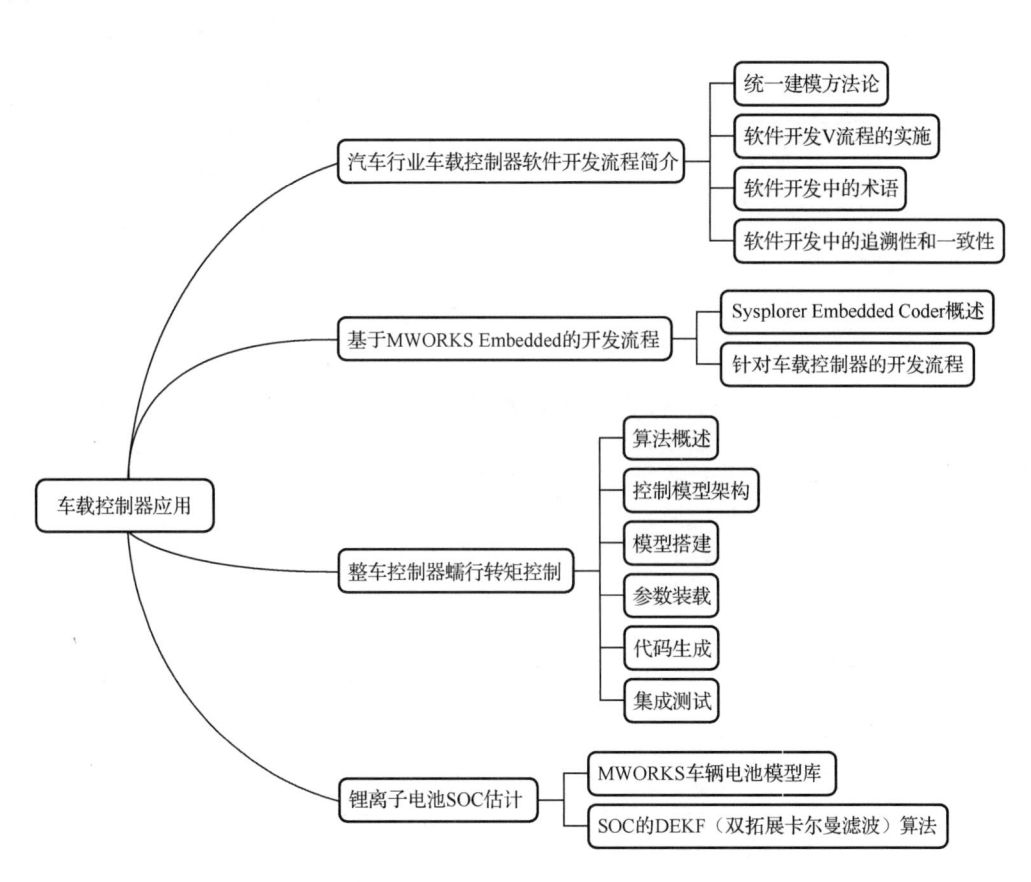

```
                                          ┌── 统一建模方法论
                                          ├── 软件开发V流程的实施
         ┌── 汽车行业车载控制器软件开发流程简介 ┤
         │                                ├── 软件开发中的术语
         │                                └── 软件开发中的追溯性和一致性
         │
         │                                ┌── Sysplorer Embedded Coder概述
         ├── 基于MWORKS Embedded的开发流程 ┤
         │                                └── 针对车载控制器的开发流程
         │
         │                                ┌── 算法概述
         │                                ├── 控制模型架构
车载控制器应用 ┤                                ├── 模型搭建
         ├── 整车控制器蠕行转矩控制          ┤
         │                                ├── 参数装载
         │                                ├── 代码生成
         │                                └── 集成测试
         │
         │                                ┌── MWORKS车辆电池模型库
         └── 锂离子电池SOC估计             ┤
                                          └── SOC的DEKF（双拓展卡尔曼滤波）算法
```

7.1 汽车行业车载控制器软件开发流程简介——以 MATLAB 为例

为保证软件（应用层和底层）开发的质量和效率，当前成熟的 ECU 软件开发都会采用 V 流程形式。整车软硬件开发 V 流程如图 7-1 所示。

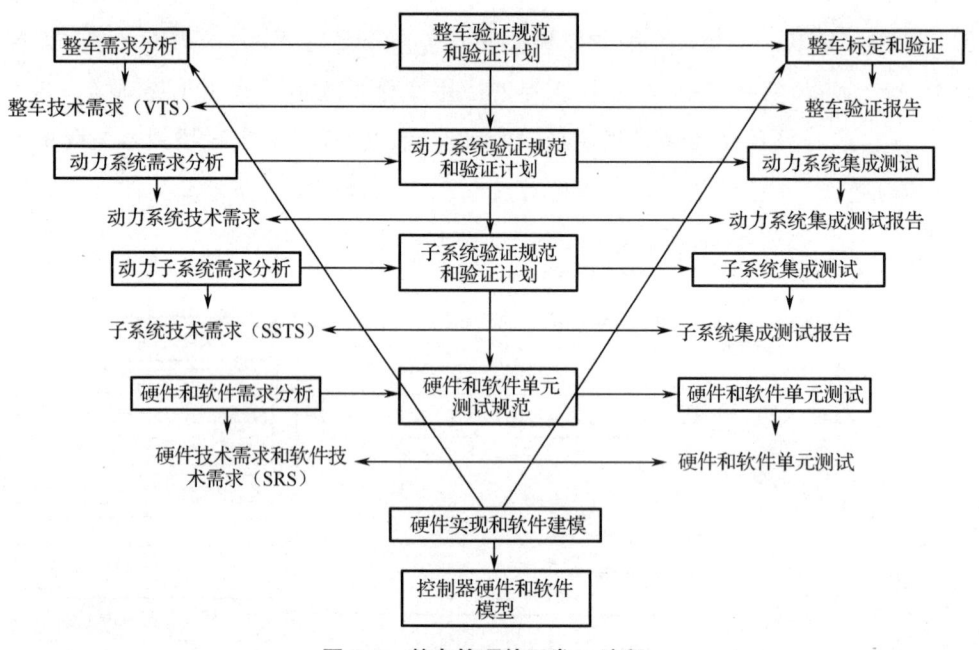

图 7-1 整车软硬件开发 V 流程

所有工程过程（系统工程和软件工程）都是按照"V"字模型原理进行组织的：左边的每个过程与右边的过程正好对应。因此，过程 SWE.3"软件详细设计与单元构建"与 SWE.4"软件单元验证"是对应的，如图 7-2 所示。

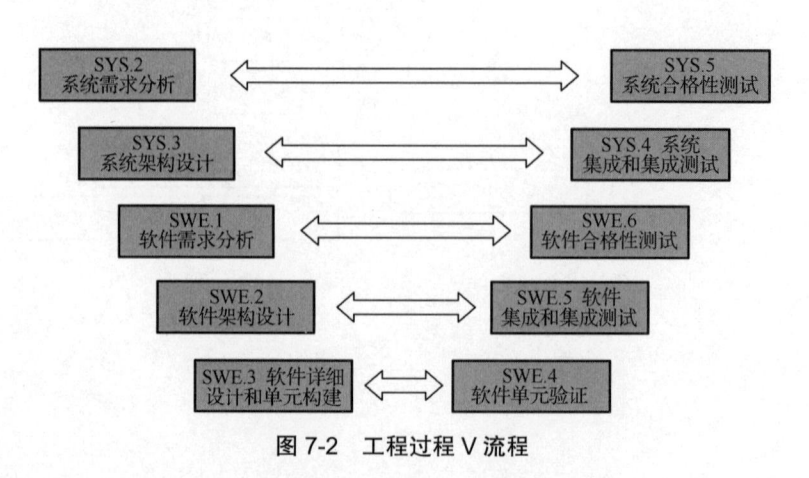

图 7-2 工程过程 V 流程

V 流程来源于软件开发过程中一个被称作快速应用开发的模型,由于该模型的构图形似字母 V,所以俗称 V 模型。V 模型是软件开发、测试中最重要的一种模型,其可划分为几个不同的阶段:功能需求、功能开发、软件开发、软件集成测试、功能集成测试、整车集成测试(系统合格性测试),如图 7-1 所示。左边为需求分析和设计开发的过程,右边则为针对左边的测试验证。

从系统需求到软件需求,再到软件的释放,需要工具对其进行管理,以达到可追溯、可记录的目的。目前市场主流的工具有 Door、ClearCase、GIT、SDOM 等,也有相关公司自己研发的一些流程工具。这些工具的运作方式都遵循需求、研发、测试的 V 流程。

在架构设计过程中,需要使用 EA 架构设计工具,isolar 等 AutoSAR 配置工具。在软件实现过程中需要用到 MATLAB 等模型开发工具;在软件组件集成过程中需要用到编译工具;在软件组件测试过程中需要用到 Tessy 等测试工具。

7.1.1 模型驱动的复杂汽车电控单元的统一建模方法论

基于模型驱动的方法,开发统一的复杂汽车电控单元建模方法论。设计研究 V 流程下模型表达与需求统一的方法,开发具有层次结构、并行系统、时间算子和事件的状态机建模技术,设计不同系统架构下的电控单元开发模板等。以实现汽车电控单元的系统架构统一化和规范化,汽车开发设计 V 流程如图 7-3 所示。

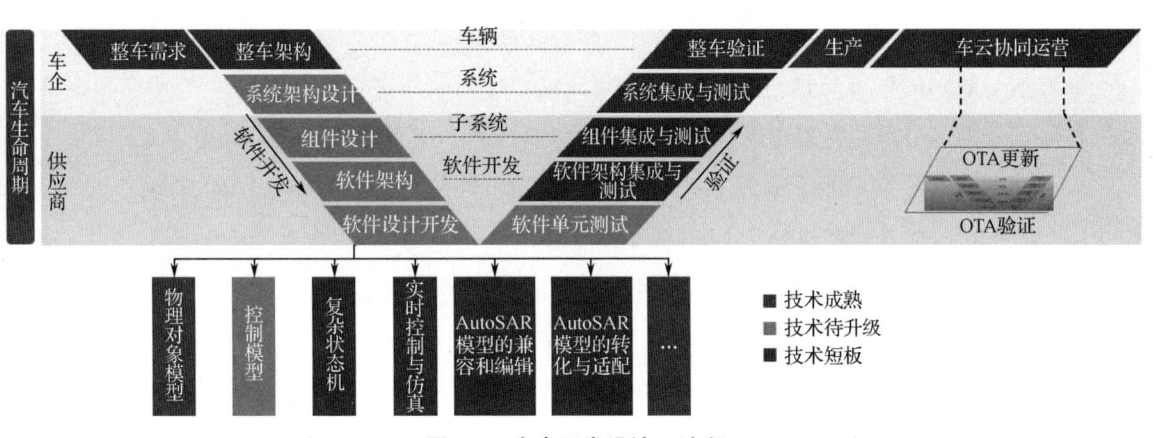

图 7-3 汽车开发设计 V 流程

同时,该技术方案还研究模型同步方法、数据交换方法和具备一致表达的语言基础。基于 UML 和 SysML,参考 AutoSAR 的 Arxml,扩充 MWORKS 的建模语言,本技术方案制定和开发了具有完全抽象描述能力的语言体系,同时制定了功能集成规范,并开发了模型与数据转换的接口工具,完成了图形语言、脚本语言的开发。以提高汽车电控单元建模的效率和准确性。

本技术方案的关键内容如下。

1) 基于模型驱动的工具设计方法论研究 V 流程下模型表达与需求统一的方法

（1）对汽车电控单元的需求进行明确和详细的描述。这些需求要按照特定的规范和格式进行描述，以便后续的建模和验证。

（2）根据确定的需求，建立相应的模型。模型包括物理模型、逻辑模型或组合模型等。建模工具基于 SysML 语言及 AutoSAR 的 Arxml。

（3）在建立模型之后，需要使用模型检查、模拟等技术对其进行验证。模型检查用于发现模型中的错误和不一致性，模拟则是对模型进行仿真和测试，以验证模型是否符合需求和规范。

（4）在模型验证后，需要将模型转换为可执行代码和配置文件。转换后的代码可以进一步用于实现汽车电控单元的控制和功能。

基于模型驱动的工具设计方法论可以研究 V 流程下模型表达与需求统一的方法，实现复杂汽车电控单元的统一建模。

2) 开发具有层次结构、并行系统、时间算子和事件的状态机建模技术

（1）基于现有扩展 UML 状态机建模工具，增强其层次结构、并行系统、时间算子和事件支持功能。同时添加新的元素和特性，以支持更高级别的具有层次结构、并行系统、时间算子和事件的建模需求。

（2）使用基于流控制的编程语言来建模状态机，可以更方便地表示层次结构、并行系统、时间算子和事件。

（3）基于 Petri 网的建模方法构建状态机。Petri 网提供了一种通用的建模语言，可以方便地描述各种并发系统和事件，同时支持层次结构和时间算子。

（4）基于规则的建模方法进行状态机建模。规则可以被用来描述状态之间的转换和事件的发生条件。规则也可以被用来自动执行状态机的建模过程，从而降低建模的难度。

以上开发具有层次结构、并行系统、时间算子和事件的状态机建模技术的方案，可以实现符合需求的状态机。（状态机结合 Modelica 标准）

3) 设计不同系统架构下的电控单元开发模板，实现汽车电控单元的系统架构统一化和规范化

（1）研究基于 AutoSAR 的电控单元系统架构，包括硬件和软件架构，分析 AutoSAR 的特点，实现规范、安全的系统架构。

（2）确定不同系统架构下的电控单元开发模板的基本要素和结构，如模块、接口、数据流、算法、状态机等。

（3）开发模板的模型和元模型，定义模板元素的属性、操作和关系，以及模板实例的生命周期和状态。使用 SysML 等建模语言和扩展 MWORKS 的建模语言，在便于扩展和维护的同时实现架构的统一化需求。

（4）针对不同的系统架构，基于模板元模型，设计和实现相应的模板实例，包括硬件和软

件部分，以及软硬件之间的接口和数据流。使用图形语言、脚本语言进行实现。

（5）验证和测试模板实例的正确性和可靠性，包括功能、性能、可维护性和可扩展性等。可以使用模拟器、仿真器、测试工具等进行测试，并根据测试结果进行调整和优化。

设计不同系统架构下的电控单元开发模板，实现汽车电控单元的系统架构统一化和规范化，可以提高开发效率和质量，降低成本和风险。

4）研究模型同步方法、数据交换方法和具备一致表达的语言基础，制定功能集成规范，开发模型与数据转换接口工具，完成图形语言、脚本语言，使语言体系具备完全的抽象化描述能力

（1）为实现不同工具之间的互相通信，使用 AutoSAR 数据交换格式 Arxml。同时定义数据结构，确保使用相同的数据结构来表示模型和开发成果。

（2）为确保有一致的语言来描述模型和算法，需要制定一套语言规范，本技术方案使用 SysML。规范应该涵盖模型和算法的所有方面，包括状态机、数据流和控制流等。

（3）为确保开发的模块是可组装的，需要制定一套功能集成规范，以定义接口、数据结构和数据类型等。

（4）开发模型与数据转换接口工具，以完成不同模块、工具的数据交换；开发数据转换工具，以确保数据结构的一致性和完整性。

（5）为实现高效的建模和开发，需要提供图形和脚本语言的支持。应能够描述系统的行为和功能，以及定义算法和数据结构等方面。

通过以上研究内容，建立起一套完整的模型驱动开发流程，包括模型同步、数据交换、语言规范、功能集成、数据转换和图形/脚本语言等方面，从而实现汽车电控单元的统一建模和开发，提高开发效率和质量。

通过上述技术方案，可以实现更高效、准确、统一的汽车电控单元的建模，同时降低开发成本，提高汽车电控单元的质量和可靠性。

7.1.2 软件开发 V 流程的实施

1. 系统需求分析

系统需求需要系统工程师完成。基于项目的整体需求及软硬件整体定义，对系统逻辑架构进行整体定义。主要工作包括硬件功能定义、控制器与其他控制器通信定义、软件简要功能定义。这个过程并不会对具体的技术实现做出定义，通常使用 Doors 等流程软件定义系统需求。

2. 软件需求分析

软件需求需要系统工程师完成。系统工程师根据系统相关方需求说明书、软硬件接口文件、变更通知书等输入，梳理定义软件研发需求说明书，包括操作系统需求、电源管理策略、传感器读取、执行器控制、信号特性需求、存储服务、通信服务、网络管理、故障诊断、标定、程

序升级等功能需求和非功能需求。根据项目规划，制订软件开发计划。

软件需求分析建立需求追踪矩阵，将软件需求映射到系统需求，确保软件要实现的系统需求全部被覆盖，通常也使用 Doors 等流程软件完成这个功能。

成功实施软件需求分析过程的结果如下：

（1）定义了系统中分配给软件要素的软件需求及其接口；

（2）将软件需求进行分类，并分析了其正确性和可验证性；

（3）分析了软件需求对运行环境的影响；

（4）定义了软件需求实现的优先级；

（5）根据需要更新了软件需求；

（6）在系统需求与软件需求之间及系统架构设计与软件需求之间建立了一致性和双向可追溯性；

（7）通过成本、进度和技术的影响来评估软件需求；

（8）约定了软件需求，并与所有受影响方进行沟通。

3. 软件架构设计

软件架构需要架构工程师完成。为了建立清晰、结构化的软件设计，应该统一分配软件需求，然后完成软件架构设计。根据系统的相关需求、软硬件接口表和软件需求确定软件架构。将每条软件需求合理分配到软件模块中，定义每个软件模块的输入/输出接口、动态行为、资源消耗目标等，评估多种软件架构的优缺点等。

架构工程师需要使用 EA 等架构软件画出整个控制器软件所有模块的输入/输出接口及内部动态行为。如果项目基于 AutoSAR 开发，需要架构工程师配置应用层的所有组件，并输出每个组件的 Arxml 描述文件。一般来说，还需要架构工程师输出架构文档。

成功实施软件架构设计过程的结果如下：

（1）定义了识别软件要素的软件架构设计；

（2）将软件需求分配给相应的软件模块；

（3）定义了每个软件模块的接口；

（4）定义了软件模块的动态行为和资源消耗目标；

（5）建立了软件需求与软件架构设计之间的一致性和双向可追溯性；

（6）约定了软件架构设计，并与所有受影响方进行沟通。

4. 软件单元设计和软件实现

软件单元设计需要软件开发工程师完成。在此阶段，需要对每个组件内部的算法逻辑进行详细的内部设计。组件功能的详细设计需要与软件需求建立有效的对应关系。如果是算法逻辑编码，建议使用 MATLAB 进行模型开发，如果是接近底层的复杂驱动，一般使用手写代码。如果项目使用 AutoSAR 架构，使用模型开发时需要导入 Arxml 生成模型框架，使用手写代码进行开发时需要使用 AutoSAR 工具生成的组件代码框架。

代码经过多次审查和优化之后，将最终版本上传至代码库，以实现最佳的可靠性和性能。

成功实施软件单元设计和软件实现过程的结果如下：

（1）开发了描述软件单元的详细设计。

（2）定义了各软件单元的接口。

（3）定义了软件单元的动态行为。

（4）建立了软件需求与软件单元之间的一致性和双向可追溯性；建立了软件架构设计与软件详细设计之间的一致性和双向可追溯性；建立了软件详细设计与软件单元之间的一致性和双向可追溯性。

（5）约定了软件详细设计及该设计与软件架构设计的关系，并和所有受影响方进行沟通。

（6）生成了软件详细设计所定义的软件单元。

5. 软件单元测试

当软件单元测试通过后，会将软件编译成 ECU 可执行的文件，如 Hex 格式的文件，将其刷写到 ECU 进行集成测试（或称 HIL 测试）。如果只测试底层软件，一般只需要额外的硬件负载箱支持，如用负载箱来模拟一些传感器信号输入，或制造一些执行器的短路和开路故障；如果测试包括应用层软件，还需要物理模型支持，如电机控制就需要电机的物理模型，变速箱控制就需要整个动力传动系统的模型。软件单元测试一般需要软件开发工程师完成，也可以让测试工程师完成。

单元测试与软件单元设计相对应。单元测试是根据软件单元设计，进行代码级别上的测试。单元测试一般可以通过 MATLAB 和 Tessy 等工具进行。

成功实施软件单元测试过程的结果如下：

（1）制定了包括回归策略在内的软件单元验证策略，以验证软件单元；

（2）根据软件单元验证策略，制定了软件单元验证准则，以适于提供软件单元符合软件详细设计及非功能性软件需求的用例；

（3）根据软件单元验证策略及软件单元验证准则，验证了软件单元并记录了结果；

（4）建立了软件单元、验证准则及验证结果之间的双向可追溯性和一致性；

（5）总结了单元验证结果，并与所有受影响方进行沟通。

6. 软件集成测试

软件集成测试需要测试工程师完成。集成测试与软件需求相对应。集成测试将各个组成部分整合到一个软件系统之后，进行软件的集成测试。根据定义的需求，测试相应的功能是否满足软件需求。

成功实施软件集成测试过程的结果如下：

（1）制定了与项目计划、发布计划和软件架构设计相一致的软件集成策略，以集成软件项；

（2）制定了包括软件回归测试策略在内的软件集成测试策略，以测试软件单元之间和软件项之间的交互；

（3）根据软件集成测试策略，开发了软件集成测试规范，以适于提供集成的软件项符合软件架构设计（包括软件单元之间和软件项之间的接口）的用例；

（4）根据集成策略集成了软件单元和软件项，直至完整的集成软件；

（5）根据软件集成测试策略和发布的计划，选择了软件集成测试规范中的测试用例；

（6）使用选定的测试用例测试了集成的软件项，并记录了测试结果；

（7）建立了软件架构设计要素与软件集成测试规范中的测试用例之间的一致性和双向可追溯性，并建立了测试用例与测试结果之间的一致性和双向可追溯性；

（8）总结了软件集成测试结果，并与所有受影响方进行沟通。

7. 软件系统测试

系统测试软件需要测试工程师完成。系统测试与系统需求相对应。因为软件给各个 ECU 提供了相应的功能，因此在集成测试中，需要将软件烧录至硬件中。ECU 要与其他电子系统组件集成起来，如传感器和执行器。在接下来的系统综合测试中，对所有系统设备的交互响应进行评估。

成功实施软件系统测试过程的结果如下：

（1）制定了与项目计划和发布计划相一致（包括回归测试策略在内）的软件合格性测试策略，以测试集成软件；

（2）根据软件合格性测试策略，开发了集成软件的软件合格性测试规范，以适于提供符合软件需求的用例；

（3）根据软件合格性测试策略和发布的计划，选择了软件合格性测试规范中的测试用例；

（4）使用选定的测试用例测试了集成软件，并记录了软件合格性测试结果；

（5）建立了软件需求与软件合格性测试规范中的测试用例之间的一致性和双向可追溯性，建立了测试用例与测试结果之间的一致性和双向的可追溯性；

（6）总结了软件合格性测试结果，并与所有受影响方进行沟通。

7.1.3　软件开发中的术语

图 7-4 描述了在工程过程中使用的要素、组件、软件单元和项之间的关系。

架构包括架构"要素"，其可以被进一步分解为各合适层级的架构子"要素"。软件"组件"是软件架构最低层级的"要素"，以定义最终的详细设计。一个软件"组件"可包含一个或多个软件"单元"。

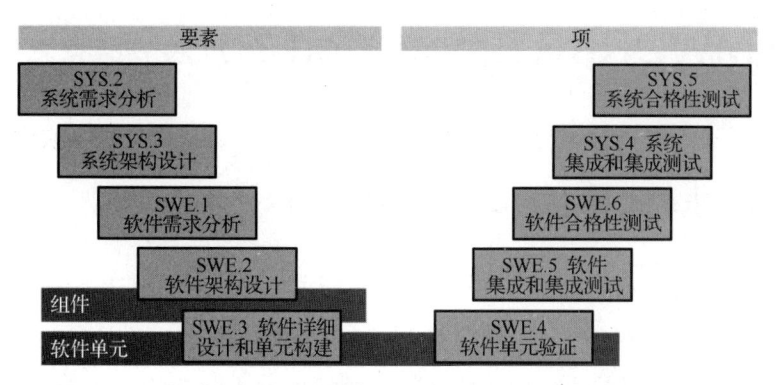

图 7-4 工程过程中使用的要素、组件、软件单元和项之间的关系

在 V 模型右边的"项"对应到左边的"要素"（如软件"项"可以是对象文件、库或可执行形式）。这可以是 1:1 或 m:n 的关系，如一个项可表示超过一个的架构"要素"。

7.1.4 软件开发中的追溯性和一致性

追溯性和一致性在 Automotive SPICE 3.1 PAM 是通过两个单独的基本实践提出的。追溯性指的是在工作产品之间存在引用或链接，由此可以进一步支持覆盖率、影响分析、需求实施状态跟踪等。相反，一致性则关注内容和语义。

此外，双向可追溯性可被明确地定义在测试用例和测试结果之间，变更请求和受这些变更请求影响的工作产品之间，双向可追溯性和一致性如图 7-5 所示。

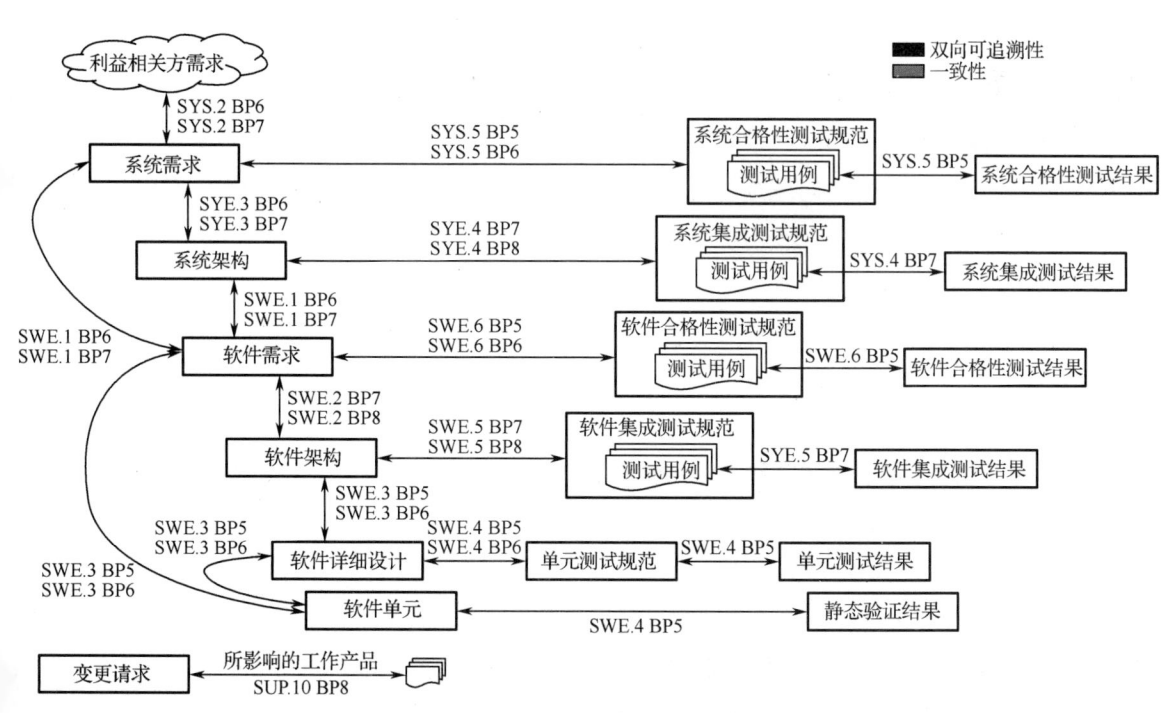

图 7-5 双向可追溯性和一致性

7.2 基于 MWORKS Embedded 的开发流程

7.2.1 Sysplorer Embedded Coder 概述

Sysplorer Embedded Coder（SEC）是 Sysplorer 专门针对嵌入式 C 代码生成场景设计的建模仿真工具。它在 Sysplorer 环境中启动独立界面，为车载控制器软件设计者提供了一系列功能。SEC 内部包含基于因果的框图式建模和状态机建模环境，如图 7-6 所示，这些元素能够支持基于模型的控制策略设计。这种设计方法允许工程师以图形化的方式描述车载控制器系统组件之间的因果关系，以及系统状态及其转换规则，从而实现对控制策略的抽象建模。

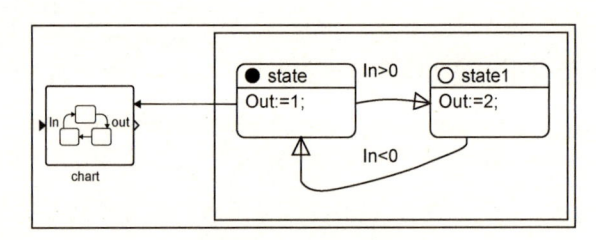

图 7-6 状态机建模

SEC 提供了数据字典工具，用于配合数据管理，允许用户定义和管理车载控制器系统中使用的各种数据类型、变量和参数。这种工具的应用有助于维护代码的一致性和可维护性，特别适用于复杂的车载控制器系统开发项目。此外，SEC 还提供了代码生成配置选项，使用户能够根据特定需求进行定制化代码生成，满足不同车载控制器项目的特定要求。

静态代码检查工具是 SEC 提供的另一项重要功能，它有助于改进和验证车载控制器系统代码的品质。通过对生成的代码进行静态分析和检查，可以及早发现潜在的问题，提高代码的可靠性和稳定性，确保车载控制器系统的稳健性和安全性。

SEC 作为一种建模仿真工具，为车载控制器软件工程师和系统设计者提供了一种结构化的方法，以模型驱动的方式设计和开发车载控制器软件。这种工具在车载控制器软件工程和嵌入式系统领域具有重要意义，有助于提高开发效率、降低成本，并确保产品的可靠性和稳定性。

7.2.2 针对车载控制器的开发流程

针对车载控制器开发，SEC 提供了一个完整的工具链和开发环境，旨在支持嵌入式系统开发的各个阶段。这一开发流程主要包括需求分析和规划、系统架构设计、嵌入式软件开发、调试和验证、集成和部署，以及优化和维护。

1. 需求分析和规划

车载控制器开发的初始阶段是系统需求的深入理解和全面分析，需要准确定义车载控制器所需的功能、性能及约束条件。在需求分析阶段，需求规格说明书的制定和确认极为重要，因为它有助于确保整个开发团队对系统目标的一致理解和清晰界定。

需求规格说明书是对系统所需功能和性能特征的正式描述，包括对控制器所需功能的详细说明及对系统约束条件的界定。在这一文档中，需要详尽描述车载控制器预期的功能范围、系统所需的性能特征，以及与外部环境和其他系统组件交互所需遵循的约束。

在编制需求规格说明书时，需要考虑各种利益相关者（如设计团队、最终用户、产品经理等）的需求和期望。这样可以确保所列出的需求既具体又全面，也符合实际可实现性和技术可行性。

此外，需求规格说明书的确认是确保团队对开发目标一致理解的关键环节。它需要在设计团队内部及与利益相关者之间进行充分的讨论和验证，以确保所列出的需求准确无误、可行可靠。这种清晰、一致的需求理解是车载控制器成功开发的基石，能够为后续阶段的系统架构设计和软件开发提供稳固的基础。

2. 系统架构设计

在车载控制器系统架构设计中，SEC 起到了重要作用。为确保高效的开发过程，车载控制器软件开发人员需要从设计流程的最初阶段开始考虑代码生成，这点在 Sysplorer 编辑器中构建组件模型时尤为重要。

在软件架构和组件设计阶段，开发人员设计用于车载控制器软件的嵌入式系统代码生成和部署的组件算法。这意味着要将软件问题分解为多个部分，并将车载控制器系统架构映射到 Sysplorer 建模环境元素，以确保组件模型准确反映实际车载控制器的设计。

在准备工作阶段，设定应用程序和组件接口至关重要，这些接口需要与车载控制器硬件和其他软件组件无缝交互。Sysplorer 建模组件提供了一系列选项、重用方法和变体，能够将生成的代码模块化，从而提高代码的可重用性和系统的灵活性。

车载控制器软件开发中组件模型的正确构建和设计至关重要。它不仅为应用程序的运行提供了框架，也为代码生成和部署提供了重要支持，以确保其与车载控制器硬件的高效集成，同时最大程度地减少可能的返工和调整。通过考虑代码生成需求并将软件架构准确映射到建模环境元素，设计团队能够在车载控制器软件开发的早期阶段建立可靠的基础，以确保系统的稳定性和性能。

3. 软件开发

在车载控制器开发过程中，确定系统架构后，紧接着进入嵌入式软件的开发阶段。SEC 是一款强大的工具，能够自动生成代码，协助开发人员编写嵌入式软件，以满足车载控制器所需的功能，代码生成功能选项如图 7-7 所示。

在迭代组件模型设计后，需要进行配置代码生成器为组件生成代码。通过配置代码生成器，生成可与外部代码对接及在各子组件之间对接的代码。代码接口的配置涉及选择输出类型、为模型层次结构的元素配置部署类型，以及将模型元素映射到代码定义。完成配置后，使用模型顾问检查组件模型是否准备好生成代码。

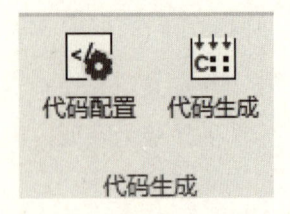

图 7-7 代码生成功能选项

SEC 还能兼容多种硬件平台和编程语言，使开发人员能够针对特定的车载控制器硬件进行优化，并具备跨平台的灵活性。借助该工具，开发人员能够在一个一体化的开发环境中生成代码并进行测试，提高了软件开发效率。

综上所述，SEC 在车载控制器软件开发中至关重要。它不仅简化了代码编写过程，还提供了强大的自动生成功能，使开发人员能够专注于系统功能的设计与实现，从而加速了软件开发周期，并提高了软件质量和稳定性。

4. 调试和验证

在车载控制器软件开发的最后阶段，系统调试和验证必不可少。这个阶段涉及软件和硬件的联合调试，以验证系统功能的正确性和稳定性。SEC 所开发的车载控制器软件够与被控制的物理对象进行联合仿真，仿真功能选项如图 7-8 所示。

图 7-8 仿真功能选项

系统调试和验证是确保车载控制器软件在实际操作中能够如预期运行的关键阶段。控制器通过 SEC 构建，允许开发人员将其与实际物理系统进行联合仿真。这种仿真方法让开发人员能够模拟控制器与实际物理系统之间的交互，从而验证其有效性和适应性。SEC 也可以与硬件系统进行联合仿真。这样开发人员就能更全面地评估控制策略的效果，并在真实环境中验证其功能和性能。

总的来说，系统调试和验证是确保软件功能正确性和稳定性的关键步骤。SEC 所建立的控制策略模型通过联合仿真，为开发人员提供了有效的工具，确保软件在实际应用中的准确运行，并满足预期的功能需求。

5. 集成和部署

经过模型代码生成和验证的迭代过程，SEC 提供了一系列关键功能，使得生成的代码可以灵活地用于集成或直接应用于生产环境。

SEC 具备将生成的可调用函数代码无缝融合到主程序中的能力，以确保整体功能的完整性。同时，它还具备调整生成程序的能力，可以使程序在目标硬件上独立运行，无须依赖外部实时执行程序或操作系统。

SEC还具备与操作系统完美集成的能力，确保生成的代码与特定环境兼容并保持稳定。同时，该工具支持模型的静态和生成的代码文件在不同开发环境之间转移，极大促进了跨平台应用的便捷性。

此外，SEC还允许在应用程序代码中灵活使用生成的共享库，为整个系统提供了模块化和可重用的代码基础。这些功能的综合应用使得生成的代码可以适应多种场景，为车载控制器软件的开发和部署提供了广泛且灵活的支持。

在各模块被整合形成完整的车载控制器系统后，MWORKS Embedded 支持模块化的部署方式，大大简化了系统集成的复杂性。集成完成后，系统即可准备部署到目标车载控制器的嵌入式硬件平台上。

6. 优化和维护

在持续的系统运营中，性能优化和维护变得至关重要。通过对系统性能的监控和分析，可以实时获取关键数据和指标，识别潜在问题，并采取相应的措施予以解决。这种主动性的维护手段能够防患于未然，保障车载控制器系统的可靠性和稳定性。

此外，对系统的性能进行优化也是系统部署后的一项重要任务。通过优化调整，对系统资源、响应时间和效率进行改进，以适应不断变化的工作负载和需求。这种优化工作是车载控制器系统能够长期运行的重要保证。

系统部署后的性能优化和持续维护对车载控制器系统的稳定运行至关重要。通过及时的监控、分析和优化手段，能够保障系统的健康运行，并有效应对可能出现的问题，确保系统长期稳定运行。

整个车载控制器开发流程是一个复杂且重要的过程，它需要严格的工程实践和系统化的方法。SEC作为一个全面综合的工具，在车载控制器的开发中起到重要作用。它不仅为设计团队提供重要支持，更帮助他们有效地管理和完成各个开发阶段，从而确保最终产品的可靠性和稳定性。

SEC为车载控制器开发提供了广泛的功能和工具，支持从需求分析、系统架构设计到嵌入式软件开发和集成部署等多个开发阶段。其提供的综合性解决方案使得设计团队能够以系统化的方法进行工作，有效地管理复杂的开发过程，并准确满足各阶段的需求。此外，该工具能够在整个开发周期中不断得到验证和优化，确保最终产品达到高质量标准。

通过SEC，设计团队能够更有效地利用各种功能，从而提高开发效率、降低错误风险，并确保最终车载控制器软件的可靠性和稳定性。其综合性、高效性和可靠性为整个开发流程提供了强大的支持，助力设计团队顺利完成车载控制器开发的复杂任务。

7.3 整车控制器蠕行转矩控制

7.3.1 算法概述

整车控制器的蠕行转矩控制算法是一种用于电动汽车或混合动力车辆的控制策略,目的是在低速行驶或停车状态下实现精确的速度调节,同时最小化能量消耗和提高驾驶舒适性。蠕行转矩控制是通过调整电机输出转矩来实现车辆缓慢行驶的一种技术。

算法的主要目标是在低速情况下维持车辆的平稳运动,同时确保车辆能够按照驾驶员的期望缓慢前进或后退,而不需要频繁地刹车和加速。算法通常使用车辆的各种传感器,如轮速传感器、电机电流和速度传感器等,来获取实时的车辆状态信息。算法通过调整电机的输出转矩来实现车辆的蠕行运动。根据驾驶员的需求和车辆当前的速度,算法会动态地调整电机输出的转矩,以实现平滑的低速运动。蠕行转矩控制算法通常会考虑能量消耗的优化。通过在蠕行时适当地调整电机转矩,可以降低能量消耗,延长电池寿命,提高整车能效。算法需要考虑驾驶员的期望和驾驶动态的响应。蠕行转矩控制应该灵活地适应不同驾驶条件,确保在各种低速行驶场景中都能提供稳定且可控的车辆动力。在需要停车或刹车的情况下,蠕行控制算法需要协调电机转矩和制动系统,以确保平滑的停车过程,防止车辆溜车或停车过于急剧。

总的来说,整车控制器的蠕行转矩控制算法通过综合考虑驾驶员需求、车辆状态和能耗优化等因素,实现了低速行驶时的平稳、高效和可控的车辆运动。如图 7-9 所示为控制器设计流程。

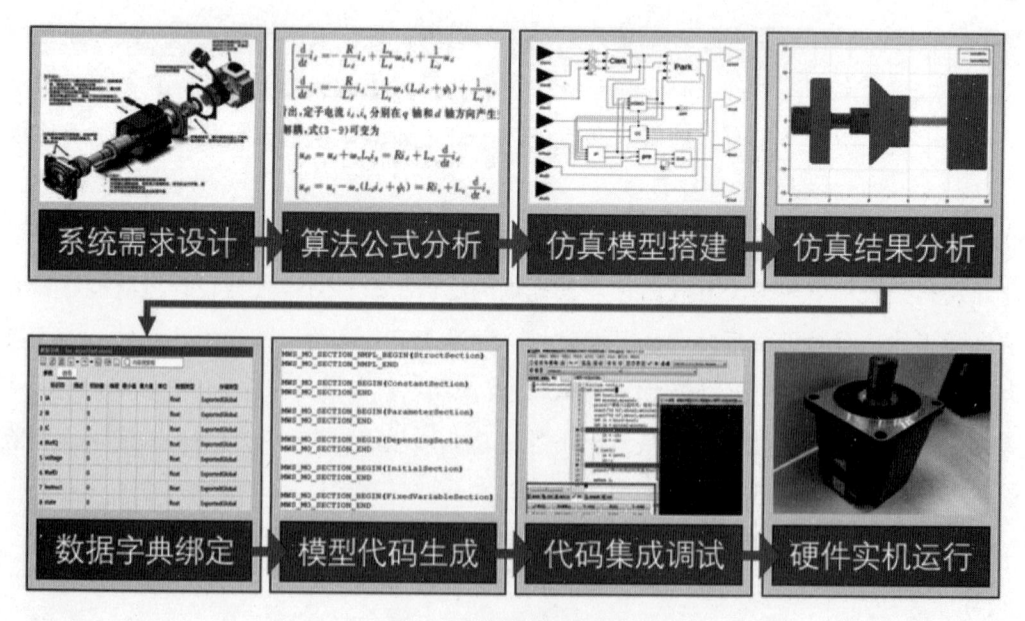

图 7-9 控制器设计流程

7.3.2 控制模型架构

整车控制器的蠕行转矩控制算法通常包含多个模块，这些模块协同工作以实现车辆在低速行驶时的平稳控制。以下是控制模型架构中的一些基本模块。

（1）传感器模块：该模块负责收集车辆状态的实时数据。常见的传感器包括轮速传感器、电机电流和速度传感器、制动系统传感器等。这些数据用于反馈给控制算法，以便对车辆状态进行实时监测。

（2）车辆状态估计模块：在传感器收集的数据的基础上，车辆状态估计模块使用滤波器或其他估计技术来计算车辆的准确状态，如位置、速度、方向等。

（3）驱动电机控制模块：该模块负责控制电动汽车的驱动电机。它接收来自传感器和车辆状态估计模块的信息，并生成相应的电机转矩命令，以实现蠕行运动。该模块可能涉及 PID 控制器或其他高级控制策略。

（4）能量管理模块：负责优化能量消耗。该模块考虑车辆的能量需求、电池状态、电机效率等因素，以调整蠕行转矩控制策略，最大限度地延长电池寿命和提高能效。

（5）驾驶员交互模块：如果车辆允许驾驶员干预蠕行控制，这个模块负责接收驾驶员输入指令，如油门和刹车指令，然后将其纳入整体控制策略。

（6）制动系统控制模块：当需要刹车或停车时，制动系统控制模块与蠕行控制算法协同工作，确保平滑的制动操作，防止车辆溜车或制动过于急剧。

（7）安全监测模块：该模块负责监测车辆的安全状态。包括对制动系统、电机系统和传感器的故障检测，以及对不寻常驾驶行为的检测和响应。

如图 7-10 和图 7-11 所示，分别为模型架构和车辆控制系统模块。整个架构通过这些模块的协同工作，实现了蠕行转矩控制算法，使车辆在低速行驶时能够平稳、高效地运动，同时考虑到了驾驶员需求和能量消耗的优化。架构的具体设计可能会因车型、电动系统和制动系统的不同而有所变化。

7.3.3 模型搭建

1. 状态机模型建模

MWORKS.Sysplorer 支持状态机模型建模，Sysplorer Embedded Coder 模型库中提供的状态机模块支持用户为控制器搭建状态转移模型，搭建状态逻辑方式比传统编程语言中的嵌套条件分支语句更加高效。图形化界面可帮助用户轻松了解其中的逻辑关系，也方便设计工作的交接，便于维护人员后期对程序逻辑的修改。

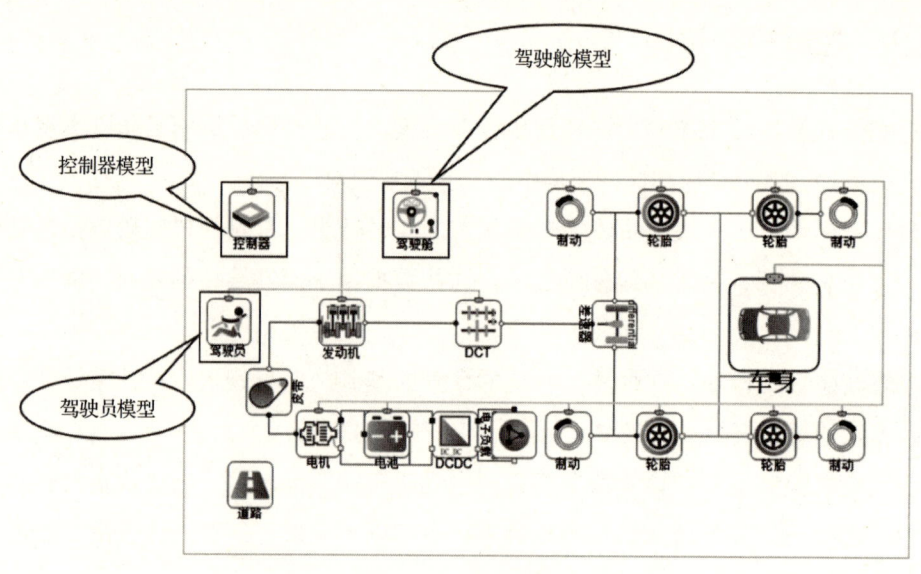

图 7-10 模型架构

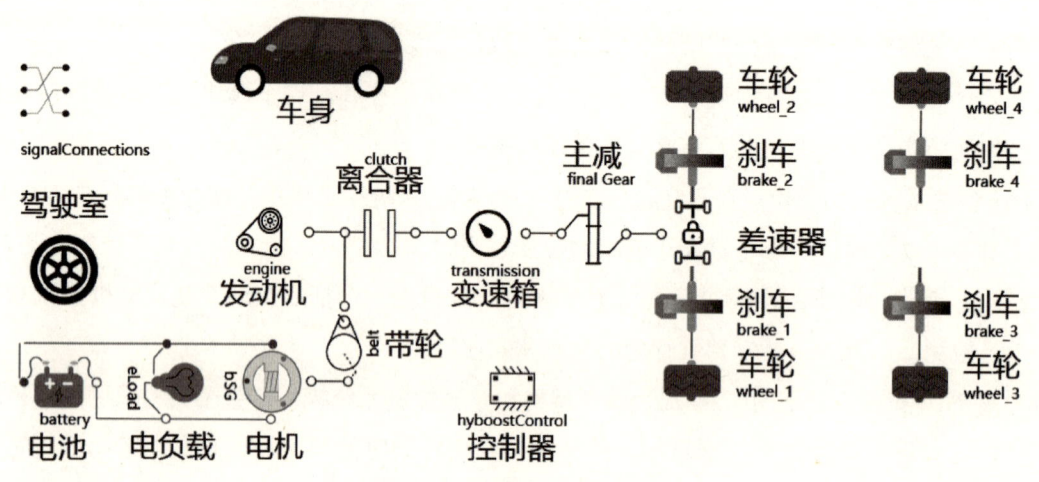

图 7-11 车辆控制系统模块

在状态机中，用户不仅能够设置默认状态，还能够在转移连线上设置转移条件来实现状态之间的切换，如图 7-12 所示。

除此之外，状态机还提供了用户自定义输入/输出端口。在完成状态机模型建模之后，用户可以为所需要的状态变量设置输入/输出端口、数据类型及初值等，并且会在状态机外形成对应端口。

MWORKS.Sysplorer 提供模型仿真、信号观测等功能，用户可在仿真结果中监测不同的状态变量，如图 7-13 所示。

小到 LED 开关，大到百万级的复杂系统状态切换，状态机在其中都起着至关重要的作用。利用可视化模型能够在很大程度上减少传统代码设计系统的人工与时间成本，从而提高建模与设计效率。仿真结果监测如图 7-14 所示。

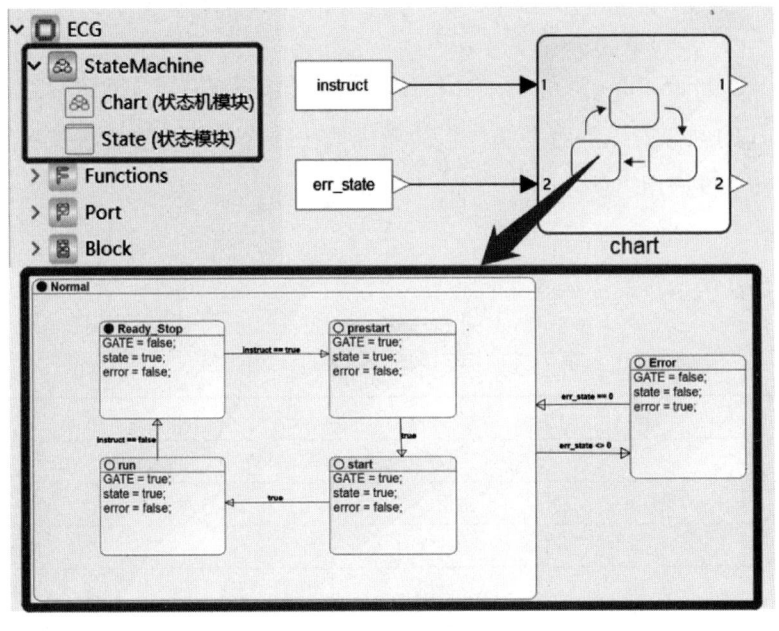

图 7-12　状态机模型建模

图 7-13　状态变量

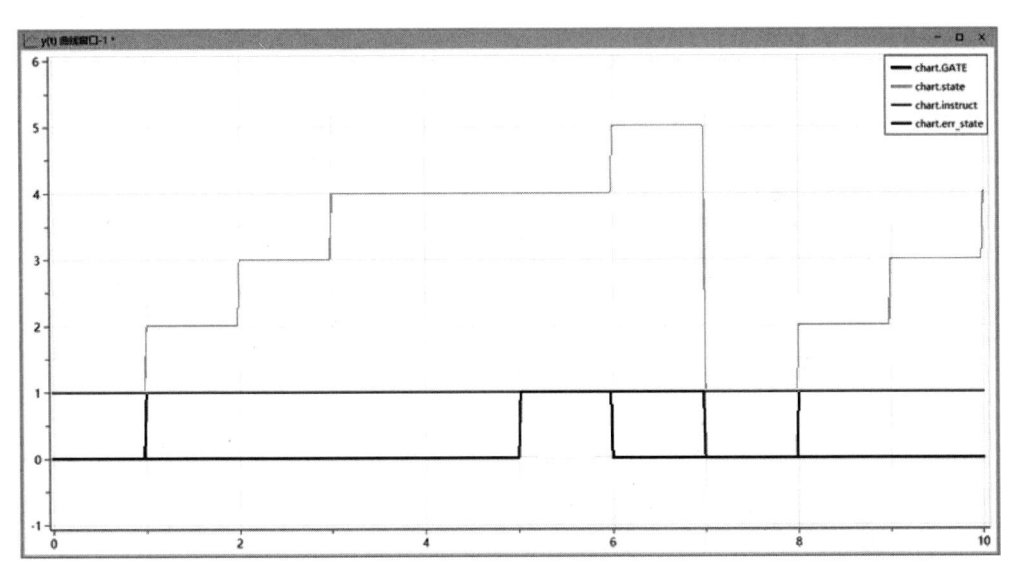

图 7-14　仿真结果监测

2. 卡尔曼滤波算法

卡尔曼滤波（Kalman Filter）是一种用于估计系统状态的滤波器，它可以通过观测数据和系统动力学模型之间的融合来提供对系统状态的最优估计。卡尔曼滤波器在控制系统、信号处理和机器人等领域被广泛应用。

1）参数描述

卡尔曼滤波算法的参数描述如表 7-1 所示。

表 7-1　卡尔曼滤波算法的参数描述

接口名称	API			
接口描述	汽车电控软件图形化建模仿真工具接口标准格式字段内容示例			
	参数名	数据类型	可否为空	描述
传入参数	A、B	数组	否	状态转移矩阵
	C、D	数组	否	观测矩阵
	Q、R	数组	否	过程和噪声协方差矩阵
	x、P	数组	否	初始状态量和初始状态协方差矩阵
	u_prev、z_obv	数组	否	系统输入和观测矩阵
返回参数	x_true	数组	否	矫正后的状态量估计

2）算法实现逻辑

卡尔曼滤波的简要原理如下。

（1）系统建模：首先需要建立系统的动力学模型。这个模型描述了系统状态如何根据控制输入和上一个状态演化。通常，这个动力学模型可以使用线性状态空间模型表示，其模型如图 7-15 ～图 7-17 所示。

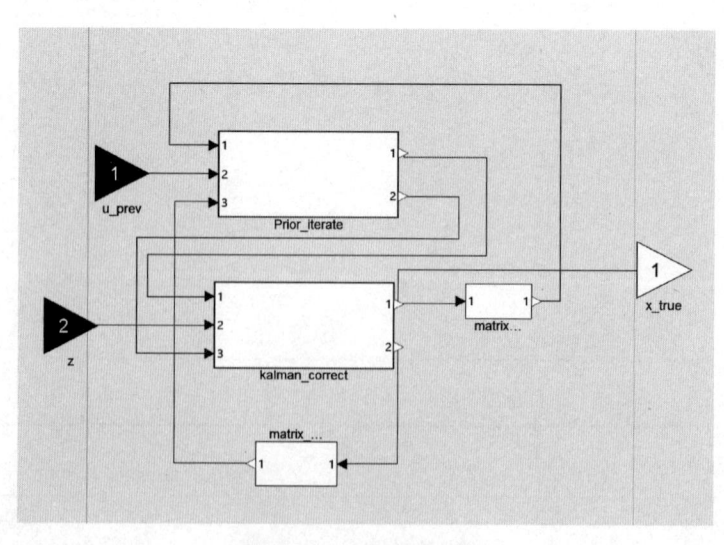

图 7-15　卡尔曼滤波器

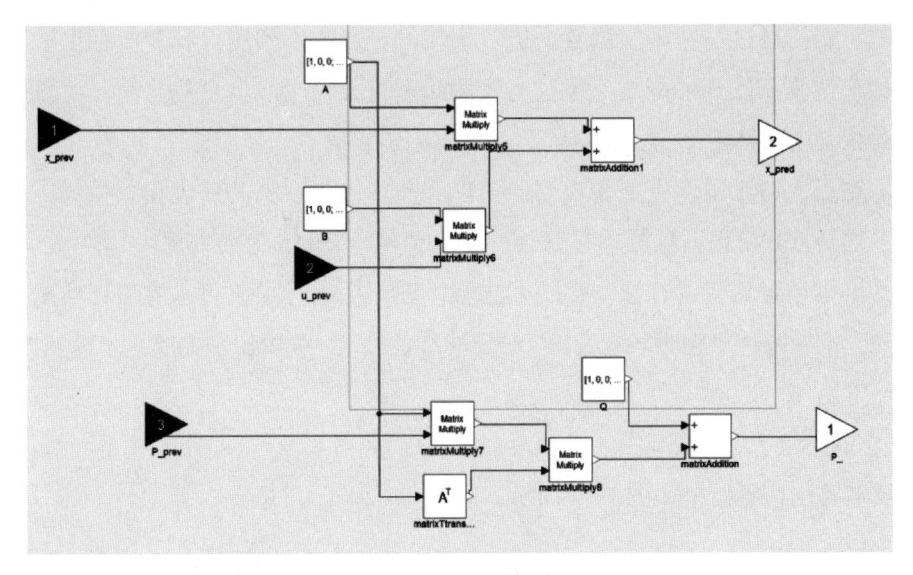

图 7-16 预测部分

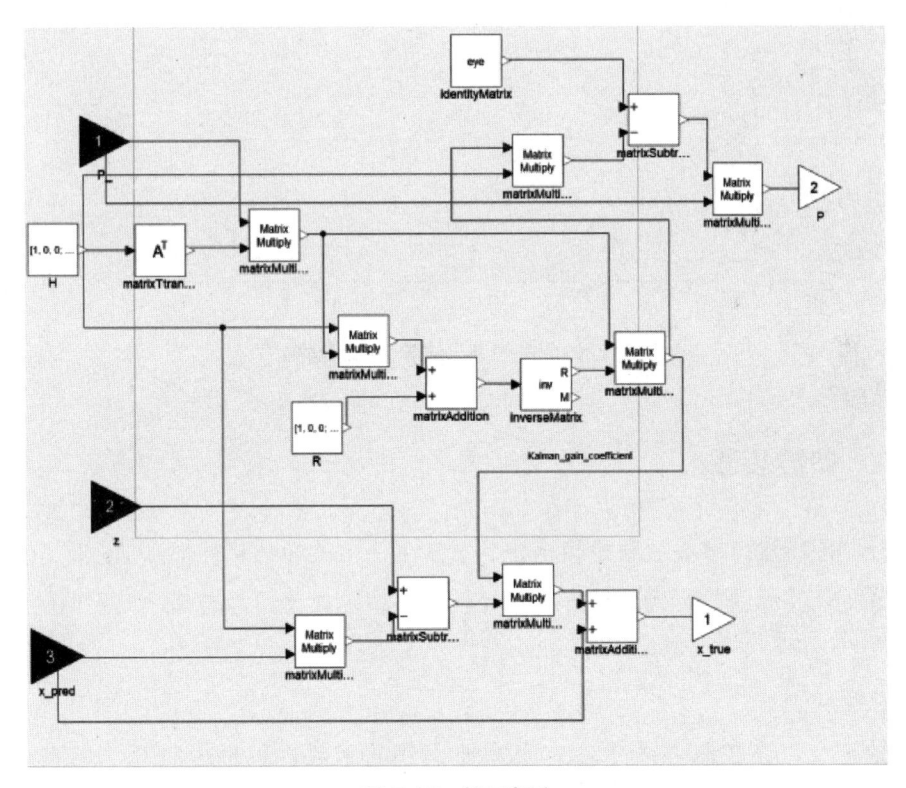

图 7-17 校正部分

（2）状态预测：在卡尔曼滤波中，首先对当前系统状态进行预测。通过系统的动力学模型和先前的状态估计，根据当前的控制输入来估计下一个状态。这个预测过程是基于线性状态转移方程进行的。

（3）观测更新：通过与实际观测数据进行比较，更新状态预测。观测数据提供有关系统状态的信息，但可能受到噪声的影响。通过与预测状态进行比较，卡尔曼滤波器可以确定如何根据观测数据对状态进行修正。

（4）状态更新：通过融合预测和观测的信息，计算得到系统的最优状态估计。卡尔曼滤波器使用加权平均的方式，根据预测和观测的可靠性确定每个估计值的权重。

卡尔曼滤波器通过迭代进行预测和更新步骤，逐渐提高对系统状态的估计精度。它在处理线性系统且受到高斯噪声影响时表现良好。对于非线性系统，可以使用扩展卡尔曼滤波（Extended Kalman Filter）或其他非线性滤波方法来处理。

3）算法仿真结果

卡尔曼滤波算法仿真结果如图 7-18 所示。

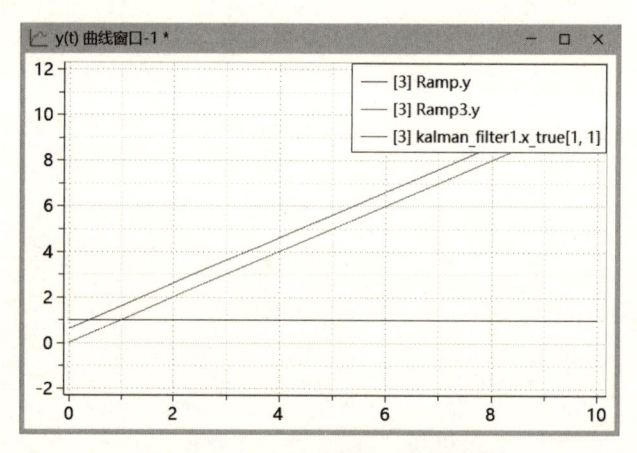

图 7-18　卡尔曼滤波算法仿真结果

7.3.4　参数装载

在车辆控制系统中，参数装载是指将控制算法中使用的参数从外部源加载到系统中，以便在运行时动态地调整系统的行为。这样的设计使得系统更加灵活，能够适应不同的运行环境和需求。

参数装载要点如下。

（1）参数定义：在控制系统中，定义需要调整的参数，包括控制算法的增益、阈值、限制等。

（2）参数配置文件：将这些参数保存在一个或多个配置文件中，这样参数可以被轻松地编辑和管理。这些文件可以是文本文件、XML 文件、JSON 文件等。

（3）参数读取：在系统初始化阶段，读取配置文件中的参数值。参数读取可以通过文件解析器或配置管理工具来完成。

（4）参数应用：将读取到的参数值应用到相应的控制算法或系统组件中。可能涉及修改变量、调整算法参数、更新系统设置等。

（5）参数更新：在运行时，系统可能需要动态地更新参数。可以通过定期重新读取配置文件、网络接口接收远程命令或其他手段来实现。

参数装载的方法如下。

（1）配置文件：将参数保存在配置文件中，以文本或结构化的格式存储。这是一种简单且常见的方法。

（2）命令行参数：在系统启动时，通过命令行参数传递参数值。这对于一次性配置非常有用。

（3）环境变量：使用环境变量来传递参数值。这对于在不同环境中运行时配置的情况很有用。

（4）远程配置：通过网络接口或其他通信方式，从远程服务器获取参数值。这对于远程监控和调整非常有用。

（5）实时调整：在运行时提供用户界面或命令接口，允许用户实时调整参数值。这对于系统调试和优化非常有用。

（6）存储数据库：将参数存储在数据库中，通过数据库查询来获取参数值。这对于大型系统或分布式系统中的参数管理很有用。

7.3.5 代码生成

MWORKS.Sysplorer 嵌入式代码生成器产生的代码具有以下特点：

（1）代码生成选项配置自由度高，支持用户自定义风格；

（2）生成的代码可读性强，用户能够轻易识别并集成模型对应的主要函数；

（3）生成的代码运行效率高，不产生冗余的代码；

（4）生成的代码易于集成，不需要用户修改，可直接用于工程。

控制器从建模到实机测试的过程如图 7-19 所示。

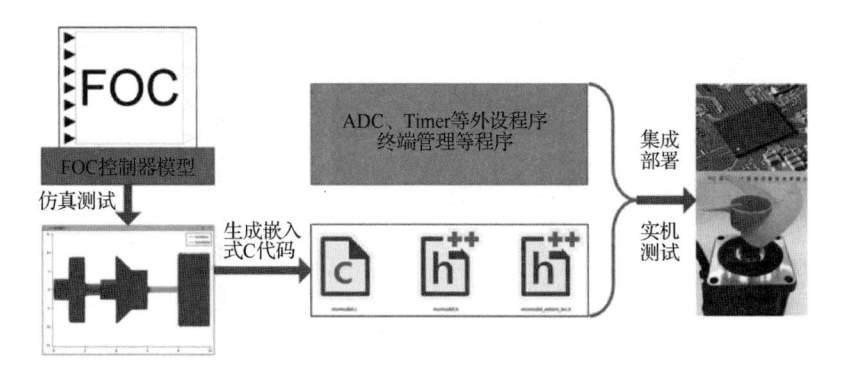

图 7-19 控制器从建模到实机测试的过程

1. 代码生成配置

MWORKS.Sysplorer 的仿真页面向用户提供代码配置与代码生成按钮，经过仿真验证及数据字典绑定等操作之后，在保证模型仿真无误的情况下，可以配置属于用户的嵌入式代码，如图 7-20 和图 7-21 所示。

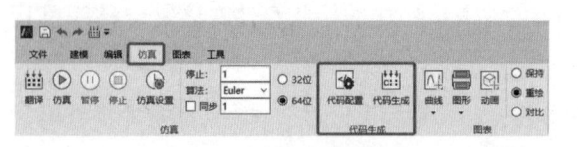

图 7-20　嵌入式代码配置及代码生成按钮

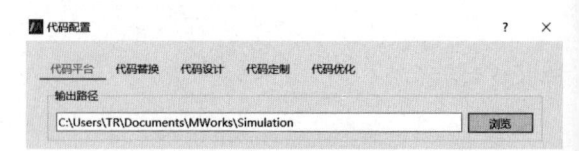

图 7-21　代码配置选项

2. 代码平台

代码平台界面（见图 7-22）支持用户自定义代码生成路径，方便用户自行管理生成的文件。为用户提供适配不同平台标准的选项，以便用户生成匹配对应芯片规则的代码。在"数据位数"栏中为用户显示出不同类型字节的长度，从而降低用户手动修改代码的频率。在此界面，用户还能根据所使用的硬件性能特点来设置字节序、数据位数及原子长度，以便减少硬件占用的内存空间。

图 7-22　代码平台界面

3. 代码替换

代码替换界面提供用户自定义数据类型的"字符串",以便符合用户代码编写的习惯或标准,其中也提供了不同的库函数标准。用户可以取消勾选"替换类型"选项,直接使用 MWORKS.Sysplorer 中提供的默认类型。如图 7-23 所示为代码替换界面及案例。

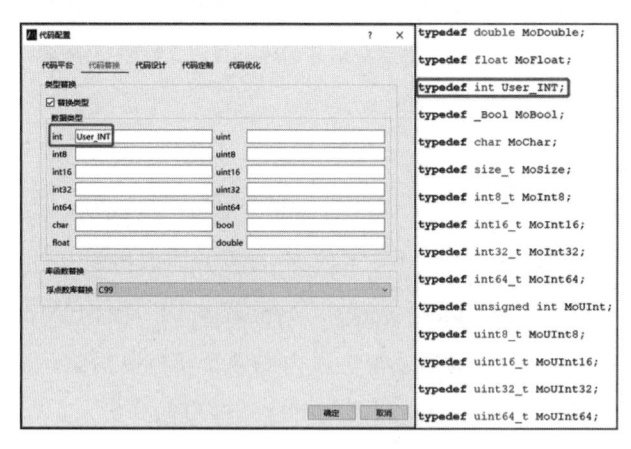

图 7-23 代码替换界面及案例

4. 代码设计

代码设计界面(见图 7-24)首先为用户提供不同类型的代码生成文件组织结构;其次,在命名规范栏中提供不同类型或变量字符串最大长度的设置来规范化生成的代码;最后,在运算符中,提供逻辑运算与位运算两种方式。不同文件组织对应的代码生成文件组织结构如图 7-25 所示。

图 7-24 代码设计界面

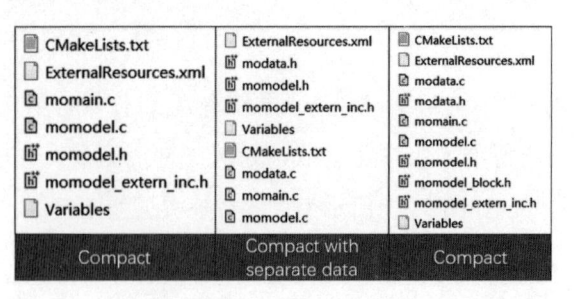

图 7-25 不同文件组织对应的代码生成文件组织结构

5. 代码定制

代码定制界面（见图 7-26）能够让用户选择是否需要开启数据类型溢出保护及数据除零保护等功能。在展开部分，用户可以在不同代码段的前后插入自定义的代码，以便添加部分自定义代码，允许插入的段包括 include、macro、type、global_variable_declare、global_variable_define、function_declare 等。这些字段前后及每个段内的单个实例前后都可以插入用户自定义代码。使用此功能需要用户对生成代码构成原理和需求有比较深刻的理解。

图 7-26 代码定制界面

6. 代码优化

代码优化界面（见图 7-27）供用户自定义主要函数名称、数组展开阈值，以及生成代码优化目标配置。模型入口函数命名是为了方便用户在生成的代码中识别和定位它们，从而在后续软件集成工作中方便地调用这些函数。在 MWORKS.Sysplorer 所搭建的控制算法模型生成的代码中，有两个主要函数，分别是初始化函数 initial 及阶跃函数 step。用户可以根据使用需求和自身习惯自定义其函数名。若勾选"带有模型名前缀"复选框,生成的代码中这两个函数则会以模型名为前缀。

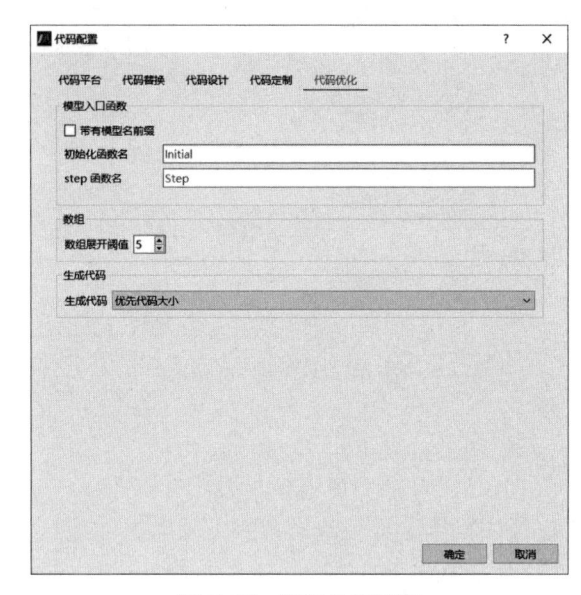

图 7-27 代码优化界面

7. 嵌入式代码结构

MWORKS.Sysplorer 生成的嵌入式代码主要由头文件 momodel.h 及源文件 momodel.c 构成。头文件包含了代码的宏定义、类型别名、全局变量声明及函数声明,如图 7-28 所示。源文件含有部分宏定义、数据结构定义、全局变量初始化及所有函数定义,如图 7-29 所示。清晰的结构分层使用户能够快速理解模型生成代码的构成,掌握模型生成代码的分段和它们之间的联系。

图 7-28 头文件结构

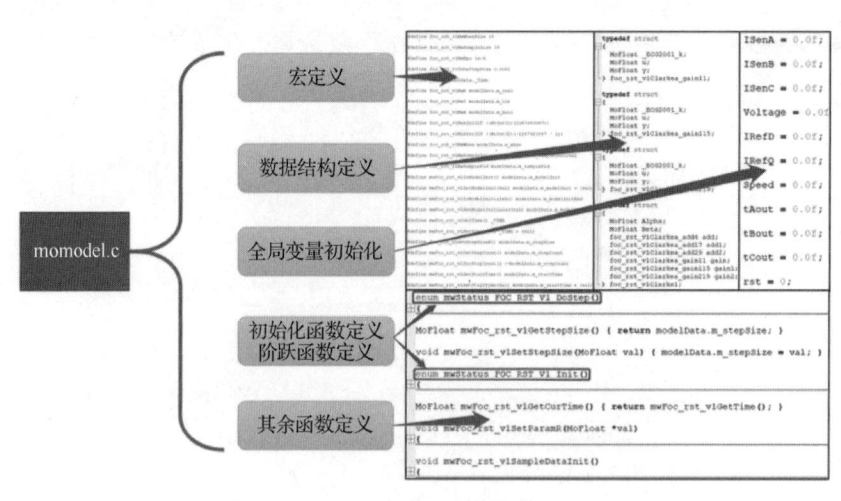

图 7-29 源文件结构

8. 代码集成与实机应用

信号由 MCU 上的 ADC 模块采集，将用户设定的电源电压、d 轴、q 轴数据作为代码生成的源文件中算法函数（Dostep）的输入数据，通过生成的代码逻辑计算得到各路 PWM 波高低电平的计数值并写入 Timer 模块的寄存器中，以便控制各路 PWM 信号的高低电平时间，最终达到驱动的目的。

此外，可以使用串口将 MCU 每个控制周期数据发送至电脑端，由 MWORKS.Sysplorer 绘制图像以便监测最终结果。如图 7-30 所示为实时数据回传图。

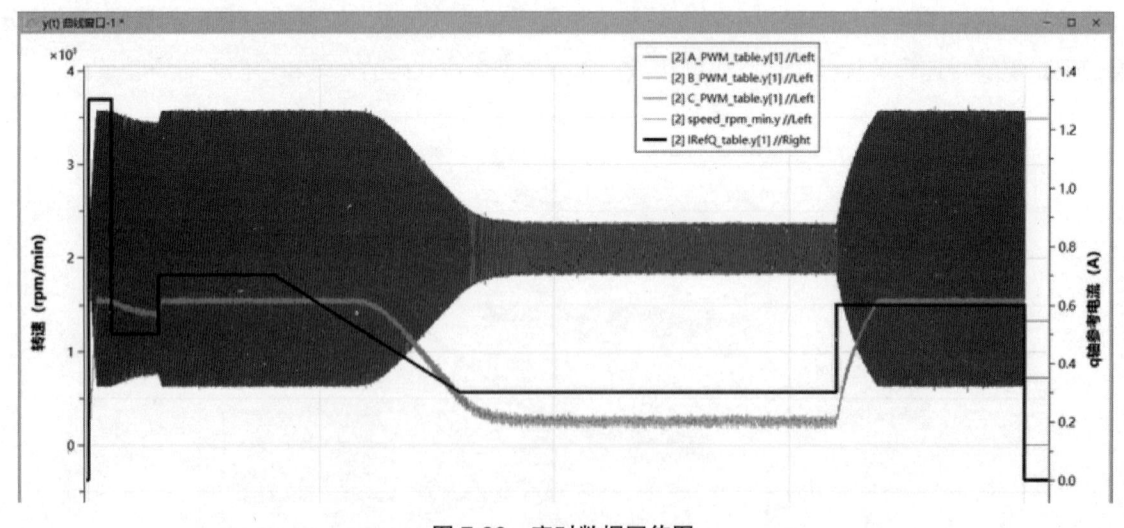

图 7-30 实时数据回传图

MWORKS.Sysplorer 支持使用控制策略模型库中的外部函数编辑器 C caller 将 MCU 外设驱动封装为拖拽式模块，供控制器模型使用及联合仿真，实现软件驱动模块化的技术路线。各大半导体供应商都可以加入 MWORKS.Sysplorer 平台并做出驱动模型库,使更多工程师和广大高校师生通过图形化界面及模块配置对应参数以更高效的方式了解并学习使用各个厂商的 MCU。

7.3.6 集成测试

将基于卡尔曼滤波算法所建立的卡尔曼模型进行封装并作为单独的模块,连接到输入模块(见图 7-31)上,输入特定的参数(见图 7-32)进行仿真,通过仿真结果曲线图(见图 7-33)可以观察到该模块运行的结果,以及相关算法的运行特点。通过输入不同的参数,观察输出的仿真结果曲线的变化就能够对该算法模块进行有关的验证。

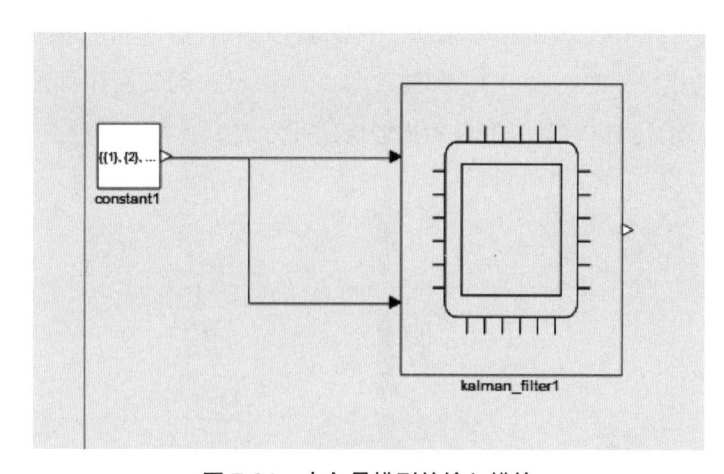

图 7-31 卡尔曼模型的输入模块

图 7-32 模块参数的设置

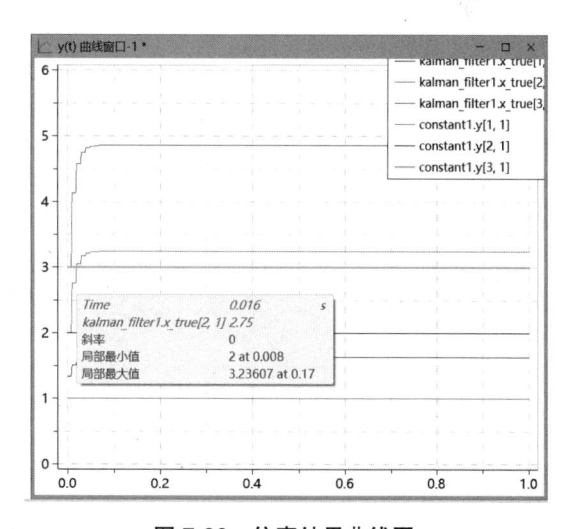

图 7-33 仿真结果曲线图

7.4 锂离子电池 SOC 估计

7.4.1 MWORKS 车辆电池模型库

车辆电池模型库 TABattery 包括电芯模型、电池模组模型、电池包模型等，电芯模型分为电学模块和热学模块。用户可根据实际需求搭建不同层级的模型（如电芯模型、电池模组模型、电池包模型，如图 7-34 所示）。电池模型库可与整车模型或热管理系统模型组合，可应用于纯电动或混动车型的各类工况或热管理仿真分析。

TABattery 提供电芯、电池模组和电池包三个层级的总线模型，可以通过总线获取每个电芯、电池模组、电池包的相关信息，如 SOC 和温度等。TABattery 可支持不同层级的电学性能和热学性能分析评估和优化，用户可基于提供的模板快速开发或扩展电池模型。

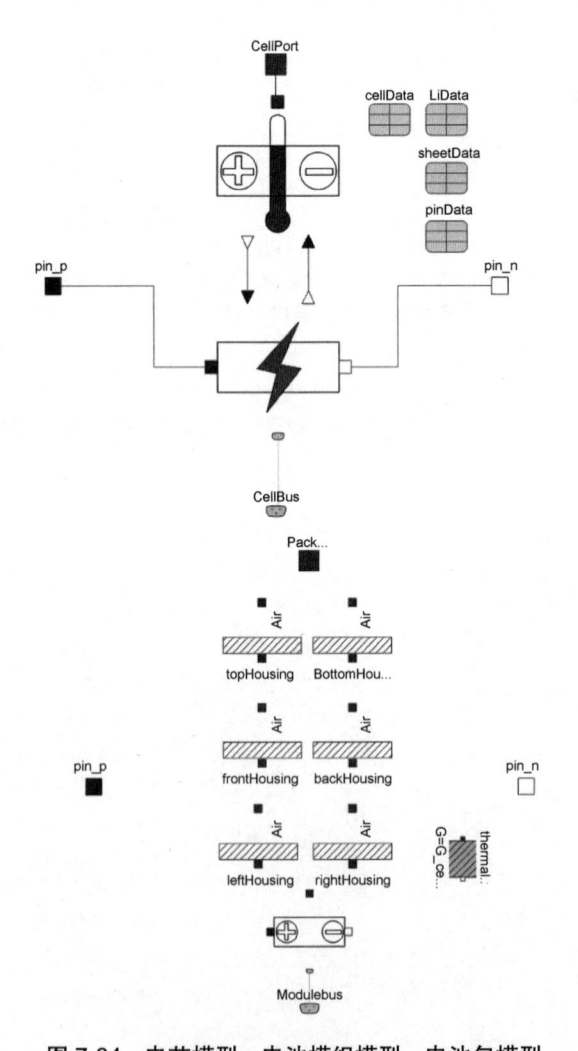

图 7-34 电芯模型、电池模组模型、电池包模型

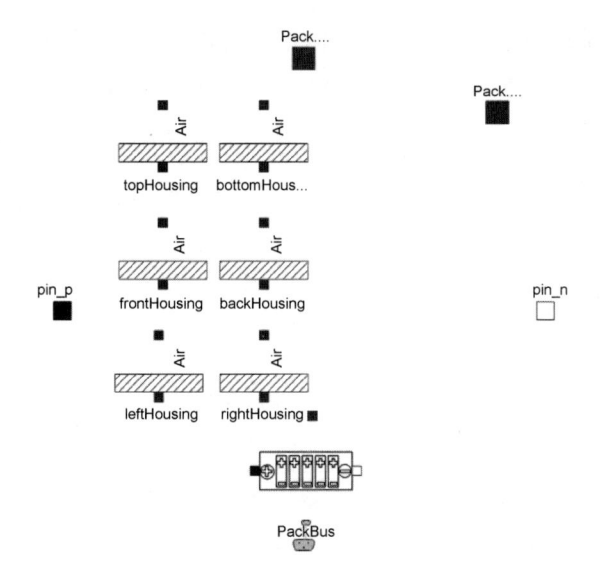

图 7-34 电芯模型、电池模组模型、电池包模型（续）

7.4.2 SOC 的 DEKF（双拓展卡尔曼滤波）算法

1. 等效电路模型

常用的等效电路模型包括 Rint 模型、戴维南（Thevenin）模型、PNGV 模型、n 阶 RC 模型，四种等效电路模型的结构如图 7-35 所示。

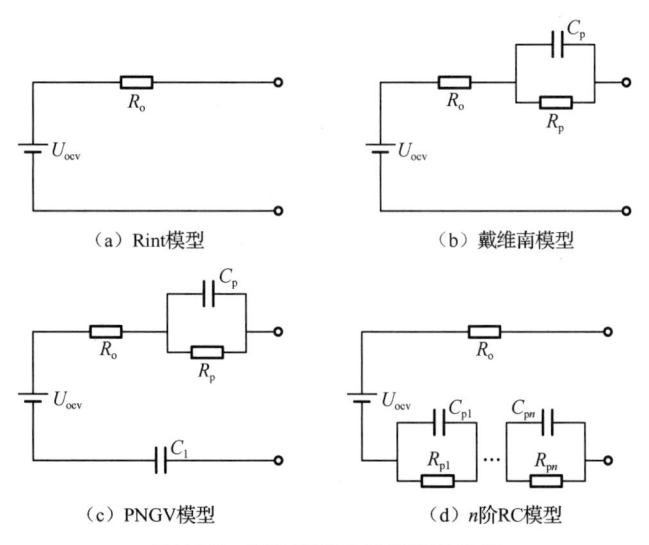

（a）Rint模型　　　　　　　（b）戴维南模型

（c）PNGV模型　　　　　　　（d）n阶RC模型

图 7-35 四种等效电路模型的结构

Rint 模型的电路中仅包括电压源 U_{ocv} 和内阻 R_o，电压源 U_{ocv} 表示电池的电动势，即开路电压，电阻 R_o 表示电池的等效欧姆内阻。该模型可以反映电流突变导致的电池端电压的瞬间变化，因此又称为线性模型，结构及原理比较简单，但不能反映电池的极化效应。

戴维南（Thevenin）模型在 Rint 模型的基础上增加一个 RC 环节，除电压源 U_{ocv} 和欧姆内阻 R_o 外，增加了极化内阻 R_p 和极化电容 C_p。其中欧姆内阻 R_o 可以表示锂电池端电压的瞬态变化，极化内阻和极化电容可以描述电池的极化过程。该模型相对 Rint 模型来说可以反映电池的非线性特性，实现较高的精度。

PNGV 模型在戴维南模型的基础上，于干路上串联了一个电容 C_1。该等效电路模型基于电池在充放电情况下，电池电量有可能会发生变化，从而导致电池的开路电压发生变化。由于等效电路模型中的电动势是恒定的，该模型是通过新增的电容 C_1 来反映电动势变化的，所以该模型在短暂充放电的过程中适用性较强，且有利于提高模型精度。由于该模型考虑了开路电压的变化，所以 PNGV 模型相对于戴维南模型参数更多，但精度不一定更高。

n 阶 RC 模型以戴维南模型为基础，增加 $n-1$ 个 RC 环节。随着 RC 环节的增加，电池模型精度也会相应地提高，但与此同时电池参数也越来越多，导致模型更加复杂。二阶等效电路模型相对于戴维南模型精度会有明显的提升，而对于二阶以上的等效电路模型，随着阶数的增加，精度增加的幅度越来越小，计算复杂度增加的幅度越来越大，而且阶数过高，模型误差反而可能会增大。

分析如图 7-36 所示的模型，R_o 为电池欧姆内阻；R_p、C_p 为电池的极化效应参数。根据基尔霍夫电压定律和基尔霍夫电流定律，可得电路方程：

$$\begin{cases} U_L(t) = U_{oc}(\text{SOC}, T) - U_p(t) - i(t) R_o(\text{SOC}, T, I) \\ i(t) = \dfrac{U_p(t)}{R_p} + C_p \dfrac{\mathrm{d}(U_p(t))}{\mathrm{d}t} \end{cases} \tag{7.4.1}$$

式中，$i(t)$ 为一阶线性非齐次方程（假设电池放电时电流为正，充电时电流为负）。

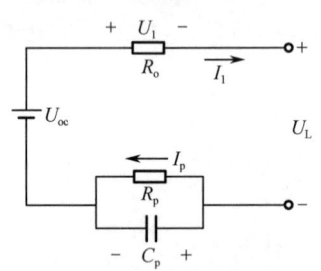

图 7-36　戴维南等效电路模型

定义模型的极化初始电压为 $U_p(0)$、恒定电流为 I，定义时间常数为 $\tau = R_p C_p$，对方程式（7.4.1）求解：

$$\begin{cases} U_p = U_p(0) \mathrm{e}^{-\left(\frac{t}{\tau}\right)} + I R_p \left(1 - \mathrm{e}^{-\left(\frac{t}{\tau}\right)}\right) \\ U_L = U_{oc}(\text{SOC}, T) - I R_0(\text{SOC}, T, I) - \left[U_p(0) \mathrm{e}^{-\left(\frac{t}{\tau}\right)} + I R_p \left(1 - \mathrm{e}^{-\left(\frac{t}{\tau}\right)}\right) \right] \end{cases} \tag{7.4.2}$$

使用 HPPC 实验测量 $U_p(0)$ 和 R_p、C_p 的初值。

2. 一阶 RC 模型原理

一阶 RC 模型在电池建模和状态估计中被广泛使用，如图 7-37 所示。

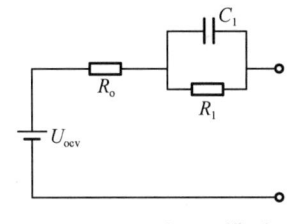

图 7-37 一阶 RC 模型

一阶 RC 模型包含一个电阻电容分支，R_1 表示 RC 环节的电阻，C_1 表示 RC 环节的电容。模型中的 OCV 是电压源，随电池 SOC 和温度的变化而变化。模型中的 U 表示端电压，R_o 表示欧姆内阻，电池容量用 Q 表示，U_1 表示 RC 环节的电压，即极化电压。模型中的 I 被视为负载电流，当电池充电时，电流值为正；当电池放电时，电流值为负。上述电池模型，可以根据基尔霍夫定律用状态空间模型表示：

$$\begin{cases} \dot{SOC} = \dfrac{I}{Q} \\ \dot{U}_1 = -\dfrac{U_1}{R_1 C_1} + \dfrac{I}{C_1} \end{cases} \tag{7.4.3}$$

$$U = \text{OCV} + U_1 + IR_o \tag{7.4.4}$$

3. SOC 估计、DEKF 方法

1）SOC 估计

SOC 的定义：在一定放电倍率下，电池剩余电量与其当前最大可用容量的比值。定义式如下：

$$\text{SOC} = \dfrac{Q_{\text{rem}}}{Q} \times 100\% \tag{7.4.5}$$

式中，Q_{rem} 为电池剩余电量，Q 为电池当前最大可用容量。在实际应用中，锂离子电池的 SOC 的影响因素有很多，主要包括充放电电流大小、工况、温度、自放电率等因素，为实现高精度 SOC 估计，需要综合分析上述各种影响因素。

传统的 SOC 估计方法包括安时积分法和开路电压法。安时积分法通过将每个采样电流和采样间隔的乘积进行累加，再根据最大可用容量得到长时间电池荷电状态的变化。安时积分法表达式如下：

$$\text{SOC} = \text{SOC}_0 + \dfrac{1}{Q} \int_{t_0}^{t} \eta I \text{d}t \tag{7.4.6}$$

其中，SOC_0 表示 SOC 的初值，η 表示库伦效率，I 表示电池的充放电电流，充电为正值，放电为负值。式（7.4.6）是根据 SOC 的定义式推广而来的，方法比较简单，通常可以实现较高的精度，但该方法容易受到初值误差和电流测量误差等因素的影响，而且误差会累积，且该算法不具备修正能力，在长时间的计算中，安时积分法无法保证精度。开路电压法基于电池 OCV 和 SOC 的对应关系：当电池经过足够长时间的静置后，可以利用电池的 OCV 通过 OCV-SOC 的对应关系来得到电池的 SOC 值。

2）基于 DEKF 的多时间尺度参数自适应方法及 SOC、SOH 估计

选取一阶 RC 模型，为建立双扩展卡尔曼滤波，需要将状态空间模型[式（7.4.3）和式（7.4.4）]进行离散化。离散化后电池模型表示为式（7.4.7）～式（7.4.10）。

$$\chi_{k+1} = F(\chi_k, \theta_k, I_k) = \begin{bmatrix} 1 & 0 \\ 0 & e^{-\frac{\Delta t}{R_1 C_1}} \end{bmatrix} \chi_k + \begin{bmatrix} \dfrac{\Delta t}{Q} \\ (1-e^{-\frac{\Delta t}{R_1 C_1}})R_1 \end{bmatrix} I_k + w_k^\chi \quad (7.4.7)$$

$$\theta_{k+1} = \theta_k + w_k^\theta \quad (7.4.8)$$

$$U_k = G(\chi_k, \theta_k, I_k) = \text{OCV}(SOC_k) + U_{1,k} + I_k R_0 + v_k \quad (7.4.9)$$

$$\begin{cases} \chi_k = [SOC_k, U_{1,k}]^T \\ \theta_k = [R_{0,k}, R_{1,k}, C_{1,k}]^T \end{cases} \quad (7.4.10)$$

其中，k 表示第 k 步，Δt 为采样时间，即 k 到 $k+1$ 的时间，是一个常数，χ 表示电池状态，θ 表示电池模型参数，包括欧姆内阻、两个极化内阻和两个极化电容。χ 和 θ 作为脚标，分别是状态量和模型参数的值。w_k^χ 和 w_k^θ 分别为步骤 k 中电池模型状态和参数无关的过程噪声，它们的协方差矩阵分别是 Q^χ 和 Q^θ，用来表示模型状态量预测误差。v_k 为第 k 步的观测噪声，其协方差矩阵为 R_k，用来表示观测误差。由于该方法估计的电池参数较多，需要通过分别调整 Q^χ、Q^θ、R_k 等参数的值来实现算法的最优性能。

由于采用双扩展卡尔曼滤波器对电池状态和参数进行估计，所以该算法将两个扩展卡尔曼滤波（EKF）分别用于状态滤波器和参数滤波器。通常，电池模型参数随时间缓慢变化，而 SOC 随时间变化较快，因此可以使用多时间尺度方法来降低计算复杂性。长时间尺度用于估计电池模型参数，短时间尺度用于估算 SOC。状态和参数估计相关方程如下：

第一步：初始化。

$$\hat{\theta}_0 = E(\theta), P_{\theta_0} = E[(\theta - \hat{\theta}_0)(\theta - \hat{\theta}_0)^T], \hat{\chi}_0 = E(\chi), P_{\chi_0} = E[(\chi - \hat{\chi}_0)(\chi - \hat{\chi}_0)^T] \quad (7.4.11)$$

第二步：参数滤波的采样时间为 t，步长为 $l \in \{1, 2, \cdots\}$，参数滤波的预测方程为

$$\hat{\theta}_l^- = \hat{\theta}_{l-1}, P_{\theta_l}^- = P_{\theta_{l-1}} + Q^\theta \quad (7.4.12)$$

第三步：参数滤波观测更新方程为

$$\begin{cases} \boldsymbol{K}_l^\theta = \boldsymbol{P}_{\theta_l}^- (\boldsymbol{H}_l^\theta)^{\mathrm{T}} [\boldsymbol{H}_l^\theta \boldsymbol{P}_{\theta_l}^- (\boldsymbol{H}_l^\theta)^{\mathrm{T}} + \boldsymbol{R}_l]^{-1} \\ \hat{\theta}_l = \hat{\theta}_l^- + \boldsymbol{K}_l^\theta [Y_l - \boldsymbol{G}(\hat{\chi}_k^-, \hat{\theta}_l^-, I_k)] \\ \boldsymbol{P}_{\theta_l} = \boldsymbol{P}_{\theta_l}^- - \boldsymbol{P}_{\theta_l}^- \boldsymbol{K}_l^\theta \boldsymbol{H}_l^\theta \end{cases} \quad (7.4.13)$$

第四步：状态滤波的采样时间为 T，步长为 $k \in \{1,2,\cdots,\infty\}$，状态滤波预测方程为

$$\hat{\chi}_k^- = \boldsymbol{F}(\hat{\chi}_{k-1}^-, \hat{\theta}_{l-1}^-, I_{k-1}), \boldsymbol{P}_{\chi_k}^- = \boldsymbol{A}_{k-1} \boldsymbol{P}_{\chi_{k-1}} \boldsymbol{A}_{k-1}^{\mathrm{T}} + \boldsymbol{Q}^\chi \quad (7.4.14)$$

第五步：状态滤波观测更新方程为

$$\begin{cases} \boldsymbol{K}_k^\chi = \boldsymbol{P}_{\chi_k}^- (\boldsymbol{H}_k^\chi)^{\mathrm{T}} [\boldsymbol{H}_k^\chi \boldsymbol{P}_{\chi_k}^- (\boldsymbol{H}_k^\chi)^{\mathrm{T}} + \boldsymbol{R}_k]^{-1} \\ \hat{\chi}_k = \hat{\chi}_k^- + \boldsymbol{K}_k^\chi [Y_k - \boldsymbol{G}(\hat{\chi}_k^-, \hat{\theta}_l^-, I_k)] \\ \boldsymbol{P}_{\chi_k} = \boldsymbol{P}_{\chi_k}^- - \boldsymbol{P}_{\chi_k}^- \boldsymbol{K}_k^\chi \boldsymbol{H}_k^\chi \end{cases} \quad (7.4.15)$$

其中：

$$\boldsymbol{A}_{k-1} \triangleq \frac{\partial \boldsymbol{F}(\chi, \hat{\theta}_{l-1}^-, I_{k-1})}{\partial \chi}\bigg|_{x=\hat{\chi}_{k-1}} = \begin{bmatrix} 1 & 0 \\ 0 & \mathrm{e}^{-\frac{\Delta t}{R_1 C_1}} \end{bmatrix} \quad (7.4.16)$$

$$\boldsymbol{H}_k^\chi \triangleq \frac{\partial \boldsymbol{G}(\chi, \hat{\theta}_l^-, I_k)}{\partial \chi}\bigg|_{x=\hat{\chi}_k} = \begin{bmatrix} \dfrac{\partial \mathrm{OCV}}{\partial \mathrm{SOC}} & 1 \end{bmatrix} \quad (7.4.17)$$

$$\boldsymbol{H}_l^\theta \triangleq \frac{\partial \boldsymbol{G}(\hat{\chi}_k, \theta, I_k)}{\partial \theta}\bigg|_{\theta=\hat{\theta}_l} \quad (7.4.18)$$

其中，$\hat{\theta}_0$、$\hat{\chi}_0$、$\boldsymbol{P}_{\theta_0}$、$\boldsymbol{P}_{\chi_0}$ 为算法的初始化值，$\hat{\theta}_0$ 可以由电池实验数据计算出来，$\hat{\chi}_0$ 为电池状态的初值，$\boldsymbol{P}_{\theta_0}$ 和 $\boldsymbol{P}_{\chi_0}$ 分别表示参数滤波器和状态滤波器的初始系统参数协方差矩阵，K 是卡尔曼增益，右上角的"−"表示算法中变量的预测值，顶部"^"表示算法中变量的估计值。

特别需要注意的是，$\boldsymbol{F}(\chi_k, \theta_k, I_k)$ 和 $\boldsymbol{G}(\chi_k, \theta_k, I_k)$ 带有电池模型参数 θ，因此 $\boldsymbol{H}_k^\theta$ 的计算方法如下：

$$\boldsymbol{H}_k^\theta \triangleq \frac{\partial \boldsymbol{G}(\hat{\chi}_k, \theta, I_k)}{\partial \theta}\bigg|_{\theta=\hat{\theta}_k} = \frac{\partial \boldsymbol{G}(\hat{\chi}_k, \hat{\theta}_l^-, I_k)}{\partial \hat{\theta}_l^-} + \frac{\partial \boldsymbol{G}(\hat{\chi}_k, \hat{\theta}_l^-, I_k)}{\partial \hat{\chi}_k} \times \frac{\mathrm{d}\hat{\chi}_k}{\mathrm{d}\hat{\theta}_l^-} \quad (7.4.19)$$

$$\frac{\mathrm{d}\hat{\chi}_k}{\mathrm{d}\hat{\theta}_l^-} = \frac{\mathrm{d}\boldsymbol{F}(\hat{\chi}_{k-1}, \hat{\theta}_l^-, I_{k-1})}{\mathrm{d}\hat{\theta}_l^-} = \frac{\partial \boldsymbol{F}(\hat{\chi}_{k-1}, \hat{\theta}_l^-, I_{k-1})}{\partial \hat{\theta}_l^-} + \frac{\partial \boldsymbol{F}(\hat{\chi}_{k-1}, \hat{\theta}_l^-, I_{k-1})}{\partial \hat{\chi}_{k-1}} \times \frac{\mathrm{d}\hat{\chi}_{k-1}}{\mathrm{d}\hat{\theta}_l^-} \quad (7.4.20)$$

$$\frac{\mathrm{d}\hat{\chi}_{k-1}}{\mathrm{d}\hat{\theta}_l^-} = \frac{\mathrm{d}}{\mathrm{d}\hat{\theta}_l^-}\left\{\hat{\chi}_{k-1}^- + \boldsymbol{K}_{k-1}^\chi [Y_{k-1} - \boldsymbol{G}(\hat{\chi}_{k-1}^-, \hat{\theta}_l^-, I_{k-1})]\right\} \quad (7.4.21)$$

其中

$$\frac{\partial \boldsymbol{G}(\hat{\chi}_k, \hat{\theta}_l^-, I_k)}{\partial \hat{\theta}_l^-} = \begin{bmatrix} I_k & \dfrac{\partial \boldsymbol{G}(\hat{\chi}_k, \hat{\theta}_l^-, I_k)}{\partial \hat{R}_{1,l}^-} & \dfrac{\partial \boldsymbol{G}(\hat{\chi}_k, \hat{\theta}_l^-, I_k)}{\partial \hat{C}_{1,l}^-} \end{bmatrix} \quad (7.4.22)$$

$$\frac{\partial \boldsymbol{G}(\hat{\chi}_k, \hat{\theta}_l^-, I_k)}{\partial \hat{\chi}_k} = \begin{bmatrix} \dfrac{\partial \mathrm{OCV}}{\partial \mathrm{SOC}} & 1 \end{bmatrix} = \boldsymbol{H}_k^\chi \quad (7.4.23)$$

$$\frac{\partial \boldsymbol{F}(\hat{\chi}_{k-1},\hat{\theta}_l^-,I_{k-1})}{\partial \hat{\theta}_k^-}=\begin{bmatrix} 0 & 0 & 0 \\ 0 & \dfrac{\partial \boldsymbol{G}(\hat{\chi}_k,\hat{\theta}_l^-,I_k)}{\partial \hat{R}_{1,l}^-} & \dfrac{\partial \boldsymbol{G}(\hat{\chi}_k,\hat{\theta}_l^-,I_k)}{\partial \hat{C}_{1,l}^-} \end{bmatrix} \tag{7.4.24}$$

$$\frac{\partial \boldsymbol{F}(\hat{\chi}_{k-1},\hat{\theta}_l^-,I_{k-1})}{\partial \hat{\chi}_{k-1}}=\begin{bmatrix} 1 & 0 & 0 \\ 0 & \mathrm{e}^{-\frac{\Delta t}{R_{1,k-1}C_{1,k-1}}} & 0 \\ 0 & 0 & \mathrm{e}^{-\frac{\Delta t}{R_{2,k-1}C_{2,k-1}}} \end{bmatrix}=\boldsymbol{A}_{k-1} \tag{7.4.25}$$

在式（7.4.22）和式（7.4.24）中：

$$\frac{\partial \boldsymbol{G}(\hat{\chi}_k,\hat{\theta}_l^-,I_k)}{\partial \hat{R}_{1,l}^-}=U_{1,k-1}\cdot \mathrm{e}^{-\frac{\Delta t}{R_{1,k-1}C_{1,k-1}}}\cdot \frac{\Delta t}{R_{1,k-1}^2 C_{1,k-1}}+I_k \cdot \left(1-\mathrm{e}^{-\frac{\Delta t}{R_{1,k-1}C_{1,k-1}}}-\frac{\Delta t}{R_{1,k-1}C_{1,k-1}}\cdot \mathrm{e}^{-\frac{\Delta t}{R_{1,k-1}C_{1,k-1}}}\right) \tag{7.4.26}$$

$$\frac{\partial \boldsymbol{G}(\hat{\chi}_k,\hat{\theta}_l^-,I_k)}{\partial \hat{C}_{1,l}^-}=U_{1,k-1}\cdot \mathrm{e}^{-\frac{\Delta t}{R_{1,k-1}C_{1,k-1}}}\cdot \frac{\Delta t}{R_{1,k-1}C_{1,k-1}^2}+\frac{I_k \cdot \Delta t}{C_{1,k-1}^2}\cdot \mathrm{e}^{-\frac{\Delta t}{R_{1,k-1}C_{1,k-1}}} \tag{7.4.27}$$

基于 DEKF 的多时间尺度参数自适应方法实现流程如图 7-38 所示。

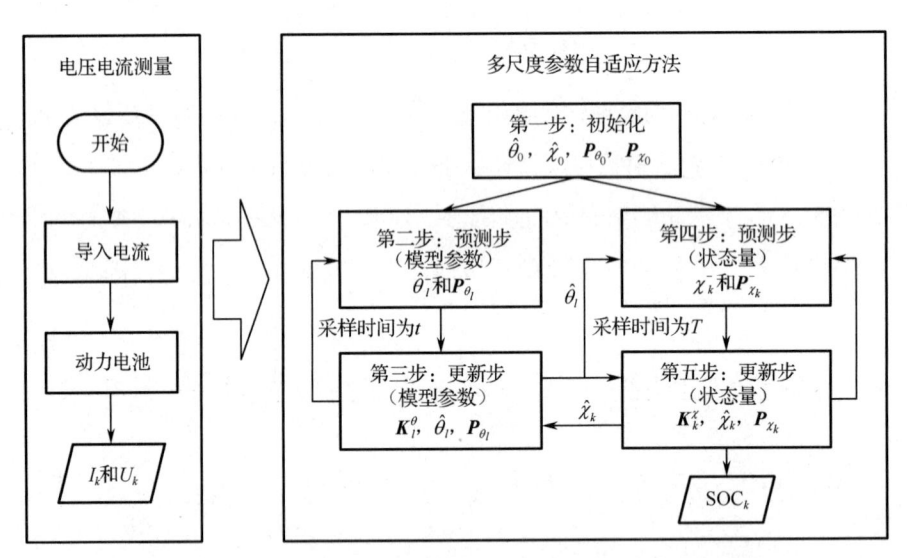

图 7-38 基于 DEKF 的多时间尺度参数自适应方法实现流程

电池测试设备可以将电流加载到电池上，可以同时测量电池电流和端电压。状态滤波和参数滤波分别具有不同的步长 k 和 l，在通常情况下，状态滤波的采样时间 T 小于参数滤波的采样时间 t，即参数滤波的更新速度比状态滤波慢，这可以减少算法的运行时间。多时间尺度参数自适应方法的实现可分为以下五个步骤：

> 步骤 1：算法初始化。使用式（7.4.11）选择初值 $\hat{\theta}_0$，$\hat{\chi}_0$，$\boldsymbol{P}_{\theta_0}$，$\boldsymbol{P}_{\chi_0}$；

> 步骤2：计算参数滤波的预测方程，$\hat{\theta}_l^-$ 和 $\boldsymbol{P}_{\theta_l}^-$ 由式（7.4.12）得到；
> 步骤3：计算参数滤波的观测更新方程。$\hat{\theta}_l$ 可以由式（7.4.13）得到，$\hat{\theta}_l$ 用于之后状态滤波的计算。T 秒后，参数滤波返回执行步骤2，更新电池参数；
> 步骤4：计算状态滤波的预测方程，$\hat{\chi}_k^-$ 和 $\boldsymbol{P}_{\chi_k}^-$ 可由式（7.4.14）计算；
> 步骤5：计算状态滤波的观测更新方程。步长 k 时电池 SOC 可由式（7.4.15）得到。t 秒后，状态滤波返回执行步骤4以更新SOC。

上述5个步骤，实现了多时间尺度参数自适应方法。

4. 模型验证

在 MWORKS 中建立锂离子电池模型（见图7-39）。模型整体部分为热力学部分和电学部分。热量通常由等效直流内阻发热而来，同时热量也会被冷却系统/环境带走，剩下的热量作用于电芯，使电芯温度升高。电学部分使用等效电路方法模拟电芯在各种工况下的功率输出及功率输出能力。同时使用容量、内阻等参数表征电池的老化程度。电芯温度和电池的电特征参数互相影响，进行耦合。SOC 信息通过总线传出。

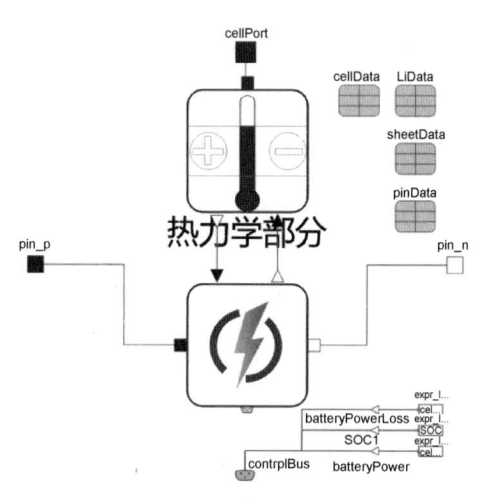

图 7-39 锂离子电池模型

基于 DEKF 的锂电池 SOC 计算模块如图7-40所示，通过初始电池容量、电池电流、工况及电池温度等参数的影响估计电池 SOC。

模型中电池数据作为输入参数，模拟得到电芯端电压数据，将得到的电流信号与电压信号输入到 EKF 模块，得到 SOC 估算值。EKF 模块主要分为五个部分：

（1）计算卡尔曼滤波所需的状态转换矩阵 $\boldsymbol{A}$、控制输入矩阵 $\boldsymbol{B}$ 和观测矩阵 $\boldsymbol{C}$。

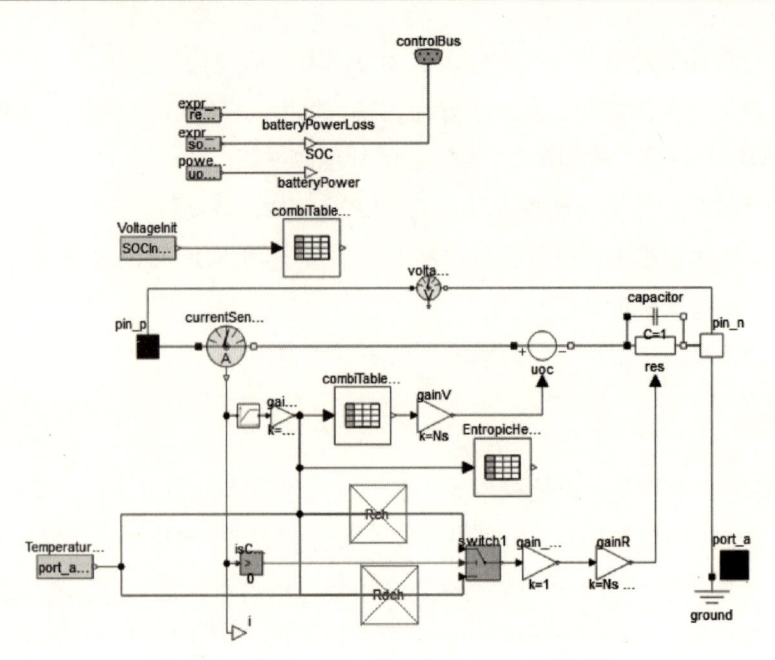

图 7-40　基于 DEKF 的锂电池 SOC 计算模块

（2）状态预测模块：预测时刻的 SOC 预估值与极化电压预估值。

（3）卡尔曼增益矩阵计算：根据输入信号的协方差矩阵计算加权系数。

（4）状态更新模块：根据卡尔曼增益矩阵计算状态更新值。

（5）协方差矩阵更新：根据卡尔曼增益矩阵计算协方差矩阵更新值。

通过模型分别计算锂离子电池在 25℃工况下有初始误差和无初始误差的电池状态 SOC_DEKF 与 SOC_Ah 值之间的误差，得到如图 7-41 和图 7-42 所示的结果。

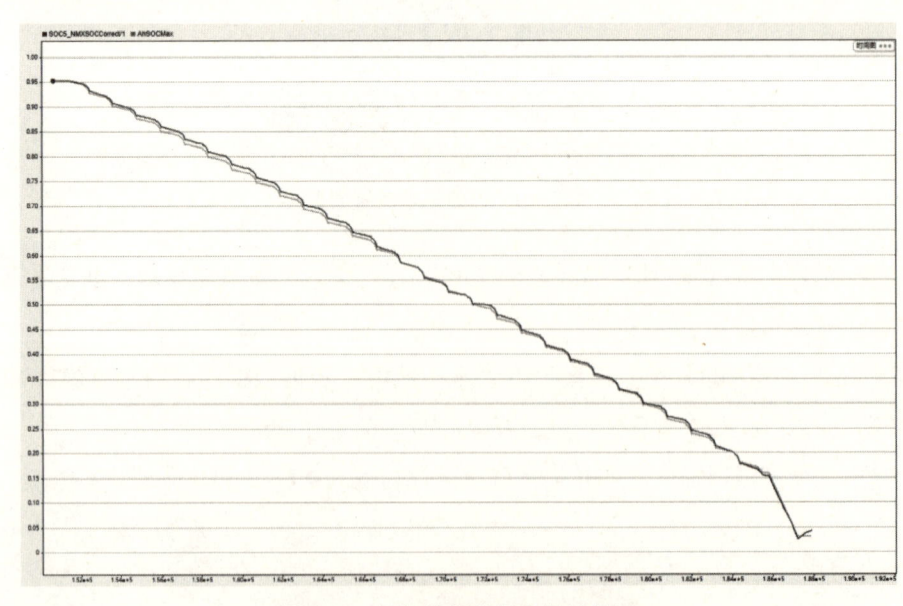

图 7-41　无初始误差状态估计结果

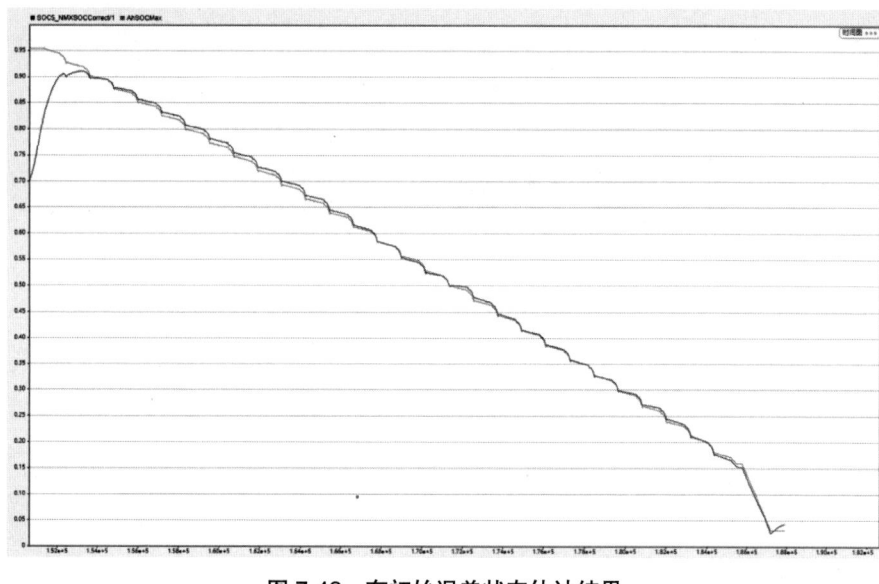

图 7-42　有初始误差状态估计结果

实验结果表明：DEKF 算法能够较好地跟踪 SOC 的变化，估计过程较为稳定，误差始终控制在 3% 以内且趋于收敛。

第 8 章　展望

8.1　新一代工业软件展望

8.1.1　信息物理融合建模

复杂武器装备越来越呈现信息物理融合（CPS）的特征，既在物理域机、电、液、热等多领域耦合，又呈现信息域软件占比越来越高的趋势，迫切需要在机、电、液、热等物理域统一建模的基础上，增强信息域建模及信息-物理融合建模能力，从系统级角度进行信息物理融合系统虚拟试验。"三大数学软件"（美国 MathWorks 公司的 MATLAB、美国 Wolfram 公司的 Mathematica、加拿大 MapleSoft 公司的 Maple）和苏州同元的 MWORKS 纷纷支持信息物理融合建模仿真，其发展历程如图 8-1 所示。

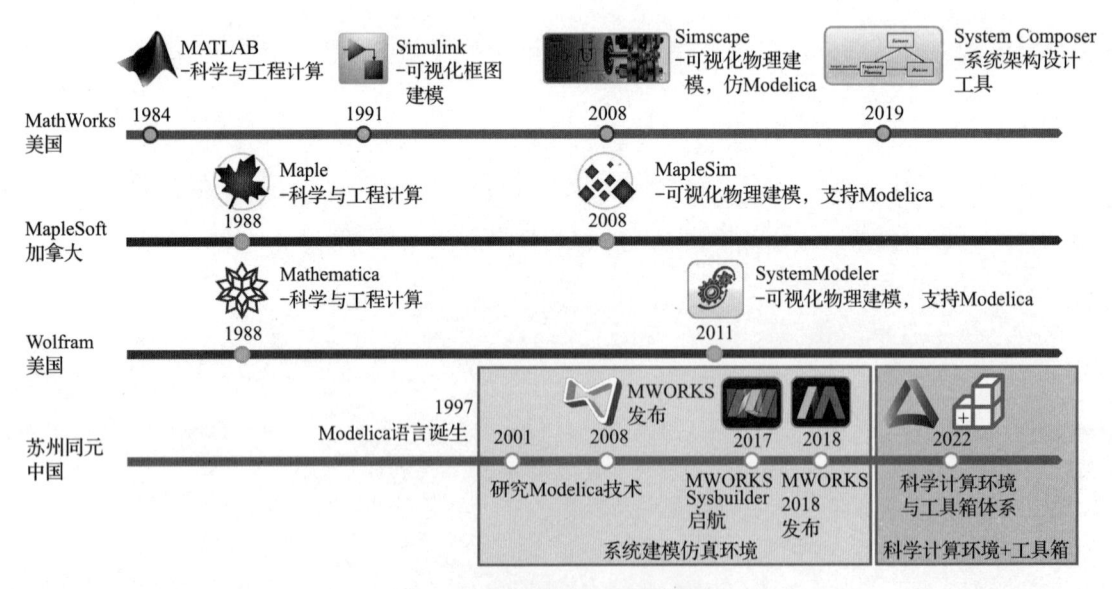

图 8-1　科学计算与工程仿真融合

纵观以 MATLAB 为代表的三大数学软件的发展历程，均包括两大部分：科学计算环境、可视化工程建模环境。三大数学软件都是先具备了科学计算环境，随后才开发出了可视化建模环境。1997 年 Modelica 语言诞生后，对三大数学软件的影响较大，MathWorks 于 2008 年仿照 Modelica 推出了 Simscape，而 MapleSoft 与 Wolfram 则分别于 2008 年和 2011 年推出了直接支持 Modelica 语言的可视化建模软件。苏州同元则反其道而行之，先于 2008 年发布可视化建模环境——基于 Modelica 语言的 MWORKS.Sysplorer，打造在当时亚洲唯一的 Modelica 内核，2022 年，MWORKS 采用新一代高性能计算语言 Julia 打造的科学计算环境 MWORKS.Syslab，支持数学、统计与机器学习、信号与通信、控制等各类算法的设计开发，同时兼容 Python、C/C++、M 等语言，实现 MATLAB/Simulink® 从基础平台到工具箱的整体功能覆盖与创新发展，提供了科学计算与系统建模仿真平台的中国选项。

8.1.2 一三维融合建模

复杂系统研制各阶段都会产生不同粒度的模型，设计早期的一维系统模型求解效率比三维模型求解效率高，而设计中后期的三维仿真模型求解精度比一维模型的精度高。复杂武器装备的详细方案验证及数字孪生应用中需要综合一维模型的效率优势和三维模型的精度优势。

由于有限元 CAE 的计算量大、计算时间长，无法通过多物理场联合仿真的方式构建一个在时间尺度上与真实系统一致的多专业系统数字样机，国际上的主流方式是以系统级仿真为主，通过将专业仿真模型降阶（Reduced Order Method，ROM）为系统级模型，两者集成兼具高计算效率和高精度的全系统数字样机（即数字孪生），用于全系统综合验证、虚拟实验、数字运维等场景。

该"0/1D 系统 +3D 有限元"模型融合解决方案运用 LTI、SVD 和 DOE 等方式将三维和二维有限元模型降阶为一维数字模型，在降阶的过程中考虑到非线性要素对结果的影响，并选用深度学习等方式展开结果的内插与外推，通过此方式确保总体仿真精度；系统中的一般集总元器件、多物理域元器件和精确测量设备则采用 Modelica 等一维建模方式进行构建。此方案较好地实现了仿真精度与计算速度之间的平衡，是目前构建数字孪生体的最佳方案。目前支持多尺度融合的工具包括美国 ANSYS 公司的 TwinBuilder、MATLAB 软件、德国的 MoRePas 软件等。苏州同元于 2021 年启动一三维融合建模工具的开发，经历数十个项目的应用验证，于 2024 年发布 MWORKS.ROMBuilder，支持一维系统与三维场的融合仿真、非线性模型在实时机中实时仿真等场景，如图 8-2 所示。

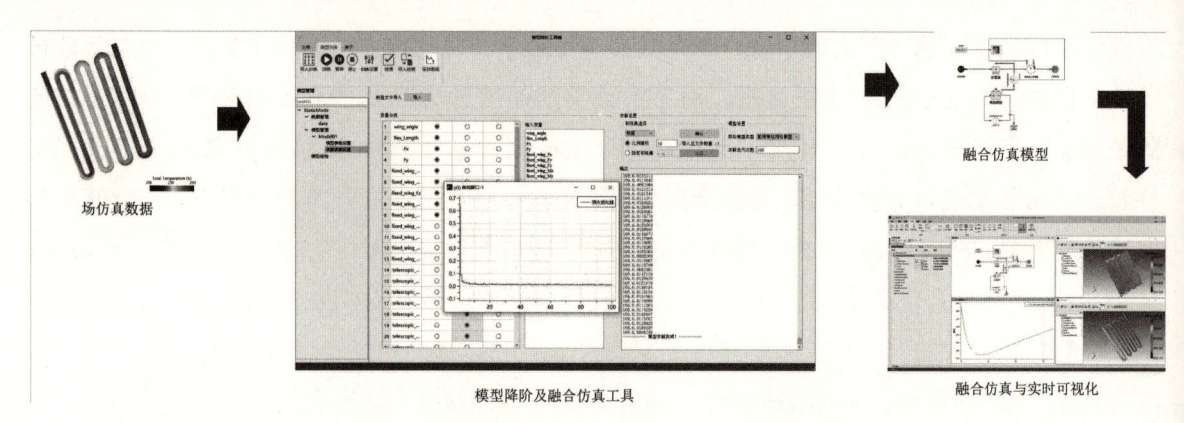

图 8-2　MWORKS.ROMBuilder——三维融合建模

8.1.3　机理-数据融合建模

复杂系统中部分工作机理往往难以用显性数字公式全面描述，同时系统模型的参数受生产制造、运行环境、工作状态等多种因素的影响，机理模型与数据模型的融合可有效提升模型的置信度。

机理模型最大的优点在于它具有明确的物理意义，但在实际应用中由于系统机理复杂，某些物理化学反应机理尚不完全清楚，涉及变量多，且变量之间呈现强耦合性和强非线性，很难依据方程、公式建立复杂系统的精确数学表达式。另外，系统机理建模简化假设过多，过程比较繁琐，模型参数难以确定，导致机理模型往往与实际运行状态存在较大的差距，难以真实反映出系统的特性。随着仪器仪表及测量技术的发展，各类试验、运行数据变得易于获取，数据驱动建模方法应用越来越广泛。

挪威科技大学学者根据机理模型、数据模型及大数据的不同组合方式将机理-数据融合方式分为四类，分别是物理驱动代理模型、非侵入性数据模型、物理信息的数据模型、混合分析建模，如图 8-3 所示。

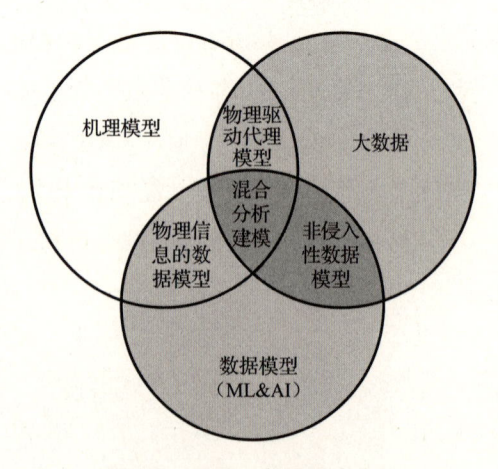

图 8-3　机理-数据融合方式

美国 NI 公司为提高仿真效率和仿真精度，采用机理模型与采用数据的神经网络模型进行集成，使得研制的嵌入式控制器网络同步精度小于 100ns，精度提高了 30%，同时仿真效率也有大幅提升。

苏州同元开发了一系列工具支撑机理-数据融合建模（见图 8-4），包括试验设计工具箱、参数估计工具箱、机器学习工具箱、深度学习工具箱等。

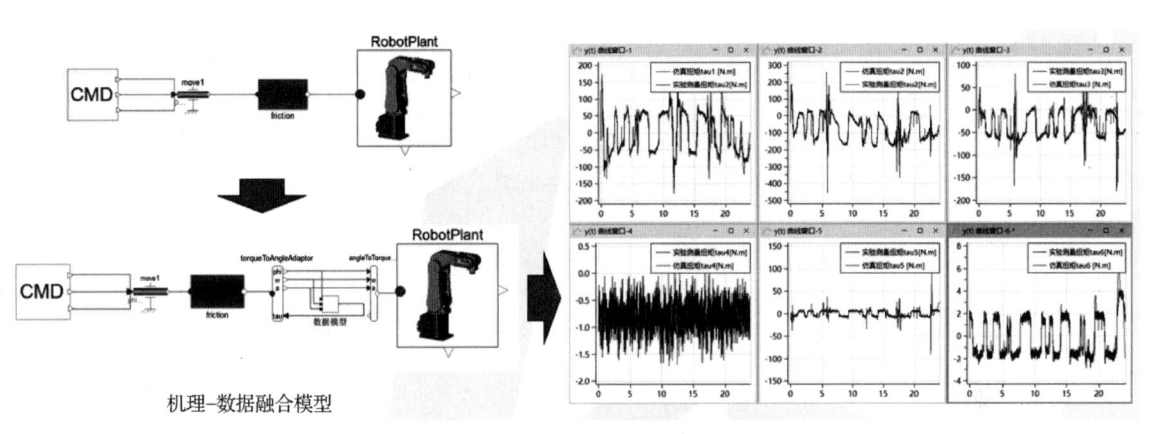

图 8-4　MWORKS 机理-数据融合建模

8.2　工业软件辅助技术展望

8.2.1　工业云平台技术

工业云平台技术具有强大的数据处理能力和灵活的集成性，能为企业建立一个统一产品开发业务流程、研发数据及研发工具的管理平台，包括软件上云、线上协同及数据上云。该技术支持汽车研发设计全生命周期流程的云端管理，贯通从汽车设计、仿真到测试验证的所有环节，实现汽车研发仿真的全流程化集成和管理、数据共享和协同设计；不仅促进了跨部门、跨领域的数据流动和信息交流，提升了整体研发效率，而且保证了研发质量，赋能整车企业和零部件厂商的数字化转型（见图 8-5）。

1. 软件上云

从单机软件到云端软件的转变，成功解决了长期困扰企业的软件孤岛问题。将许可统一部署在云端，不仅可以实现软件许可的统一监控和管理，更可以使软件许可的自动调配成为可能，极大地增强了灵活性，有效避免了资源闲置。

图 8-5 工业云平台蓝图

2. 线上协同

从传统的线下任务分配模式转型为线上协同任务分配模式，是解决软件人员孤岛问题、提升团队协作效率的关键步骤。通过智能化的任务分配系统，团队可以快速、准确地根据成员的能力、工作量和项目需求，对任务进行自动或手动分配。系统能够实时更新任务的状态和进度，每个团队成员都可以随时查看任务列表，了解当前的工作进度。

3. 数据上云

数据管理从本地离线到线上统筹的转变，已经成为解决软件数据孤岛问题的关键。数据统一线上管理，极大地丰富了企业的数据资产。过去，数据散落在各个部门、各个团队的本地存储中，难以形成统一的数据视图。而现在，所有数据都集中存储在线上平台，形成宝贵的数据财富。

8.2.2 软件云化技术

软件云化一般可采用云原生技术、虚拟可视化技术等云计算技术，与 AI 大模型相结合，建设超大规模的云计算数据中心。软件云化技术为操作简单、远程可视化、轻量化、无感知的云端工业软件的软件服务提供了技术支撑，实现了资源的高效调度和灵活分配，使企业可以按需获取计算资源、存储资源和网络资源，从而降低运营成本，提高运营效率。

云原生技术的兴起为应用开发和管理带来了革命性的变化。容器化、微服务、自动化部署等云原生技术，在提高应用的可靠性和可伸缩性的同时，使应用程序能够更快速地完成部署和更新。这不仅加快了企业的创新速度，还提升了用户体验。

虚拟可视化技术充分利用 GPU（图形处理器）的图形处理能力，采用集群化部署，支持多机冗余和负载均衡；通过远程可视化协议，支持二维/三维软件可视化，为工业软件提供基于 B/S 架构的、兼容不同操作系统的、跨平台的远程虚拟应用。

云计算与 AI、大数据、物联网等技术的融合，催生出一系列新的应用场景。例如，通过云计算平台，企业可以轻松地处理和分析海量数据，从中挖掘出有价值的信息，并将其作为决策依据。

8.2.3 硬件技术

GPU 和 CPU 作为计算机硬件技术的两大核心，近年来取得了显著的技术进步。

多核心、高性能的 CPU 被广泛应用于云计算服务器。例如，现代处理器的 Intel Xeon 或 AMD EPYC 系列，它们的多核设计和高级功能使云计算系统能够处理海量数据，完成更复杂的计算任务。

同时，GPU 为云计算提供了强大的计算能力，尤其是在图形渲染、深度学习及 GPU 加速计算等方面，不断刷新了工业软件的计算速度。未来，CPU 可在物理模拟、数据分析等方面发挥更大优势。

8.2.4 云端数据管理与分析

云端数据管理是利用计算机硬件和软件技术对数据进行有效的收集、存储、处理和应用的过程，将数据转化为有用的信息以支持业务决策和运营，包括数据规划、数据建模、数据架构设计、数据存储和备份、数据安全和隐私、数据质量管理、数据集成和共享、数据分析和挖掘等。

随着计算机技术的发展，数据管理经历了从人工管理、文件系统到数据库系统等多个阶段，数据管理的技术和方法在不断更新和完善。现代数据管理技术包括关系型数据库管理系统、非关系型数据库、数据仓库、数据湖、大数据分析与处理、数据挖掘技术，以及实时数据处理等，这些技术都在不同的场景中发挥着重要的作用。

实时数据流处理系统能够实时接收、处理和分析数据流，实时捕捉和响应数据的变化，进而进行实时决策和预警，适用于需要实时响应的场景，如汽车智能物联网。

8.2.5 辅助工具

面向汽车设计及仿真业务流程，通过调度器建立仿真工具链，可以实现复杂工具流程（如整车被动安全、Trimmed Body）和多学科耦合（如结构疲劳、流固耦合）流程的标准化及自动化；封装现有程序和脚本（前后处理、求解器等），发布功能块（Functional Block），复杂的工具子流程（Sub-Procedure）也可被封装为功能块，便于工程师管理和调试。功能块之间通过文件或进程接口相互实现数据传输。系统预先封装一批常用的前后处理和求解器等工具软件，以及逻辑控制等内置功能块，便于工程师将仿真规范搭建为流程，并通过 AI 智能算法持续优化应用。

8.3 国创数字化仿真云平台

国创数字化仿真云平台是一个面向整车设计研发的、汇聚多款国产自研汽车设计仿真商业软件产品的、能提供汽车设计研发全生命周期管理的云服务平台。该云平台汇集支持汽车仿真分析的热管理仿真分析、碰撞安全性分析、汽车电控算法科学计算、多物理场仿真验证等多个商业化国产自研软件工具，通过统一平台为用户提供服务，降低许可费用，减轻汽车厂对于未来商业软件使用权限的焦虑，同时为高校培养新型仿真工程师提供一体化教育平台，促进汽车研发产业健康发展。

该云平台由四大模块组成，云设计平台、仿真工具链、仿真数据管理、设计数据管理。云设计平台作为整个云平台的基础底座，承载其余三大模块，完成对整车研发流程从 0 到 1 的支持。

8.3.1 云资源管理

云平台支持 Windows 和 Linux 操作系统上常见的三维设计仿真应用及办公教学应用，可跨操作系统、跨地理位置对所需资源进行访问。云平台采用高安全级别的可视化协议，该可视化协议支持图形传输、操作传递、共享、加密/解密、数据压缩等。其技术要点参考当前主要可视化协议的功能要求、技术特性，同时独立于当前主要可视化协议，形成自主可控的、新的协议栈与协议层。

云平台的资源管理与调度功能支持多种类型应用软件的通用中间件集成应用，包括机械行业设计软件、仿真软件、芯片设计软件、科学计算软件、大数据分析软件等。这些不同类型的应用软件可以被同时集成到资源管理与调度软件管理的计算集群中，实现了多领域、多学科、多种类型应用资源的充分共享。云平台采用混合云方式实现资源的弹性伸缩配置。云架构如图 8-6 所示。

8.3.2 设计数据管理

设计数据管理系统依托于云设计平台，可提供企业级项目管理服务，主要包括项目库管理服务、模板管理服务、计划管理服务、经费管理服务等。引擎也可对产品设计过程和设计数据管理场景进行支撑,在统一建模基础上,实现产品设计数据管理服务,主要包括产品结构（E-BOM）管理服务、零部件管理服务、图文档管理服务、审批管理服务、变更管理服务、基线管理服务、工作流管理服务，以及编码权限管理服务等基础功能管理服务。设计数据管理如图 8-7 所示。

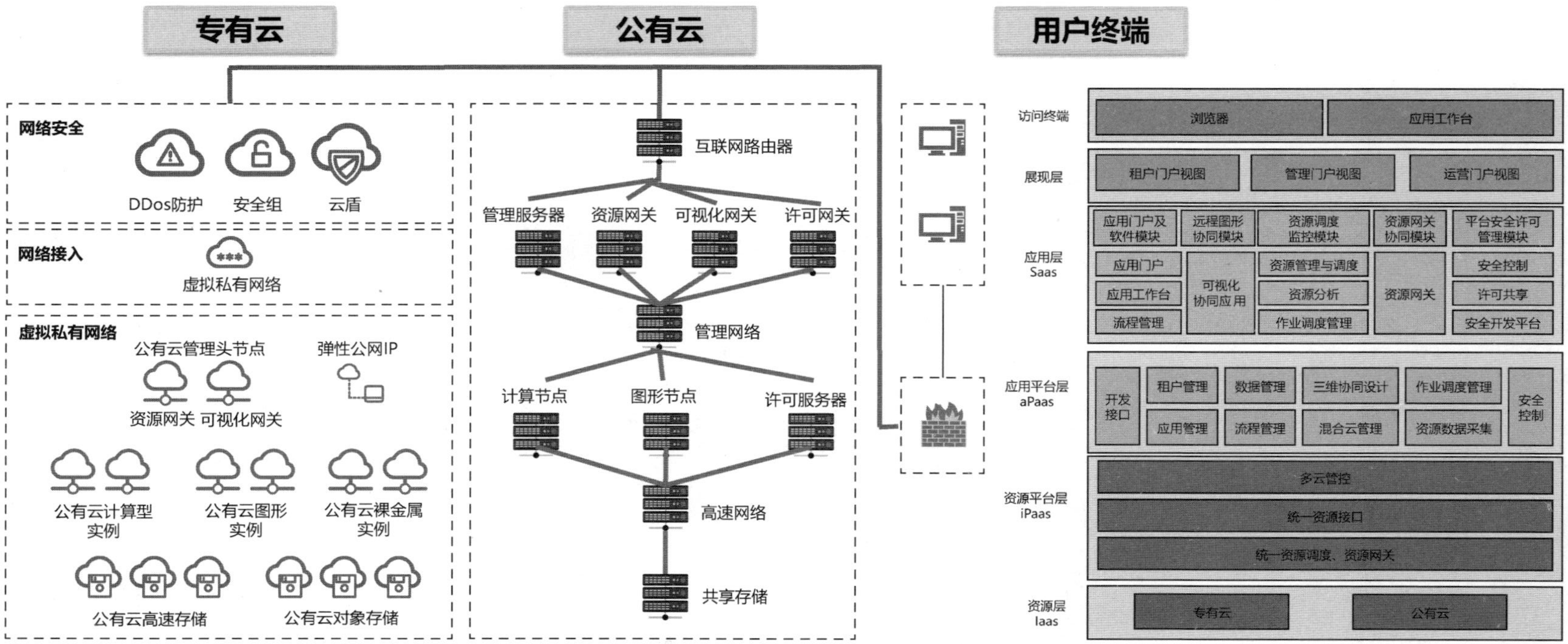
专有云
公有云
用户终端
网络安全
DDos防护
安全组
云盾
网络接入
虚拟私有网络
虚拟私有网络
公有云管理头节点
弹性公网IP
资源网关
可视化网关
公有云计算型实例
公有云图形实例
公有云裸金属实例
公有云高速存储
公有云对象存储
互联网路由器
管理服务器
资源网关
可视化网关
许可网关
管理网络
计算节点
图形节点
许可服务器
高速网络
共享存储
访问终端
浏览器
应用工作台
展现层
租户门户视图
管理门户视图
运营门户视图
应用层 Saas
应用门户及软件模块
远程图形协同模块
资源调度监控模块
资源网关协同模块
平台安全许可管理模块
应用门户
应用工作台
流程管理
可视化协同应用
资源管理与调度
资源分析
作业调度管理
资源网关
安全控制
许可共享
安全开发平台
应用平台层 aPaas
开发接口
租户管理
数据管理
三维协同设计
作业调度管理
应用管理
流程管理
混合云管理
资源数据采集
安全控制
资源平台层 iPaas
多云管控
统一资源接口
统一资源调度、资源网关
资源层 Iaas
专有云
公有云

图 8-6　云架构

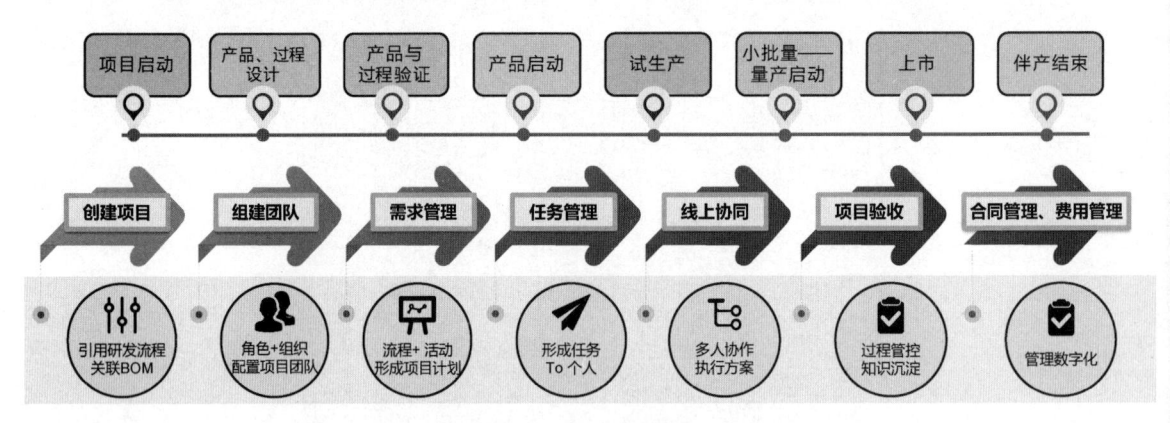

图 8-7 设计数据管理

8.3.3 仿真数据管理

仿真数据管理依托于云设计平台，可建立整车研发平台管理汽车仿真流程，分解整车性能目标，并根据开发目标分配仿真任务，实现业务流程的标准化及自动化，如图 8-8 所示。

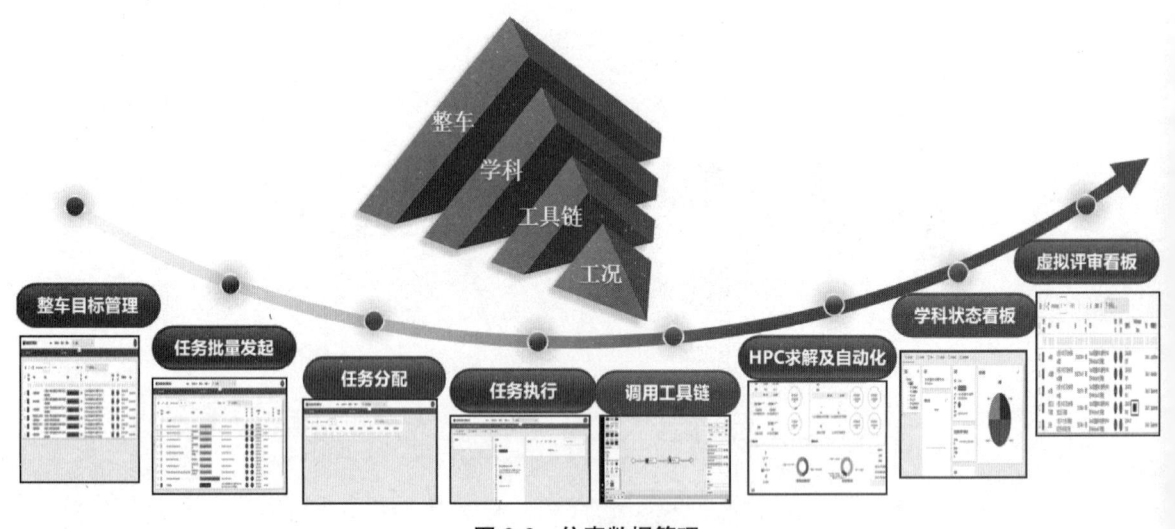

图 8-8 仿真数据管理

在引擎中，仿真工程师在接收到仿真任务后，根据接收到的设计模型和数据，开展仿真验证工作，并按照相应分析工况要求执行仿真任务，包括前处理、求解、后处理、生成仿真报告等。在完成仿真后，仿真工程师将仿真验证结果及分析报告反馈给设计师。

8.3.4 仿真工具链

仿真工具链依托于云设计平台，可实现仿真模型及结果复用、仿真流程封装、多学科联合仿真封装、多物理场参数优化。为了支持国产软件替代，在模型复用场景中，以标准格式作为中间介质，为工具软件厂商和第三方文件搭建桥梁，打通多学科间的数据壁垒，快速实现已有商业模型在国产软件中的复用。仿真工具链如图 8-9 所示。

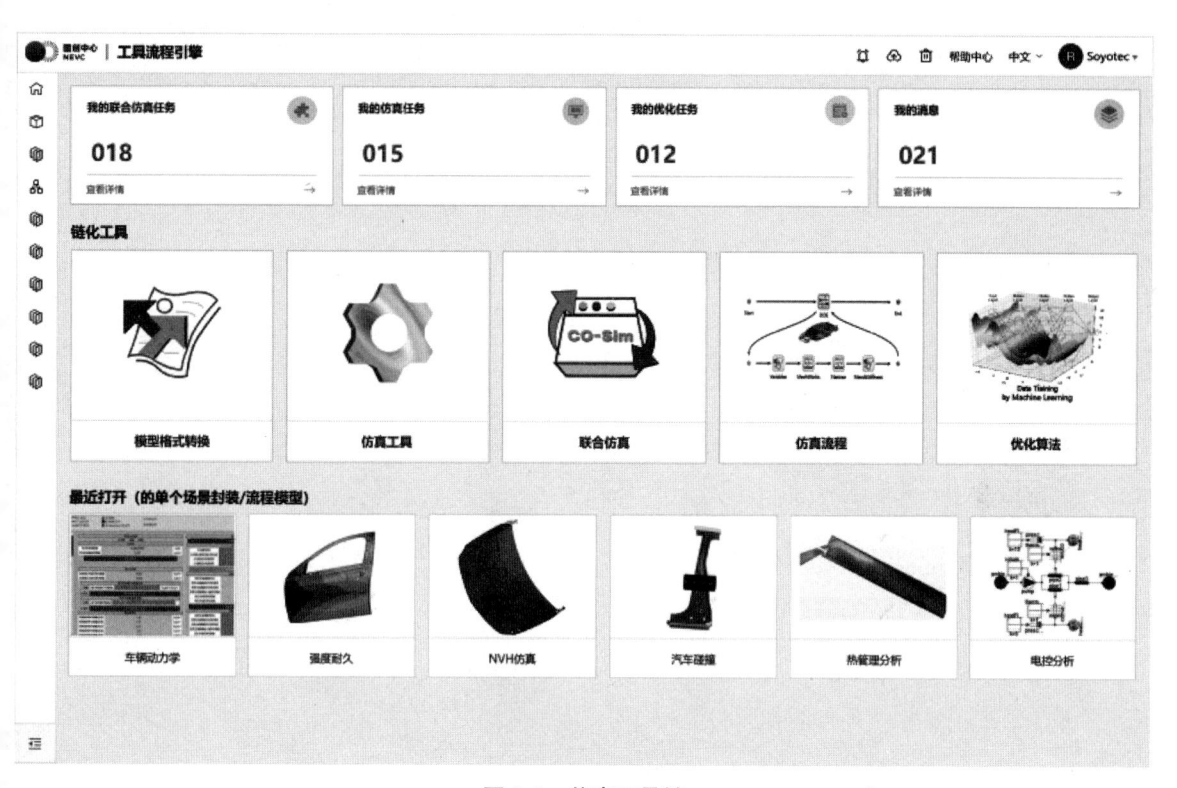

图 8-9　仿真工具链

读者可以通过扫描封底二维码查看国创数字化仿真云平台的相关操作演示。

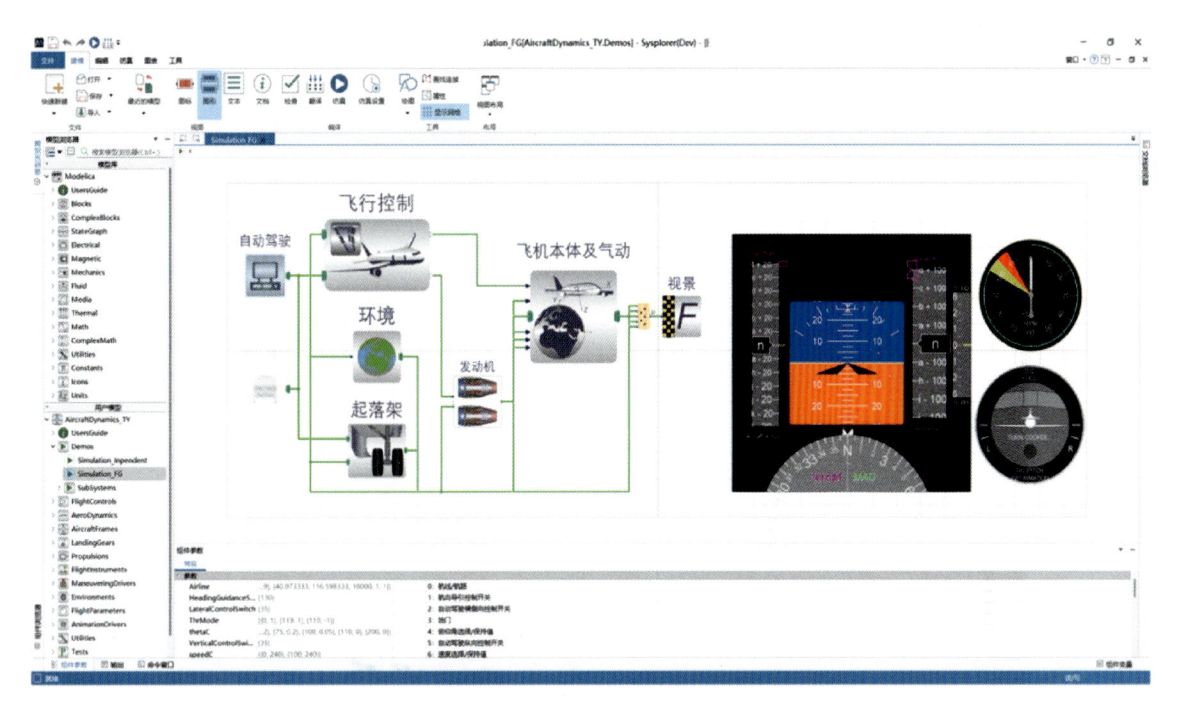

图 3-1　MWORKS.Sysplorer 系统建模仿真平台

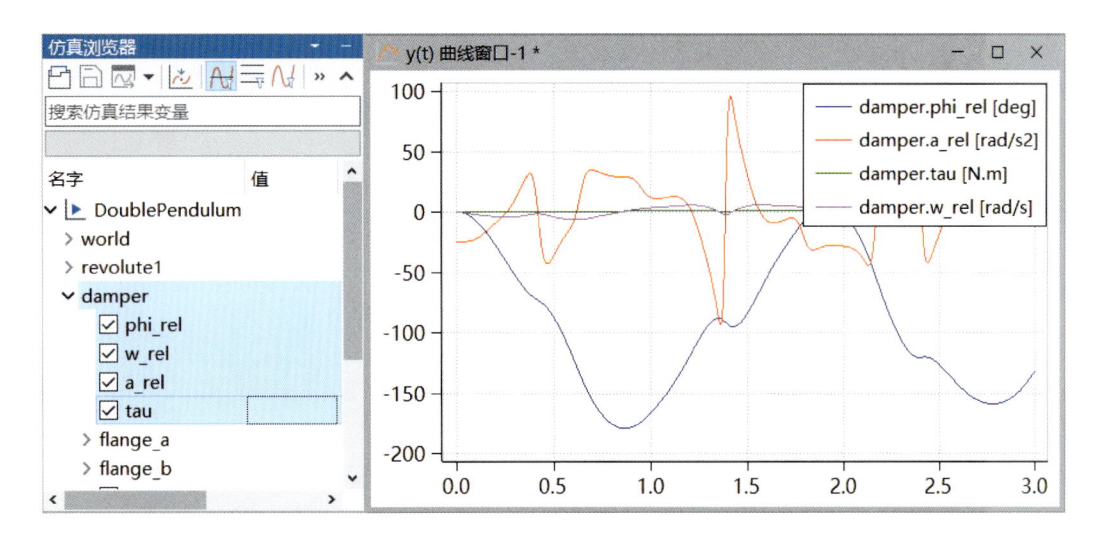

图 3-76　多选变量

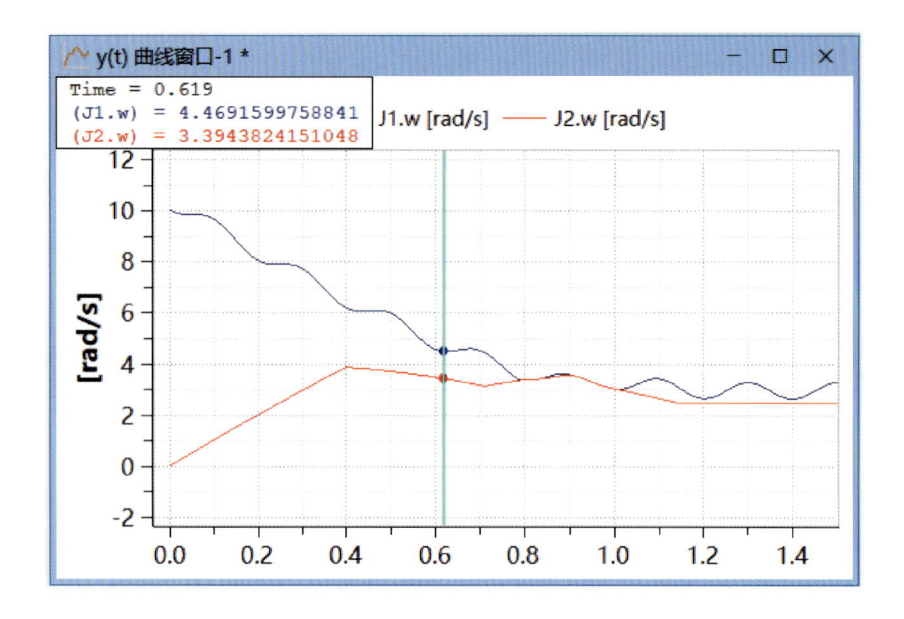

图 3-106　曲线窗口

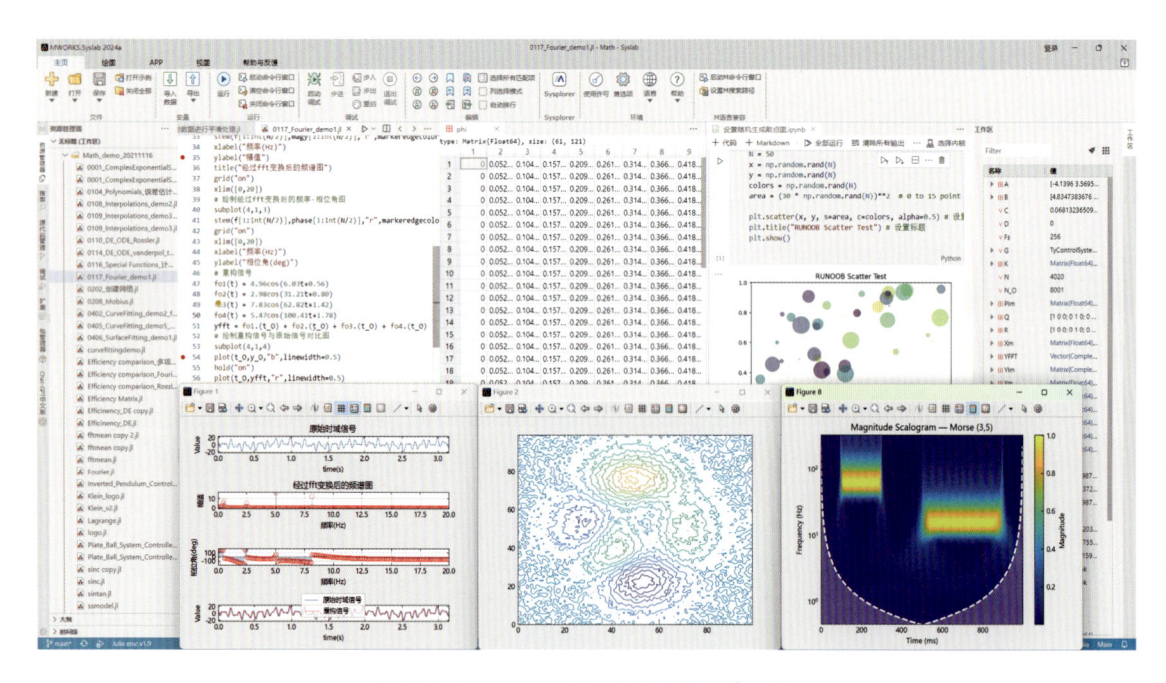

图 5-1　MWORKS.Syslab 科学计算平台

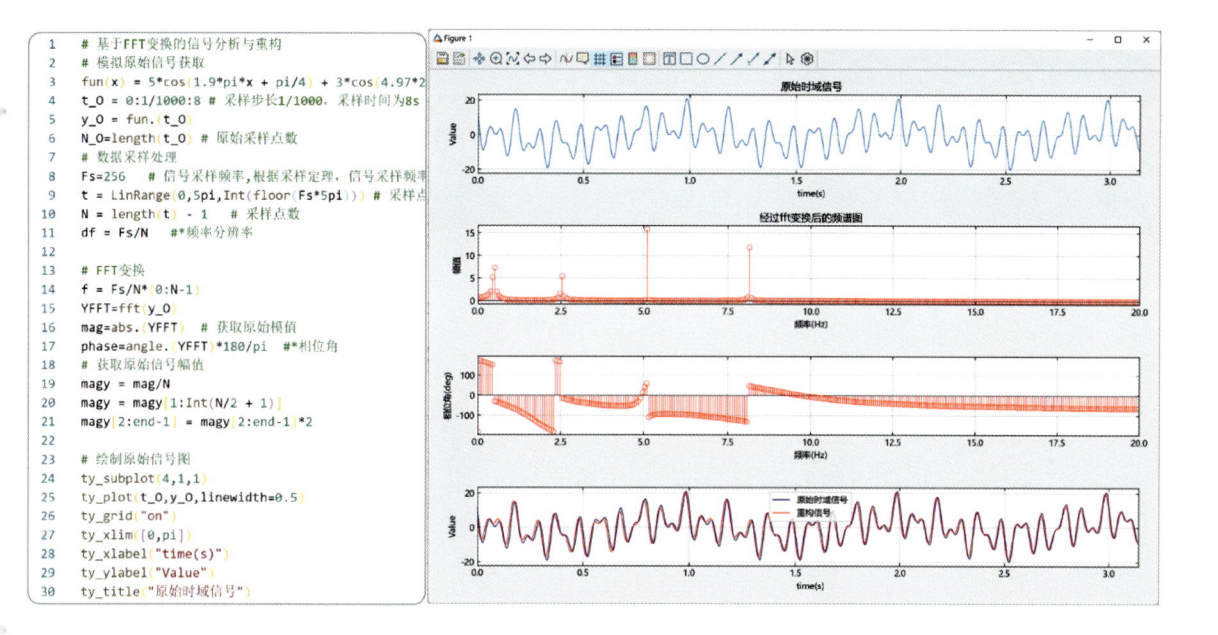

```
1   # 基于FFT变换的信号分析与重构
2   # 模拟原始信号获取
3   fun(x) = 5*cos(1.9*pi*x + pi/4) + 3*cos(4.97*
4   t_O = 0:1/1000:8  # 采样步长1/1000,采样时间为8s
5   y_O = fun.(t_O)
6   N_O=length(t_O)  # 原始采样点数
7   # 数据采样处理
8   Fs=256      # 信号采样频率,根据采样定理,信号采样频率
9   t = LinRange(0,5pi,Int(floor(Fs*5pi)))  # 采样点
10  N = length(t) - 1  # 采样点数
11  df = Fs/N    #*频率分辨率
12
13  # FFT变换
14  f = Fs/N*(0:N-1)
15  YFFT=fft(y_O)
16  mag=abs.(YFFT)   # 获取原始模值
17  phase=angle.(YFFT)*180/pi   #*相位角
18  # 获取原始信号幅值
19  magy = mag/N
20  magy = magy[1:Int(N/2 + 1)]
21  magy[2:end-1] = magy[2:end-1]*2
22
23  # 绘制原始信号图
24  ty_subplot(4,1,1)
25  ty_plot(t_O,y_O,linewidth=0.5)
26  ty_grid("on")
27  ty_xlim([0,pi])
28  ty_xlabel("time(s)")
29  ty_ylabel("Value")
30  ty_title("原始时域信号")
```

图 5-4 基础数学函数——傅里叶变换

```
1   function rossler(dx,x,p,t)
2       dx[1]=-x[2]-x[3]
3       dx[2]=x[1]+0.2*x[2]
4       dx[3]=0.2+(x[1]-5.7)*x[3]
5   end
6   tspan=(0.0,200.0)
7   x0=[0.0,0.0,1e-9]
8   prob=ODEProblem(rossler,x0,tspan)
9   sol=solve(prob,DP5(),relrol=1e-9,dtmax = 0.01)
10  plot3(sol[1,:],sol[2,:],sol[3,:],linewidth=0.5)
11  xlabel("x(1)");ylabel("x(2)");zlabel("x(3)")
12  grid("on")
13  axis("off")
```

图 5-5 符合数学——微分方程求解

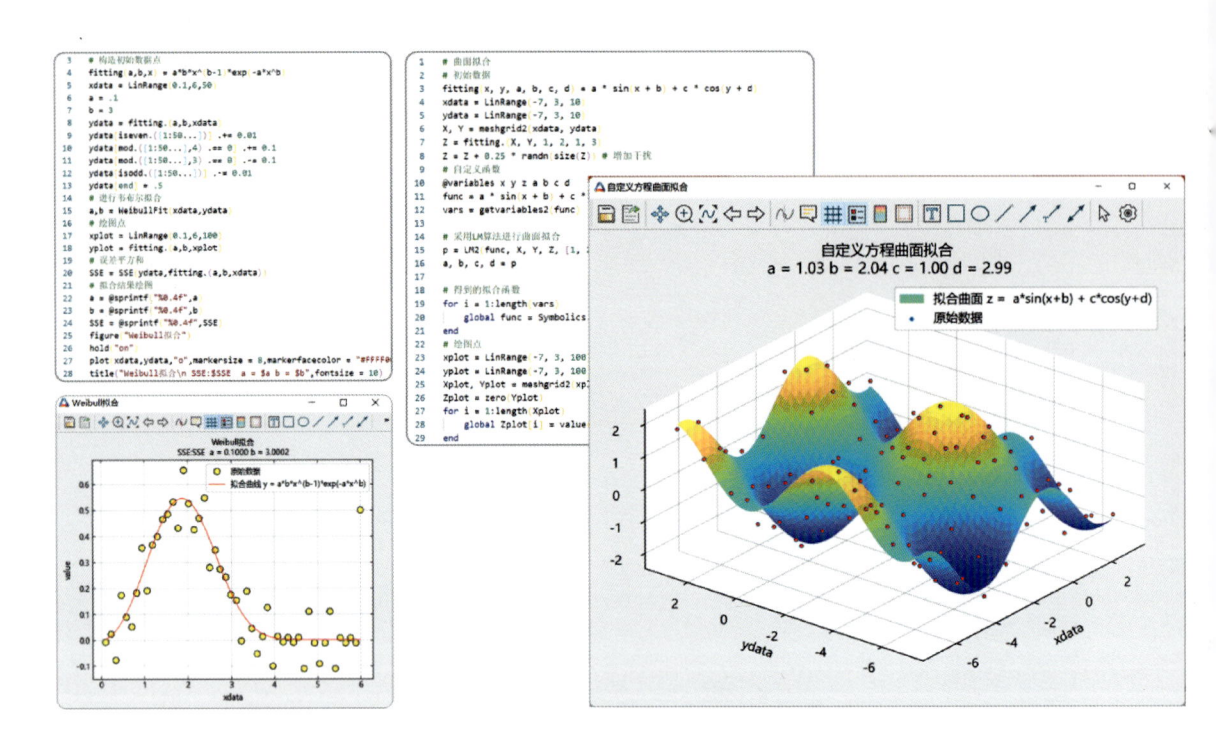

图 5-6　数据与曲线/曲面的拟合

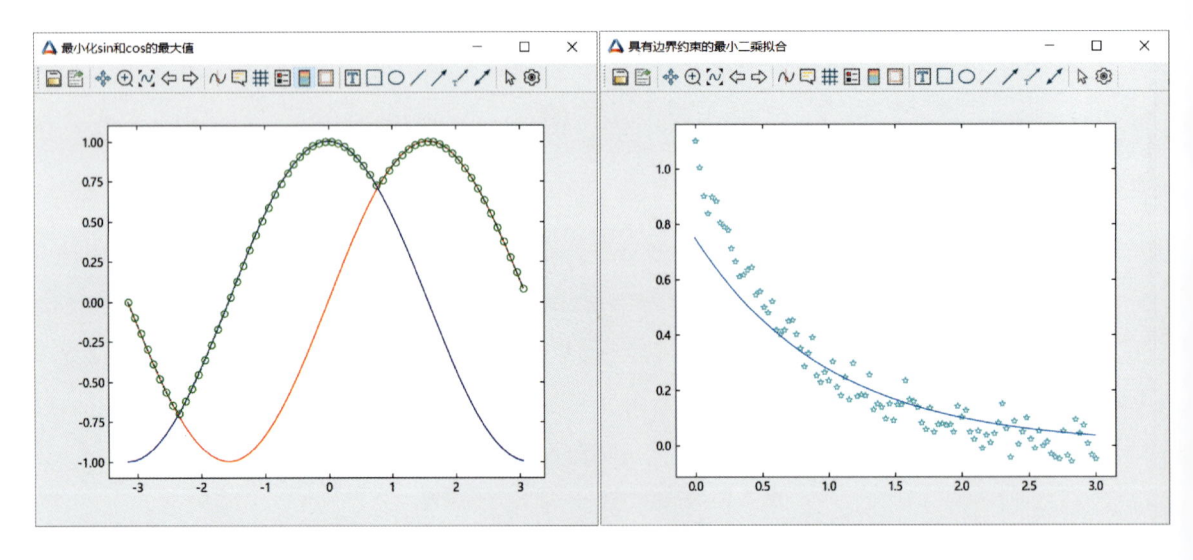

图 5-7　优化问题求解

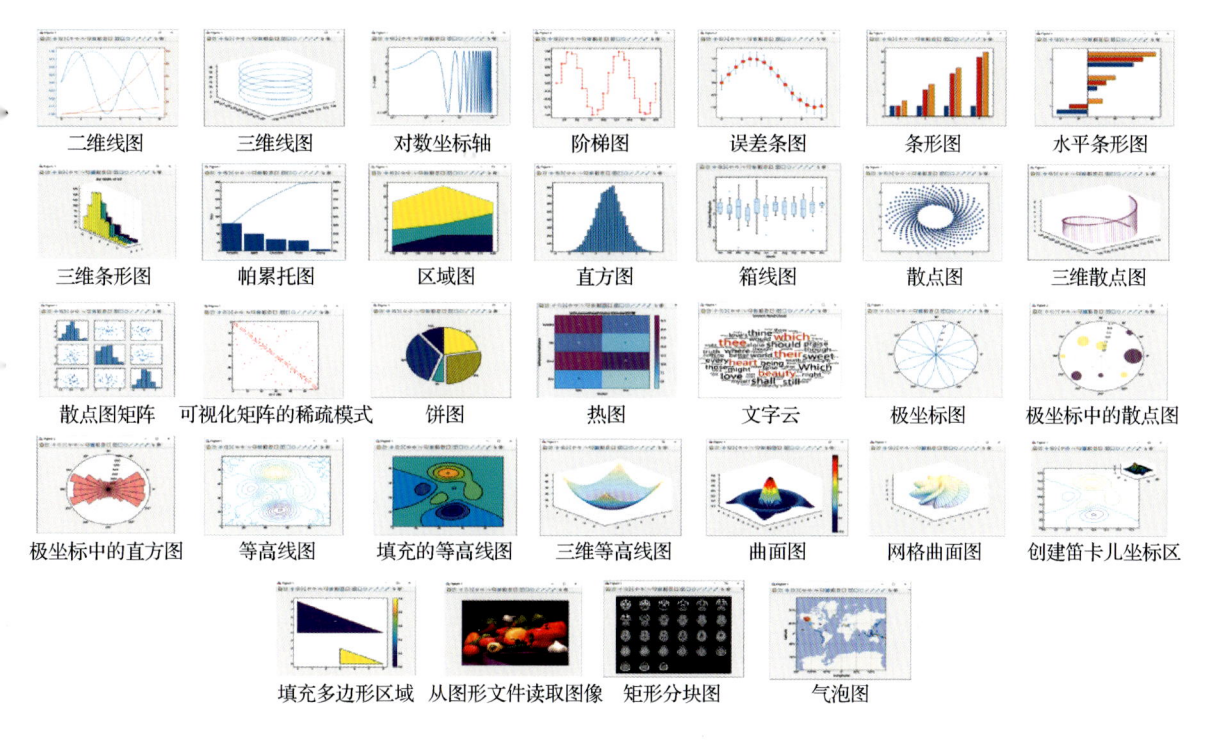

二维线图	三维线图	对数坐标轴	阶梯图	误差条图	条形图	水平条形图		
三维条形图	帕累托图	区域图	直方图	箱线图	散点图	三维散点图		
散点图矩阵	可视化矩阵的稀疏模式	饼图	热图	文字云	极坐标图	极坐标中的散点图		
极坐标中的直方图	等高线图	填充的等高线图	三维等高线图	曲面图	网格曲面图	创建笛卡儿坐标区		
	填充多边形区域	从图形文件读取图像	矩形分块图	气泡图				

图 5-8　可视化图形示例

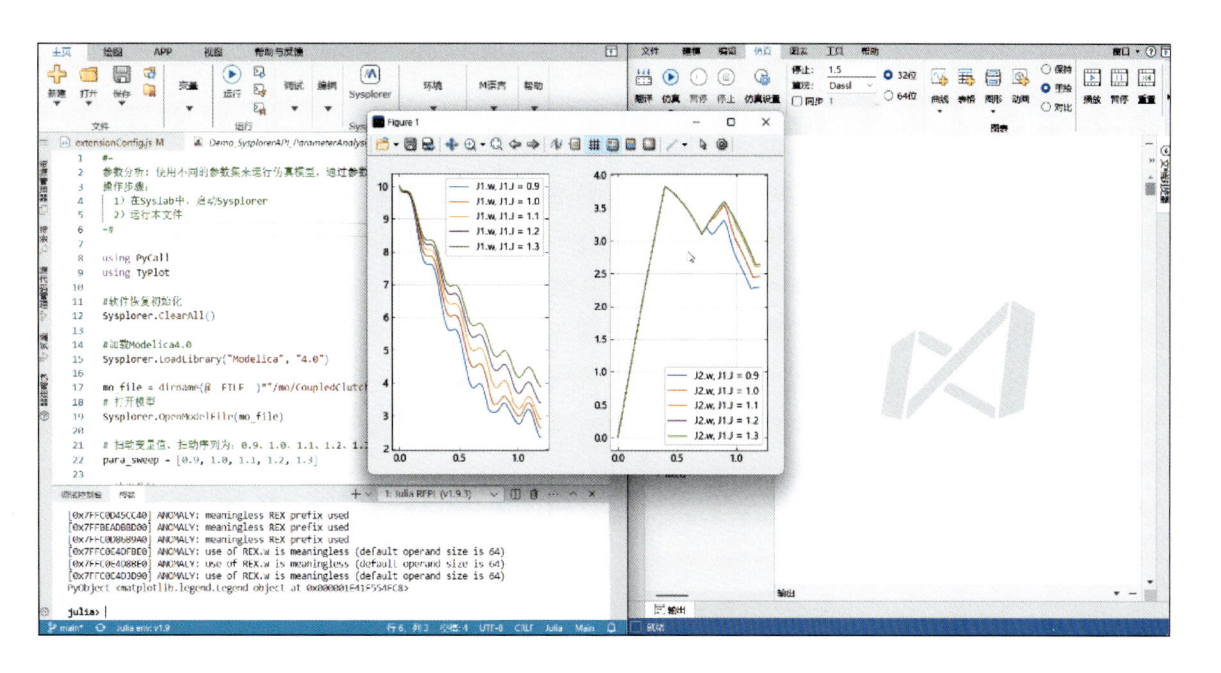

图 5-11　Syslab 直接调用 Sysplorer API

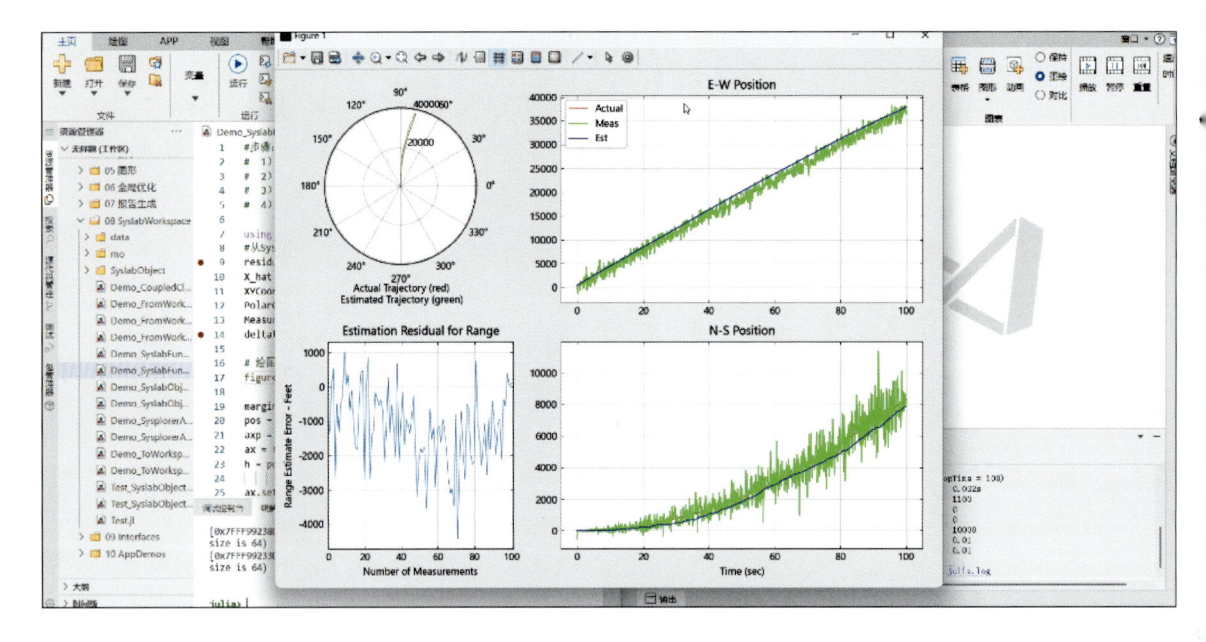

图 5-12 Sysplorer 通过 Syslab Function 模块集成 Julia 函数

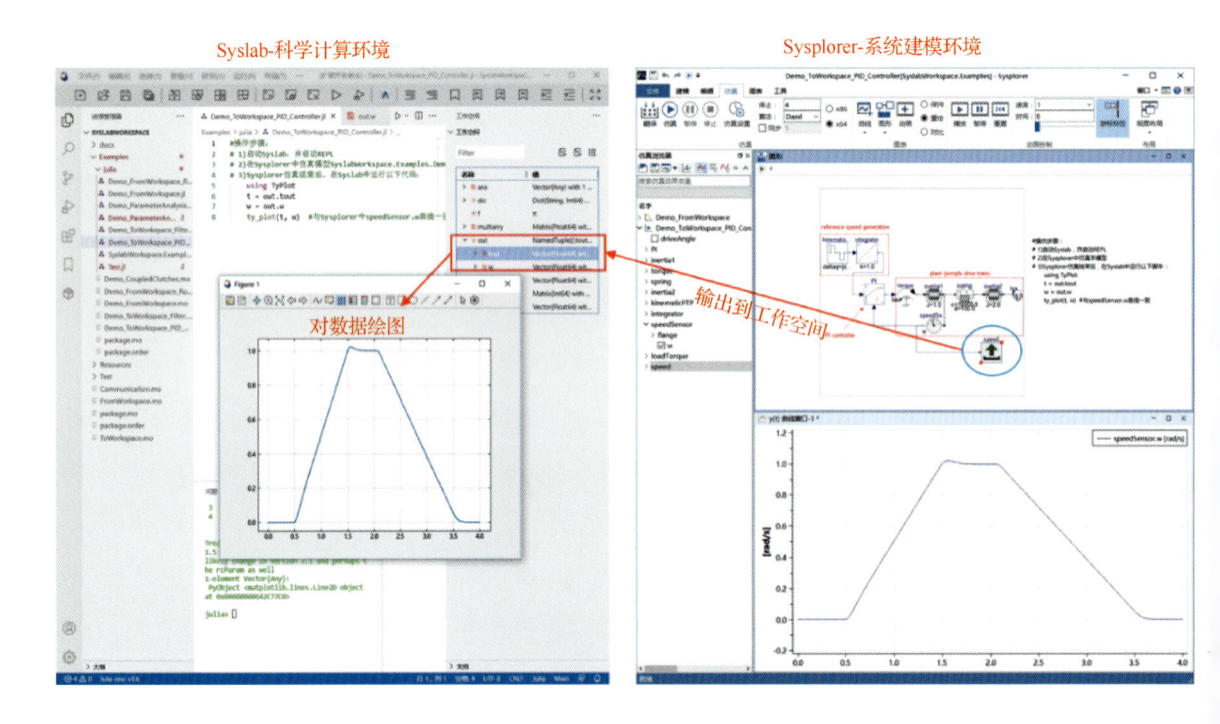

图 5-13 科学计算环境与系统建模环境互操作

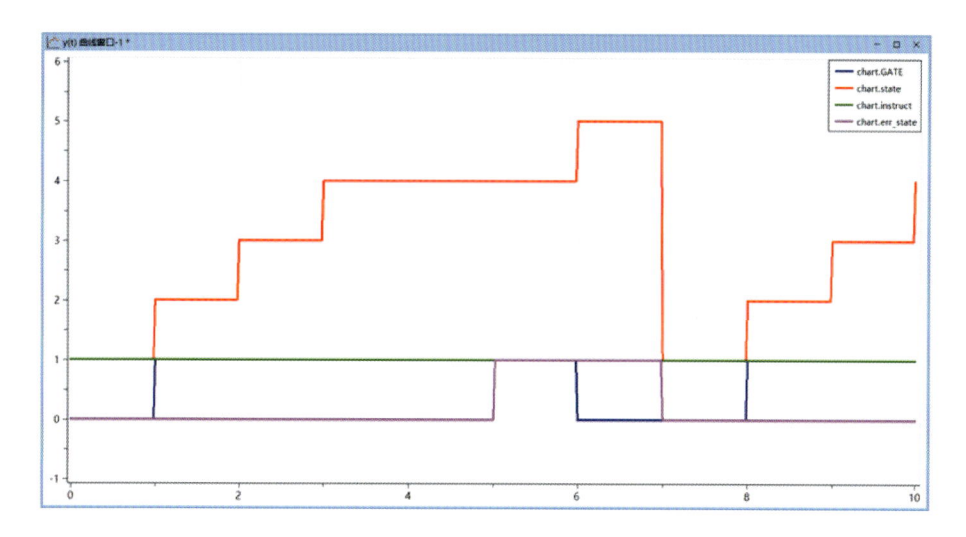

图 7-14　仿真结果监测

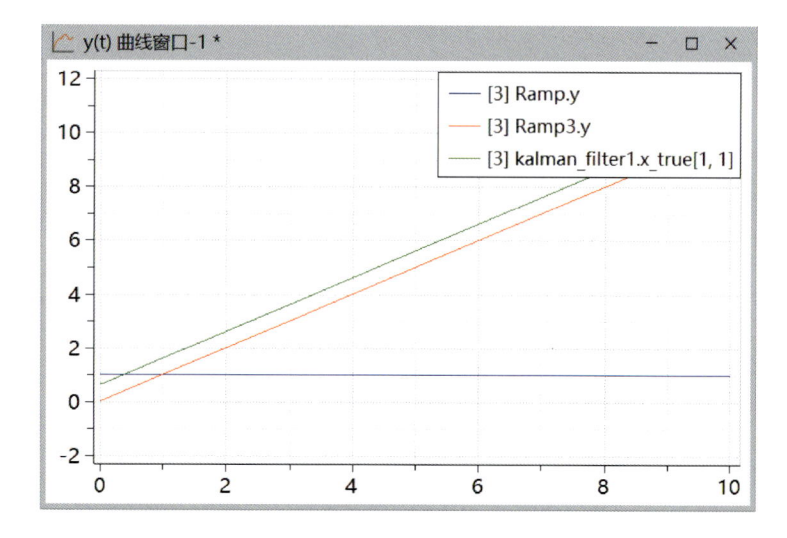

图 7-18　卡尔曼滤波算法仿真结果

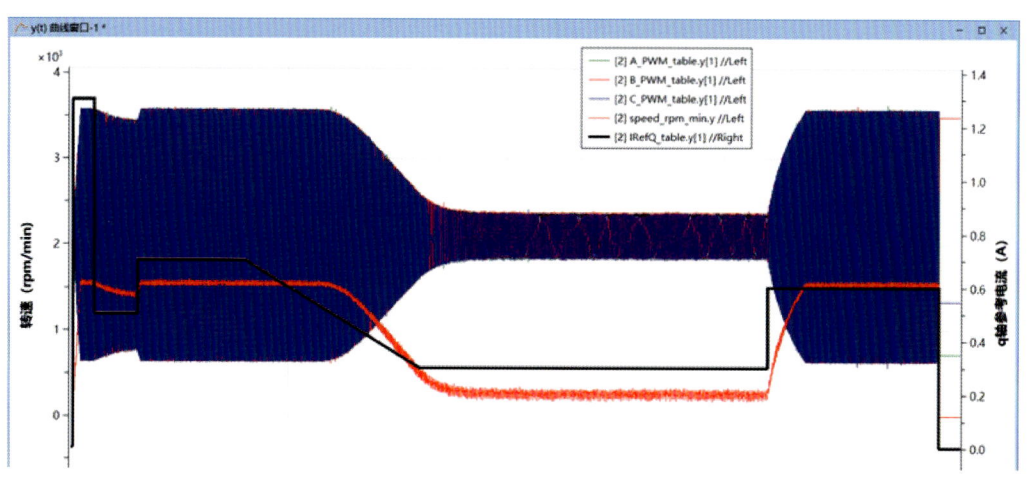

图 7-30　实时数据回传图

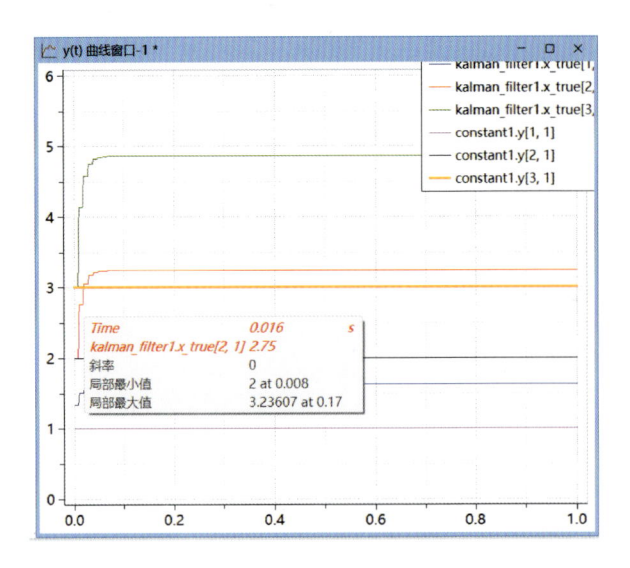

图 7-33　仿真结果曲线图

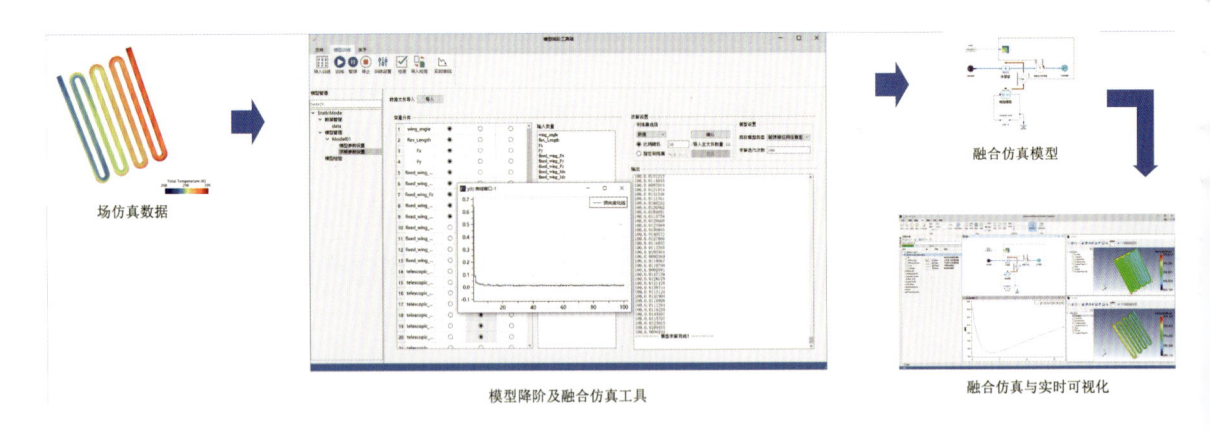

图 8-2　MWORKS.ROMBuilder——三维融合建模

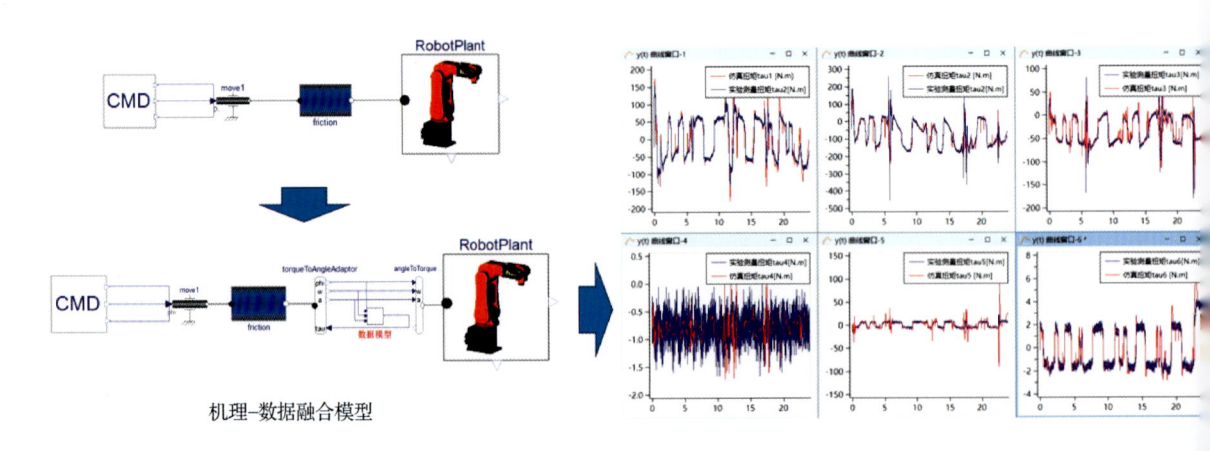

图 8-4　MWORKS 机理-数据融合